◉诉讼法学文库 2011（5）
总主编　樊崇义

民事既判力扩张问题研究

On the Expansion of Civil Resjudicata

胡军辉　著

中国人民公安大学出版社
·北　京·

图书在版编目（CIP）数据

民事既判力扩张问题研究/胡军辉著. —北京：中国人民公安大学出版社，2011.3

（诉讼法学文库/樊崇义主编）

ISBN 978-7-5653-0377-7

Ⅰ.①民… Ⅱ.①胡… Ⅲ.①民事诉讼法—法的理论—研究 Ⅳ.①D915.201

中国版本图书馆 CIP 数据核字（2011）第 043829 号

诉讼法学文库

民事既判力扩张问题研究

胡军辉 著

出版发行：中国人民公安大学出版社
地　　址：北京市西城区木樨地南里
邮政编码：100038
经　　销：新华书店
印　　刷：北京泰锐印刷有限责任公司

版　　次：2011 年 3 月第 1 版
印　　次：2011 年 3 月第 1 次
印　　张：12.5
开　　本：787 毫米×1092 毫米　1/16
字　　数：225 千字

书　　号：ISBN 978-7-5653-0377-7
定　　价：38.00 元

网　　址：www.cppsup.com.cn　www.porclub.com.cn
电子邮箱：zbs@cppsup.com　zbs@cppsu.edu.cn

营销中心电话：010-83903254
读者服务部电话（门市）：010-83903257
警官读者俱乐部电话（网购、邮购）：010-83903253
法律图书分社电话：010-83905745

“诉讼法学文库” 总序

诉讼法制是现代法治的重要内容和标志之一，也是依法治国的重要保障。我国法制建设的历程已经证明，诉讼制度是否健全与完善，直接决定着实体法律的实际效力：没有相应的诉讼制度作为依托，实体权利只能是“镜中花、水中月”；没有完善的诉讼制度予以保障，实体法律将无法如其所愿地实现其追求的立法目的。更为重要的是，诉讼法制的完善程度如何，还直接反映和体现着一个国家、一个民族进步、文明、民主和法治的程度，是区分进步与落后、民主与专制、法治与人治、文明与野蛮的标志。在现代法治国家，诉讼制度作为法治的一个重要环节，受到了前所未有的重视。美国联邦最高法院法官威廉·道格拉斯曾谈道，“权利法案的大多数规定都是程序性条款，这一事实绝不是无意义的。正是程序决定了法治与恣意的人治之间的基本区别”。[①]

我国1999年宪法修正案正式确立了“依法治国，建设社会主义法治国家”的治国方略，为推进我国社会主义民主、法制建设，完善我国司法体制，提出了新的纲领和目标。而社会主义市场经济的初步发展则培育了公众的权利观念，并由此对司法公正提出了更高的要求。在此大背景下，通过增设新的诉讼制度以充实公民实体权利的实现途径，通过完善现行诉讼制度以保障实体法律的公正实施，从而推进依法治国，加快社会主义民主与法制建设的步伐，已经成为我国法治建设的关键所在。

诉讼制度的构建，与人们对诉讼原理的认识和把握有着密切的关系。诉讼原理是人类在长期的诉讼实践中，在大量经验教训的基础上总结出来的、对有关诉讼活动的规律性认识。诉讼原理在诉讼制度的构建及运作中发挥着高屋建瓴的作用。只有正确认识和准确把握诉讼原理，才能构建较为完善的诉讼制度，才能推动诉讼活动向良性运作的状态发展。我国在改革与完善诉讼法律制度时，对于人类经过长期理论与实践探索获得的原理性认识，不能不予以重视，也不能不认真加以借鉴、吸收。

我国诉讼的立法和实践曾十分严重地受到“左”倾思潮和法律虚无主义的影响，诉讼规律和诉讼原理长期被忽视、被冷落。由此造成的后果之一：司法

---

① 转引自季卫东：《法律程序的意义》，载《比较法研究》总第25期。

机关和诉讼制度的功能被狭隘化。例如，刑事司法机关和刑事诉讼法律仅仅被视为镇压敌人、惩罚犯罪并通过镇压敌人、惩罚犯罪来维护社会秩序的功能单一的工具，忽视了司法机关和诉讼法制所具有的制约国家权力使之不被滥用和保护包括犯罪嫌疑人、被告人在内的公民基本人权的作用，忽视了刑事诉讼所具有的独立品格和价值。对诉讼原理、诉讼规律认识的片面和浅陋，已经严重地制约了我国诉讼法制发展的步伐，而且直接对公正、文明地进行诉讼活动产生了非常消极的影响。要扭转这一局面，必须在宏观法律观念上作一个大的转变，同时大力借鉴、吸收法治发达国家丰富的研究成果和宝贵的实践经验，加强对诉讼原理、诉讼规律的研究。

对诉讼原理的正确认识是诉讼立法科学化的前提条件。正确把握诉讼原理，可以帮助我们全面地认识司法机关的功能，并对各种不同的诉讼模式、规则进行正确的取舍，从而在一定的诉讼原理的指导下构建更为科学和更适合“本土资源”的诉讼模式、规则。由此制定的法律，将具有更强的民主性、文明性和科学性。反之，如果不能正确把握诉讼原理，对于存在着内在价值冲突的各种可供选择的立法方案就可能难以作出正确的选择，立法活动就可能要多走许多弯路，甚至要付出沉重的代价。

对诉讼原理的正确认识对于司法活动同样具有重要的积极价值。对诉讼原理的正确把握可以在一定程度上弥补立法的不足。法律永远是抽象的。要将抽象的法律适用于具体的案件，就必须有科学的观念作为指导。对基本诉讼原理的正确认识，将有利于指导人们对司法活动中必然存在的种种法律适用问题作出科学的解释，从而使法律文本本身存在的不足得到补救。在现代社会，由于法律的稳定性与现实生活千变万化之间的落差只能通过赋予司法人员自由裁量权的途径予以调和，所以对基本诉讼原理的认识，还直接决定着司法人员在行使法律赋予的自由裁量权时，能否作出符合公正标准的决定或者裁判。

要贯彻“依法治国，建设社会主义法治国家”的治国方略，保障诉讼活动的公正进行，也必须认真研究诉讼原理，把握诉讼规律。当前，我国已有不少学者开始探索一些诉讼原理性的问题，如诉讼法律观、诉讼法哲学、诉讼目的、诉讼职能、诉讼价值、诉讼法律关系等，并已取得了一定的研究成果，这有力地推动了人们法律观念的变化，并对立法和司法活动发挥着积极的影响作用。但总的来看，我国诉讼法学界对诉讼原理问题的研究距离立法、司法实践的需求还有很大差距，还需要继续深入。尤其是现有的研究成果一般只是就诉讼的某一方面进行探讨，缺乏对一般性诉讼原理的全面和系统的探讨。因此，随着我国法治进程的推进，探讨一般性诉讼原理已经成为我国诉讼法学界必须研究的课题。

为吸引更多的诉讼法学者致力于诉讼原理的研究，同时也为了能够促使诉讼原理研究及时对立法、司法、学理研究等多个领域产生积极的影响，并对司法实践工作有所帮助，中国政法大学诉讼法学研究中心特意组织力量进行此项题为"诉讼法学文库"的大型丛书的编辑出版工作。"诉讼法学文库"是中心的一项长期出版项目，面向国内外专家、学者开放，凡以诉讼原理、诉讼规律为内容且有新意、有深度、有分量的专著、译著，以及对公安、司法工作有指导意义，对立法工作有参考价值的其他诉讼法学著作均可入选。

"诉讼法学文库"自2001年面世以来，得到了诉讼法学界专家、学者、实务工作者的热情支持，现已出版发行专著60多部，这些成果深受广大读者的青睐，已有多部著作获省部级以上的奖励，在这里特向广大读者和作者致以诚挚的谢意！由于编辑工作的需要，该文库从2006年起，每年以入选先后另行排序。特此说明。

中国政法大学诉讼法学研究中心名誉主任

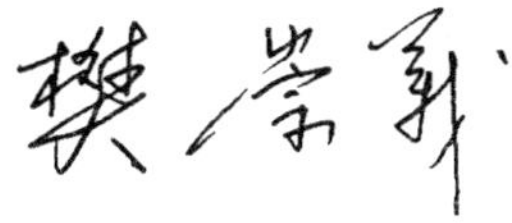

2007年元月于北京

内容摘要

既判力这一概念源自罗马法，最早可以追溯到罗马法上的“一案不二讼”和“一事不再理”原则。我国学理一般认为，所谓既判力，是指确定判决在实体上对于当事人和法院所具有的强制性通用力，表现为判决确定后，当事人不得就判决确定的法律关系另行起诉，也不得在其他诉讼中就同一法律关系提出与本案诉讼相矛盾的主张，同时，法院亦不得作出与该判决所确定的内容相矛盾的判断。

在传统的民事诉讼理论中，主流意见认为，既判力通常只对参加诉讼的双方当事人产生拘束力，并且产生拘束力的内容仅限于法官在判决主文中就诉讼标的所承载的实体权利义务关系所作的判断。法院一旦就某一案件作出终局判决，那么当事人就不能够对这一案件重复提起诉讼，法院也不能重复进行审理。这就是所谓的既判力作用范围。但是，司法实践证明，依据传统理论所界定的既判力作用范围并不能很好地避免矛盾判决的出现，特别是一些团体性、利益扩散性以及纷争利益主体多元性的纠纷大量出现后，问题日趋严重。由此理论界提出了所谓的既判力扩张问题。既判力扩张有三种具体的方式，即既判力主观范围的扩张、既判力客观范围的扩张和既判力效力范围的扩张。在学理上，打破既判力相对性原则，将当事人之间判决的效力扩及于第三人的现象被称为既判力主观范围的扩张。不将既判力客观范围限于法官在判决文书主文中所作的判断，认可法官对判决理由所作的判断亦有既判力或者类似效力的现象被称为既判力客观范围的扩张。而所谓的既判力效力范围的扩张，是指判决的既判力不仅仅在同一案件被重复提起诉讼时发生作用，在前诉判决所确定的事项属于后诉的前提性事项时，审理后诉的法院必须以前诉判决所确定的事实为基础进行判决。

我国立法规定了某些允许既判力主观范围扩张的具体情形，但还不能满足社会经济发展的需要，因而有必要适当扩大既判力主观扩张制度的适用范围。另外，我国立法没有为受既判力主观范围扩张影响的第三人设置救济措施，本书主张增设事前程序保障措施与事后救济措施，以维护他们的合法权益。关于既判力客观范围的扩张，学理上提出了五种不同的扩张思路，即赋予审判理由以既判力；赋予审判理由以争点效；依诚信原则赋予判决理由以拘束力；通过扩张请求权来扩张既判力客观范围；通过引入默示的中间确认之诉来扩大既判力客观范围。本书认为上述扩张方式均存在一定的问题，而相对可行的办法是将与主文中判断具有直接因果关系的事实写进主文中，以维持“既判力的客观范围＝主文中的判断”这一传统公式，但又可以达到实质性地扩张既判力的客观范围，从而克服既判力客观范围过窄所带来的困境。既判力效力范围应当扩张是我国立法及学理均认可的，但我国立法对于这一问题的规定稍显粗糙，学理对这一问题的探讨还不够深入。本书认为既判力扩张性效力是一种相对性的效力，其受证明标准、当事人处分权的行使等多种因素的影响，并且既判力扩张性效力的大小必须结合后诉的具体情况进行具体的分析。既判力的本案效力和扩张性效力可以分离。这两层效力一旦分离，它们所能解释的对象就不再局限于法院判决，对某些非判决文书也可以进行解释。另外，通过既判力效力分离理论可以从效力的层面整合诉讼机制与非诉讼机制之间的关系。

Abstract

The concept of res judicata was originated in Roman law; we could trace it back to the principles of "autrefois attaint" and the principles of "ne bis in idem" in the Roman law. It is general accepted in our nation that res judicata is the compulsive general force of the determinate sentence to the party and the court in substance. It reflected that after the judgment was determinated, the party should not make another litigation with the same legal relationship which was settled in the judgment, also, the party should not present a claim for the same relationship in another litigation that contradict to this lawsuit, at the same time, the court should not make judgment that contradicted to the fixed content of this sentence.

The main thoghts of the tradional civil lawsuit proposed that the binding power of the res judicata was usually found in two intervening parties only and the scope of the binding power was limited in the judgment of the main body of a court verdict which centered on the substantive jural relations of the object of action. Once a final judgment of a case was sentenced by the judicatory, the party was forbidden to relitigate, and this is so called the function sphere of the res judicata. But the judicial practice demonstrate that the function sphere of res judicata of the traditional theory can not avoid the emergence of the contradictory judgment, its getting more serious especially after some disputes of groups, interest spreading and plural subject of difference interest arisen abundantly. For this reason, the theory circles put forward the so called problems of the expansion of res judicata. There has three specific ways of the expansion of res judicata; they are the expansion of the subjective sphere of res judicata, the expansion of the objective sphere of res judicata, and the expansion of validity sphere of res judicata. In the theory circle, the expansion of subjective sphere of res judicata was regarded as the phenomenon of the effect of the judgment between the two parties expanded to the third after broken the doctrine of the relative of res judicata, the phenomenon of the endorsement of the judgment of grounds of decision which made by the judges possessed the binding force or the familiar force of binding power, while did not limited the objective sphere of binding force in the judgment of the main body of the court verdict. Regarded as the expansion of objective sphere of res judicata and the expansion of validity sphere of res judicate means the binding force of a judgment do not only functioned while the case was relitigate, it also functioned while the determined matter of the former judgment was the premise of the later lawsuit, the trial court of the later lawsuit must base his judgment on the determined facts of the former judgment. Some specific situations that permit the expansion of the subjective sphere of the res judicata was stipulated in our nation's legislation, but it could not meet the needs of the society and economic development. Further more, the remedy measures of the third party which influenced by the expansion of the subjective sphere of the res judicata was not included in our nations legislation, this text propose adding procedural safeguards beforehand and remedy measures afterward, to protect their legitimate interest. There have five different thoughts about the expansion of the objective sphere of the res judicata in theory circles , they are: given binding force to the reason of adjudicate; given the effects of an sisne to the reason of adjudicate; given the binding power to the reason of judgment according to the good faith doctrine; expand the object sphere of res judicata through the expanding of right of claim; expand the object sphere of res judicata through the introducing of implied intermediate action for confirmation. The text argues that there exits some problems of those ways of expansion, the comparative feasible way is writing the fact that have direct causality with the judgment of the main body to the main body, to maintain the traditional formula of "the objective sphere of res judicata is the judgment of the main body" , it can also expand the objective sphere of res judicata substantively and out of the difficult position which caused by the over – narrow objective sphere of res judicata.

The validity sphere of the res judicata should be expanded was supported both by legislations and theory circles of our nation, but the restriction our nation's legislation about this problem seems very roughly, and the theory circles discussion were not deep enough. The text proposed that the expanded validity of the res judicata was a relative validity, it was influenced by many factions, such as the standard testification, the party's exercise of the right of disposing, ect. And the power of the expansion validity of res judicata must combine the specific circumstance to make specific analysis. The case validity and the expansion validity could be separated. Once those two validities separated, the phenomenon they can interpret will be limited in the court's judgment no more, and they will interpret some of non judgment documents also. In addition, the validity separate theory of res judicata, will reform the relation between the litigation system and non litigation system through the sphere of validity.

目　　录

第一章 绪　论

第一节 选题的背景与研究意义

一、选题的背景

党的十七大提出了“构建社会主义和谐社会”的要求，而和谐司法是和谐社会的重要内涵。和谐司法要求“无论是公正高效权威的民事审判制度，还是司法为民、司法民主、司法公开的各项措施，均需要在和谐的诉讼秩序下运行”。“民事诉讼应当是和谐的、有利于纠纷及时了结的诉讼，不应当是相互顶牛的、没完没了的诉讼。”① 然而，在民事审判实践中出现了诸多与和谐司法理念不相称的问题，其中判决相互矛盾，案件久拖不决，官了民不了，案了事不了，事了情未了的现象尤为突出。而既判力扩张制度是一项能从审判效力的层面协调案件内部关系、不同案件之间关系以及诉讼机制与非诉机制之间关系的重要制度。这就是笔者将“既判力扩张问题研究”作为博士论文选题的宏观社会背景。

二、研究的意义

尽管在最近的20年内，我国民事诉讼法学理论界对于既判力问题的研究已经取得了不少颇有分量的成果（下文将会具体说明），但是关于既判力扩张问题的研究成果还是不多见的，因此，本书专门就既判力扩张问题进行研究，具有发展既判力理论、弥补国内研究不足的理论意义。此外，专门研究

---

① 参见前最高人民法院院长肖扬在第七次全国民事审判工作会议上的讲话。http://vip.chinalawinfo.com/newlaw2002/SLC/slc.asp? db = chl&gid = 110450.

既判力扩张问题还有以下几点实践意义：

第一，可以减少矛盾判决的出现，促进审判的和谐运行。既判力通过主观范围、客观范围和效力范围三种不同形式的扩张，可以减少矛盾判决的出现，促进审判的和谐运行。不过这三种扩张方式是在不同的社会经济背景下形成的，并且它们协调判决运行的机理是不相同的。就既判力主观范围的扩张而言，它是在经济社会关系日益复杂，一些团体性、利益扩散性以及纷争利益主体多元性的纠纷大量出现后，才被学者们提出来的。既判力主观范围扩张制度将针对双方当事人所作判决的效力扩及与当事人存在一定法律关系的第三人，以此禁止该第三人就相关的法律关系提起诉讼，从而达到避免矛盾判决出现的目的。在我国，随着社会经济的快速发展，由产品质量、环境污染、证券投资、股票发行、大规模征地拆迁等引发的涉及多数人或不特定多数人的纠纷大量出现，这些纠纷的顺利解决对既判力主观扩张制度产生了客观的需求。既判力客观范围扩张问题，是与本体问题相伴而生的。在理论界提出既判力的客观范围限于法官在判决主文中的判断，并得到立法的认可之时，就已经有学者提出法官对于审判理由所作的判断亦应当产生既判力，或者与之类似的拘束力。由于法官针对诉讼标的所作的，并记载于判决书主文中的判断是以审判理由为基础的，如果审判理由中的判断没有既判力或者类似效力，那么当事人针对审判理由单独提起诉讼所获的判决极有可能与前诉判决相矛盾。因而将既判力的客观范围向理由部分扩张，可以有效地减少这种矛盾的出现。既判力效力范围的扩张这一概念是近期才被提出来的，但是关于前诉判决所确定的事实在并非属于同一案件的后诉中也应当发挥作用的理论早在1827年就已经有人提出，只是他们使用的是既判力的“积极机能”这一词语。既判力效力范围的扩张打破了既判力只能在同一案件的范围内发生作用的限制，使得与前诉有事实上牵连的后诉必须在一定程度上考虑前诉中确定的事实，进而使得前后两诉在判决结论上不至于相互矛盾。

第二，可以更好地协调程序法与实体法之间的关系。随着市场经济的建立和发展，社会经济关系日趋复杂。例如，债权债务的连续承继、转让以及连续交易现象变得非常普遍；担保、保证在经济活动中被频繁运用；各种产权形式重组，所有人与占有人、管理人或使用人相分离；同一财物上的利益主体多元化现象日益增多。这些新变化一方面推动了实体法的发展，另一方面也拉大了实体法与程序法之间的距离，使判决效力仅及于双方当事人的传统程序制度设置与实体法的发展之间产生了脱节和错位。本书通过修订传统审判效力主体理论，发展既判力主观扩张理论能够更好地协调实体法与程序法之间的关系。

第三，可以更好地协调诉讼机制与非诉机制之间的关系。传统的既判力效力理论认为只有民事判决才有既判力，而仲裁裁决书、法院调解书等非判决生效法律文书没有既判力，因而使判决书和其他法律文书在效力上出现了脱节，进而使整个诉讼机制与非诉讼机制之间的关系难以协调。本书运用新提出的审判效力分离理论，对非判决法律文书的效力进行了分析，并从效力角度整合了诉讼机制与非诉机制之间的关系。

第二节 境内外研究状况

一、境外研究状况

既判力理论是关于法院终局判决具有何种效力的理论。日本学者兼子一认为，“诉权是诉讼理论的出发点，既判力是其终结点”。① 在大陆法系国家，既判力理论一直被视为与目的论、价值论、诉讼标的论和证明责任论同等重要的基本理论。学者们对于既判力理论的研究，大致可以分成三大块：一是关于既判力基本理论的研究。这部分的内容包括既判力的本质、既判力的性质、既判力的根据、既判力与再审的关系、既判力与法政策的关系等问题。此部分内容的特点是理论性相对较强，抽象宏观而不针对具体的问题。在既判力理论发展的早期，既判力的基本理论是研究的重点，尤其是关于既判力本质问题的讨论，学界是投入了比较多的精力的。二是关于既判力本体范围的讨论。这一部分内容包括既判力的主观范围、既判力的客观范围、既判力的时间范围、既判力的效力范围等问题。学理上将这一系列问题称为既判力的作用范围。既判力作用范围理论相对于既判力基本理论而言，它的突出特点在于特别关注理论研究的实践意义和应用价值。既判力的主观范围、客观范围、时间范围和效力范围从四个不同的维度对既判力的作用范围进行了界定，决定了既判力在多大程度上能发挥作用。三是既判力扩张问题的研究。就既判力的本体范围而言，既判力的主观范围限于参加诉讼的双方当事人，也就是说法院的判决只对参加诉讼的双方当事人产生拘束力；既判力的客观范围限于法官针对诉讼标的所承载的权利义务关系所作的，并记载于判决主文中的判断；既判力的效力范围局限于同一案件，也就是说，只有在案件被

---

① ［日］兼子一：《实体法与诉讼法——民事诉讼的基础理论》，日本有斐阁1957年版，第140页。

重复提起时既判力才发挥作用。相应地，法院判决的效力扩及于当事人外的第三人现象被称为既判力的主观范围扩张；法院在审判理由中所作的判断亦生拘束力的现象被称为既判力的客观范围扩张；前诉判决所确定的事实，在成为后诉的前提性事项时（前后两诉非同一诉），后诉案件的审理必须以前诉判决所认定的事实作为基础的现象被称为既判力的效力范围扩张。

由于既判力理论在整个民事诉讼理论体系中具有重要的地位，因而大陆法系国家的学者们对于这一问题的研究是比较多的，并且已经积累了比较多的研究成果。比较有代表性的著作主要有德国学者汉斯·弗里德海尔姆·高尔著的《既判力文集》（信山社 2003 年版）、日本学者松本博之著的《既判力理论之再检讨》（信山社 2006 年版）、坂原正夫著的《民事诉讼中的既判力研究》（成文堂 2005 年版）以及我国台湾地区学者骆永家著的《既判力之研究》（三民书局 1981 年版）等。代表性的论文有三月章的《既判力客观范围研究》、三本和彦的《既判力的时间范围》、铃木正裕的《既判力本质论的实际作用》、井上正山的《既判力的客观界限》等。现有研究成果具有以下两个突出的特点：一是对于既判力问题的研究重点存在一定的阶段性。在既判力理论研究初期，学界注重基本理论问题的研究，在对基本理论研究达到一定的程度后，学界的研究兴趣逐步从纯理论研究转向具有实践价值的既判力作用范围理论研究。二是在注重既判力作用范围理论研究的时期，学界更多的是关注既判力本体问题，而对既判力扩张问题的研究不够。例如，汉斯·弗里德海尔姆·高尔著的《既判力文集》所包含的四篇论文全都是关于既判力本体问题的论文，松本博之著的《既判力理论之再检讨》一书共有 7 章，仅在第 5 章的后半部分论及了既判力的主观扩张问题，篇幅不到全书的十分之一。

二、境内研究状况

在中国传统诉讼理论中，不惮改错被视为天经地义的常识，有错必究被视为诉讼的一项原则，而且案件事实的审查必须达到客观真实的程度也是审判的一项常规要求。在这样一种背景下，既判力理论一直没有生存的空间，在新中国成立以后的很长一段时间里，我们的法学教材、学术著作是根本不谈既判力问题的。直到 20 世纪 90 年代，随着民事诉讼理论研究的深入和发展，特别是比较民诉理论的发展，既判力理论才逐步受到应有的重视，它在民事诉讼理论体系中的地位才逐步得到凸显。值得庆幸的是，在短短 20 年的时间里，学界已经取得了不少有关既判力的研究成果。从目前的情况来看，现已有既判力方面的专著3部，论及了既判力问题的著作10余部，相关的论文100余篇。另外，在一些网络博客中还有零星的论述。前述著作中，邓辉辉著的《既判力理论研究》一书对我国在2005年以前的既判力理论成果作了很好的总结和提升；林剑锋著的《民事判决既判力客观范围研究》一书对日本既判力客观范围研究成果作了比较全面的介绍，并对中国如何处理既判力客观范围问题提出了初步设想；李哲著的《刑事裁判的既判力研究》一书对刑事既判力的特有规律作了很好的研究。在论文中，江伟等著的《论既判力的客观范围》、叶自强著的《论既判力的本质》、吴明童著的《既判力的界限研究》、翁晓斌著的《我国民事判决既判力的范围研究》均是颇有分量的优秀成果。另外，张卫平教授、刘荣军教授等在他们的著作中较早地研究了既判力问题。这一系列的成果无疑为本书的研究奠定了重要的基础，提供了较为丰富的理论养分。但是，我国关于既判力问题的研究还是存在一些明显的不足之处：一是在研究思路上绝大部分研究成果都是对国外理论的介绍和梳理，而将域外制度和理论与中国的实际情况结合起来进行研究的成果还不多见；二是在内容上重视对既判力基本理论和基本范围的研究，而对于既判力扩张问题的研究还很不深入。在现有的成果中，有超过九成的成果是研究既判力基本理论问题①和基本范围问题的。专门针对既判力扩张问题进行研究的成果还不多见。例如，在“中国期刊全文数据库”以“既判力”为标题关键词进行检索，然后对所检索到的文章进行逐一查阅，发现专门论述既判力扩张问题的论文仅有6篇，即翁晓斌著的《论既判力及执行力向第三人的扩张》、贺伟军著的《论执行对既判力的扩张、限缩》、邓辉辉著的《论判决理由的既判力》和其他3篇关于既判力效力范围扩张的文章（不过论文使用的术语是“既判事实预决效力”）。②

第三节 研究的思路、方法、主要观点与创新

一、研究的思路

本书以避免矛盾判决、维护司法权威和提高诉讼效率为主线，以从效力

① 而在既判力基本理论问题的研究成果中，绝大部分是对既判力与再审制度的关系、既判力的本质、既判力的性质等问题的研究。

② 搜索时间是2008年6月15日。

的角度来理顺法院内部关系、协调诉讼机制与非诉机制之间运行为主要任务，以促进和谐司法、营造“友好型”司法环境为最终目标。本书先是对既判力的本质、根据、效力与范围等基本理论进行分析，然后分别从既判力主观范围、既判力客观范围和既判力效力范围三个方面对既判力扩张问题进行深入分析，并提出完善制度的建议。

二、研究的主要方法

第一，比较的研究方法。本书的研究在国内具有前沿性，属于基本还未开发的学术领域，尽管我国民诉理论界已经引入了一些域外成果，但还是相当有限的。国外关于既判力的绝大部分著作和论文均是没有被及时翻译过来的。因此，本书的研究多参考一些域外资料是相当必要的。由于德国和日本这两个国家对既判力问题研究得最好，因而德、日学者的研究成果将是本书最重要的域外参考资料。值得说明的是，我国台湾地区的民诉法学者翻译了不少德、日两国的既判力成果，参考他们的翻译成果将是本书利用德、日资料的路径之一。另外，我国台湾地区学者自身的研究成果也是本书的重要参考资料。

第二，历史的研究方法。运用历史资料，按照历史发展的顺序和脉络对过去事件或制度进行研究的方法被称为历史的研究方法。既判力制度历经数百年的发展已经形成了诸多相关的理论和学说，不同的理论和学说均有其特定的历史背景和社会环境。在研究既判力扩张问题时，运用历史的研究方法，结合特定的历史背景和社会环境去解读既判力理论的发展脉络，易于发现既判力制度运行的普适性规律，进而指导我们建构科学的、适应当前社会环境的既判力扩张制度。

第三，理论与实践相结合的研究方法。理论研究的目的是解决实践中出现的问题，而有效解决实践中出现的问题需要有成熟的理论作为指导。将域外先进的既判力理论成果与中国国情结合起来，进而提出我国司法实践中存在问题的解决方案是我国民诉理论界还没有做好的一项工作。本书将立足中国的现实情况，在充分吸收域外有益理论养分的基础上，提出能满足中国现实需求、能解决中国现存问题的既判力扩张理论和制度设置方案。

三、主要观点及创新之处

论文的主要观点有：第一，为了适应社会纠纷的复杂化和纠纷解决模式的多样化，应当在立法上适当增加允许既判力主观范围扩张的具体情形。第二，既判力主观范围扩张制度与反射效制度在功能上互补。我国应当引进反射效制度。第三，对受当事人之间判决影响的第三人应当提供事前程序保障措施与事后程序救济措施。第四，“原告的请求=诉讼标的=判决主文中的判断=既判力客观范围”这一传统公式在许多情况下是不成立的。既判力客观范围不能扩张到审判理由。第五，既判力包括三层效力，即禁止当事人重复诉讼、作出与确定判决相矛盾的主张、提出与确定判决相矛盾的证据材料的效力；禁止法院重复受理和审判案件的效力；前诉判决与后诉案件的审理具有先决关系时，后诉法院应当以前诉判决既判事项为前提来审理后诉的效力。这三层效力可以分离。第六，非判决法律文书具有部分既判力效力，诉讼机制与非诉机制之间的关系可以通过既判力效力分离理论在判决效力的层面得以整合。

论文的创新之处在于：第一，明确了我国既判力主观范围扩张的界限，区分了既判力主观范围扩张制度与反射效制度的作用范围。第二，为受既判力主观范围扩张影响的第三人设置了一套救济机制。第三，提出了我国如何解决既判力客观范围扩张问题的方案。第四，总结出了影响既判力扩张效力强弱的因素，提出了既判力扩张效力的运行原理。运用既判力效力扩张理论对我国相关立法及司法实践中的问题进行了反思和批判，并提出了改进的具体方案。第五，提出了既判力效力分离理论，并运用这一理论从审判效力的角度整合了诉讼机制与非诉纠纷解决机制之间的关系。

第四节 全书的基本构架

除绪论外，本书的具体内容包括以下四章：

第一，民事既判力扩张概说。本部分从民事诉讼法的角度论述了既判力的含义、既判力扩张的含义及范围基准以及既判力扩张的方式等问题。

第二，民事既判力主观范围的扩张。本部分包括既判力主观范围扩张的必要性与可行性、主观范围扩张的类型、主观范围扩张与反射效的关系及界限、主观范围扩张的法律救济等问题。

第三，民事既判力客观范围的扩张。本部分在对传统既判力客观范围理论的局限性、既判力客观范围扩张的法理依据、既判力客观范围扩张的主流理论以及我国既判力客观范围扩张的理论与实践等重要问题进行分析的基础上，提出我国如何解决既判力客观范围扩张问题的方案。

第四，民事既判力效力范围的扩张。本部分首先对既判力效力范围扩张的法理依据与功能进行了分析；其次对影响既判力扩张性效力强弱的因素、既判力扩张性效力的运行等问题进行了深入分析，并对我国相关立法和司法实践中的问题进行了批判和反思；最后还运用了既判力效力分离理论对非判决生效法律文书的既判力效力进行了具体分析。

第二章　民事既判力扩张概说

在探讨既判力扩张的具体问题之前，我们有必要先对什么是既判力、什么是既判力扩张、既判力扩张的范围基准以及既判力扩张的具体方式等问题进行必要的说明。本章将对这些前提性问题进行简要的分析。

第一节　既判力的含义

一、既判力概念的学理界定

既判力是大陆法系国家和地区民事诉讼法学理论界用来说明判决效力的一个重要概念，既判力理论是大陆法系国家和地区五大民诉基本理论之一。有人这样评价既判力理论的地位，"如果说诉权论是关于诉讼的出发点的话，那么，既判力可以说是关于诉讼终结点的理论"。① 对于既判力的含义，有不少学者进行过研究，并提出了多种不同的见解。在日本，学者新堂幸司认为，民事判决作出以后，即具有法律上的效力，不得任意撤销或者变更，当事人不得就同一诉讼标的再行起诉或者在其他诉讼中提出与确定判决相反的主张；就法院方面而言，一个确定判决作出以后，后来的任何裁判都不得与该确定判决内容相抵触。这种由确定判决所赋予的拘束力，就称为既判力或者判决的实质上的确定力。② 兼子一等认为，诉讼是根据国家审判权作出的公权性的法律判断，是以解决当事人之间的纠纷为目的的，而终局判决正是这种判断。因此，一旦终局判决使之在诉讼程序中失去以不服声明方法被撤销的可

① ［日］兼子一、竹下守夫：《民事诉讼法》，白绿铉译，法律出版社1995年版，第156页。

② ［日］新堂幸司：《民事诉讼法》，昭和五十七年第2版，第430页。转引自李龙：《论民事判决的既判力》，载《法律科学》1999年第4期。

能性而被确定，就称为最终解决纠纷的判断。它不但拘束双方当事人服从该判断的内容，使之不得重复提出同一争执，同时作为国家机关的法院当然也必须尊重国家自己所作出的判决，即使是把同一事项再次作为问题在诉讼中提出时，也应以该判断为基础衡量当事人之间的关系。这种确定判决表示的判断不论对当事人还是对法院都有强制性通用力，不得进行违反它的主张或者判断的效果就是既判力。① 这一规定被誉为对既判力含义的经典论述。在德国，已修订了16版的经典教科书认为，② 既判力的意思是内容的决定性，也就是其中宣布的对一方当事人所主张的法律后果存在与不存在的认定在提出相同法律后果的任何程序中都有决定性。既判力的作用不在于阻止裁判的撤销或者变更，而在于防止可能出现的第二个矛盾判决的危险。我国台湾地区学者陈计男认为，既判力系指判决发生形式上确定力后，就当事人方面：关于判决内容（实质上）之确定的判决，其后不得再就同一法律关系更行起诉或于它诉讼上，为确定判决内容相反之主张；就法院方面：后诉之裁判亦不得与该确定判决内容相抵触。③ 在法国，学理上对于既判力的认识具有特殊性，他们将既判力视为一种推定，因而既判力的相关内容也被规定在民法典中（具体体现在法国《民法典》的第1351条）。依据法国学者约瑟夫·诺贝尔·波蒂埃的观点，所谓的既判力即为不可推翻的法律推定，即通过判决的既判力推定出判决内容的真实和衡平，所有相反的证明都不能将该判决推翻。④ 在英美法系中，与大陆法系"既判力"概念最相近的是概念"Res judicata"，美国《布莱克法律辞典》将其解释为，"已判决的事项或案件，其效力规则是有完全事物管辖权的法院作出的终局判决对当事人及其利害关系人的权利具有决定作用，同时该判决绝对地阻止他们就同一请求和诉因再行起诉"。⑤《元照英美法词典》对其解释为，"有合法管辖权的法院就案件作出终局判决后，在原当事人间不得就同一事项、同一诉讼标的、同一请求再次提起诉讼。法院作出的发生法律效力的判决是最终的决定"。在我国，较早研究既判力的学者刘家兴教授认为，"既判力是判决在程序法上的确定力，

① ［日］兼子一、竹下守夫：《民事诉讼法》，白绿铉译，法律出版社1995年版，第156页。

② ［德］罗森贝克：《德国民事诉讼法》，李大雪译，中国法制出版社2007年版，第1144页。

③ 陈计男：《民事诉讼法论》（下卷），三民书局1994年版，第60页。

④ 张卫平、陈刚：《法国民事诉讼法导论》，中国政法大学出版社1997年版，第132页。

⑤ Bl ack's Law Dictionary, 5th edition, p. 1174, west Publishing Co. 1979. 转引自陈兵、杨军：《民事判决既判力与再审程序协调运行初探》，www. chinacourt. org/html/article/200411/11... 35K 2009 – 3 – 28。

包括形式上的确定力和实质上的确定力。前者是指判决一经生效，当事人就不得对判决认定的法律事实提起诉讼或提起上诉。后者是指判决确定的实体权利义务问题，不得争执，不容改变”。[①] 这一界定与国外将既判力限定为实质上确定力的通行做法有所不同。目前，国内通行的观点认为，既判力是指确定判决在实体上对于当事人和法院所具有的强制性通用力，表现为判决确定后，当事人不得就判决确定的法律关系另行起诉，也不得在其他诉讼中就同一法律关系提出与本案诉讼相矛盾的主张；同时，法院亦不得作出与该判决所确定的内容相矛盾的判断。[②] 本书将以国内通行观点为基础来探讨既判力的相关问题。

二、既判力概念溯源

既判力这一概念源自罗马法，最早可以追溯到罗马法上的“一案不二讼”和“一事不再理”原则。这两条原则有着共同的目的，即都是为了及时终结诉讼，防止审判拖延。所谓“一案不二讼”，是指当事人就同一案件只能行使一次诉权，诉权一经行使后就不得再用。“一案不二讼”原则在防止原告滥诉上具有明显的作用，但由于其禁止的是同一人就同一案件两次行使诉权的行为，并不禁止原告提起诉讼后被告再提起诉讼的行为，因而及时终结诉讼的目的并未达到。大约在公元 2 世纪，罗马法学家在“一案不二讼”原则的基础上提出了“一事不再理”（ne bis in idem）原则。这一原则的主要内容是：当事人对已经正式判决的案件，不得申请再审。如果是法定审理，则消灭效力具有绝对性；如果是职权审理，则对方可提出“既决案件的抗辩”，以撤销其诉权。既决案件的不容推翻，是把判决视为真理，以维护其尊严和稳定，避免当事人缠讼不休。[③] “一事不再理”原则脱胎于罗马时期的“actio”消耗理论。罗马法时期的诉讼制度是以各种不同的 actio 为其体系的，当时实体法与诉讼法不分，权利人的权利受到侵害需要救济时，必须依靠法务官（praetor）根据调查的情况获得 actio，如果未获得法务官授予的 actio，则不能获得救济。如果经过法务官的调查认定获得 actio，原告也只能一次行使 actio 所承载的权利。actio 因在法务官面前的诉讼系属而被消耗掉，对同一 actio 不许为再度的诉讼系属。如果再度就同一事件提起诉讼，将会因为被告

---

① 柴发邦：《中国民事诉讼法学》，法律出版社 2000 年版，第 398 页。

② 江伟：《民事诉讼法专论》，中国人民大学出版社 2005 年版，第 77 页。

③ 周枏：《罗马法原论》，商务印书馆 1994 年版，第 902 页。

的“已完结事件的抗辩”（execeptio res judicate）或“诉讼系属抗辩”而判定为有诉讼系属（execeptio contestatio）的缺陷。[①] 总而言之，依据罗马的actio 理论，一个案件一旦诉讼系属后，当事人就不能再次就这一案件提出诉讼请求。“一事不再理”原则正是在这一种理论的基础上逐步形成的。

三、既判力概念在立法上的确立

罗马时期的“actio”消耗理论，是古代文化中朴素的、物理的世界观的反映，他们把“actio”亦视为一种物质，其可以因当事人的行使而消耗。这种朴素的世界观受到了德国普通法的排斥，德国人否定了“已完结事件的抗辩”的理论依据，并以“rechtskraft”（既判力）这一概念代替了“execeptio res judicate”，以“rechtskraffiger Urteil”这一词语表示有既判力的判决。后来，“rechtskraft”这一法律术语得到了1781年的奥地利普通法院法、1793年普鲁士普通法院法等的继承并沿用至今。在立法上，既判力（rechtskraft）一词最早出现在1781年的奥地利普通法院法（Die osterreiche allgemeine Gerichtsordnung vom 1781）第258条。在此之前的《萨克森诉讼及法院法》，还没有既判力这一术语，仅有关于既判事件抗辩（exceptio rei judicatae）的规定。[②] 由于当时实体法与程序法尚未完全分离，此时的“既判力”相当于现代意义上的形式确定力和实质确定力的总和。这种具有双重含义的既判力概念延续到了1793年的普鲁士法院法（该法第66条对判决既判力进行了规定）。实质上的确定力和形式上的确定力发生分离的标志性法典是1848年普鲁士《民事诉讼法草案》，该法第254条[③]所规定的既判力（rechtskraft）仅有实质上的确定力（materiele rechtskraft），而被分离出来的形式确定力（formelle rechtskraft）被单称为效力（kraft）。[④] 尽管立法上明确这里的既判力概念仅指实质上的确定力，但学理上存在不同的看法，当时有人提出既判力应当是指形式

---

① 林瑞成：《民事判决既判力与程序保障原则的理论与实证研究》，中国政法大学研究生院2000年博士论文，第20～21页。

② 林瑞成：《民事判决既判力与程序保障原则的理论与实证研究》，中国政法大学研究生院2000年博士论文，第19页。

③ 1848年普鲁士《民事诉讼法草案》第254条规定，判决只在当事人以及继承人、诉讼承担人之间发生效力。该判决对第三人不发生利害关系（也就是判决不能涉及第三人的利益）。判决中对争讼部分的裁判有既判力，而判决的理由不产生既判力（也就表达了既判力是实质上的确定力这一基本含义）。参见张卫平：《民事诉讼：关键词展开》，中国人民大学出版社2005年版，第300页。

④ 林瑞成：《民事判决既判力与程序保障原则的理论与实证研究》，中国政法大学研究生院2000年博士论文，第19页。

上的确定力。[①] 1877年德国《民事诉讼法》所规定的既判力含义回复到了包含有实质的确定力和形式的确定力这两层含义的状态。但是将实质上的确定力和形式上的确定力分开进行规定的做法得到了很好地保持。据立法者解释，1877年德国《民事诉讼法》第293条所规定的确定力是实质确定力，而该法第654条所规定的确定力是形式确定力。[②] 在1877年的德国《民事诉讼法》之后，各民事诉讼法典基本上均将形式的确定力和实质的确定力分开进行规定，并逐步认可既判力仅指实质上的确定力。进入20世纪后，经过德国、日本等国学者们的潜心研究，既判力理论获得了极大地丰富和发展，逐步形成了比较完善的理论构架。在理论研究的推动下，各国关于既判力的立法也日益健全和完善。目前，德国《民事诉讼法》、法国《民事诉讼法》、日本《民事诉讼法》、俄罗斯联邦共和国《民事诉讼法》等均对既判力有比较系统的规定。在我国，尽管民事诉讼法典没有使用既判力这一术语，但有与“一事不再理”和“既判力”相关的内容。例如，我国《民事诉讼法》第111条第5项规定：“对判决、裁定已经发生法律效力的案件，当事人又起诉的，告知原告按照申诉处理……”第141条规定，“最高人民法院的判决、裁定，以及依法不准上诉或者超过上诉期没有上诉的判决、裁定，是发生法律效力的判决、裁定”。另外，最高人民法院《关于适用〈中华人民共和国民事诉讼法〉若干问题的意见》第75条规定的“已为人民法院发生法律效力的裁判所确定的事实”当事人在诉讼中无须证明，法院也不予怀疑，而直接作为定案的依据。[③] 依据我国现行立法的规定，以下判决具有既判力：（1）最高人民法院无论是作为一审人民法院，还是作为二审人民法院，其作出的判决都是终审判决，一经宣判即发生既判力。（2）各级人民法院适用第二审程序作出的判决，一经宣判即发生既判力。（3）实行一审终审不准上诉的判决，一经宣告即发生既判力。这类案件包括：依照特别程序审理的选民名单案件，宣告失踪、死亡案件，认定公民无民事行为能力、限制民事行为能力案件，认定财产无主案件。（4）实行两审终审的案件，适用第一审程序作出的判决，当事人在收到判决书后15日内未提出上诉，又无延长期限的正当理由的，该判决即发生既判力。

---

① 张卫平：《民事诉讼：关键词展开》，中国人民大学出版社2005年版，第301页。

② 张卫平：《民事诉讼：关键词展开》，中国人民大学出版社2005年版，第301页。

③ 李龙：《论民事判决的既判力》，载《法律科学》1999年第4期。

四、既判力与“一事不再理”的关系

关于既判力与“一事不再理”的关系，诉讼法理论上主要有以下几种观点：(1) 认为既判力是“一事不再理”的表现。日本学者三月章认为，在民事诉讼中的“一事不再理”原则，并不属于刑事诉讼中禁止对同一案件为反复裁判的消极形态，而大都属于一种具有约束以后裁判内容作用的积极形态(禁止裁判矛盾作用)。这种先行裁判的判断内容对后行裁判的判断内容具有约束力的制度性效果，即不得为与前判断不同的裁判的约束力，在民事诉讼中称为裁判的既判力。民事裁判既判力的基础就是作为裁判一般指导思想的“一事不再理”原则。此种指导思想，可视为是在顺应上述民事诉讼特性的前提之下，先行的裁判内容对后行裁判的规范性原则。因此，民事裁判的既判力当属“一事不再理”原则在民事诉讼中的特殊表现。① (2) 认为既判力是民事诉讼的审判原则，而“一事不再理”是刑事诉讼制度中的审判原则。刑事诉讼为保护被告人利益，适用“一事不再理”原则，拒绝重复审判，但民事诉讼在处理方法上与刑事诉讼并不完全相同：刑事诉讼指向过去，民事诉讼面向将来，民事案件“如果加进时间因素来考虑的话，从严格意义上说，不存在同一案件”。② 因此，判决既判力主要是禁止就同一事件作出前后矛盾的判决，并非是“一事不再理”。(3) 认为既判力和“一事不再理”原则效力相同。日本田口守一教授认为，实体确定力，其内容的效力是产生执行的效力，其外部的效力是产生“一事不再理”效力。而且，既判力这一用语就意味着实体确定力，但从具体效果看，多数情况下把“一事不再理”称为既判力。③ (4) 认为既判力和“一事不再理”原则在效力上有交叉。持这种观点的学者主张既判力包括积极和消极两层含义：一是法院不得作出与既决事项相矛盾的判决，即判决的积极效力；二是既决案件不得再度成为诉讼的案件，即判决的消极效力。“一事不再理”也包含两方面的内容：一是诉讼系属的效力，即当事人不得就已经起诉的案件，在诉讼系属中再行起诉；二是既判力的消极效果，即在案件已作出确定的终局判决后，当事人不得再次起诉。因此，既判力与“一事不再理”存在交叉关系，两者的交叉之处在于：当事人和法院不得就确定判决所裁判的事项为相异之主张和裁判。既判

---

① ［日］三月章：《日本民事诉讼法》，汪一凡译，五南图书出版公司1997年版，第31～32页。

② ［日］兼子一、竹下守夫：《民事诉讼法》，白绿铉译，法律出版社1995年版，第167页。

③ ［日］田口守一：《刑事诉讼法》，刘迪、张凌、穆津译，法律出版社2000年版，第296页。

力制度的积极效果是“一事不再理”原则所不具备的，而“一事不再理”中的诉讼系属效力是既判力制度所无法包含的。[①]（5）认为既判力和“一事不再理”是两个含义不同的概念。主张将“一事不再理”效力与实体的确定力（实体裁判的内容确定力）相分离。该观点的支持者认为，既判力与“一事不再理”原则是两个不同的概念，前者是作为裁判效力的具体表现，表示裁判的内容确定以后即不得作出与前一个裁判判断的内容相矛盾的新判断，但其并不禁止再诉。而后者则以禁止双重危险为基础，在实体裁判（一般包括免诉这种形式裁判）确定后，不允许再行追诉，也不允许再次审判。[②]（6）认为既判力包含“一事不再理”，而“一事不再理”是既判力的一层效力要求。持这种观点的学者认为既判力包括积极和消极两层含义：一是法院不得作出与既决事项相矛盾的判决，即判决的积极效力；二是既决案件不得再度成为诉讼的案件，即判决的消极效力。而“一事不再理”效力与既判力的消极效力相吻合，是既判力消极作用的表现，为既判力所包含。[③]

笔者认为，学理上对于既判力与“一事不再理”关系的争论源自对这两个术语的含义界定不一样。从前面的论述可知，既判力规则是从罗马法的“一事不再理”原则逐步演变而来的，但随着民诉理论的发展，以最初的“ne bis in idem”为起点“一事不再理”理论已经演变出了许多分支学说。与此同时，既判力的具体含义也在随着历史车轮的前进而逐步演化，理论上对既判力含义的具体界定存在诸多不同的见解。在这样一种背景下，出现诸多的既判力与“一事不再理”关系论学说也就是一件非常正常的事情了。浅见以为，对于既判力与“一事不再理”关系进行研究的价值只能是理论层面的。如果从应用的角度来思考，研究既判力和“一事不再理”究竟有哪些具体的效力可能更加重要。

五、既判力的意义

法国学理上曾有这样一段描述，“从遥远的从前开始，在各种各样的民族立法中，最后所阐述的法的不安定性是非常之大的。而且一直被认为实际上是完全不堪忍受的危险所在。为防止这种危险，而通过实定法制度采取了必要的措施。这种最高度、最重要的法制度被称为法官判决的既判力。对于

① 肖建国：《民事诉讼程序价值论》，中国人民大学出版社 2000 年版，第 571 页。
② 彭勃：《日本刑事诉讼法通论》，中国政法大学出版社 2002 年版，第 352 页。
③ 刘青峰：《司法判决效力研究》，法律出版社 2006 年版，第 94 页。

各个争讼来说，由单一的诉和单一的法的判决而形成的终结，其足以认定是具有相当理由的。这是因为如果不是这样的话，那么将会增加诉讼的方法，尤其是在形成有分歧的判决时，更会产生重大的而且是难以解决的困难”。这样一段话一直被学术界视为对既判力思想的精辟概括，自 Savigny 引用了这段话来说明既判力的意义后，它就被视为了对既判力意义的古典记述而被广泛地引用。[①] 关于既判力的意义，德国《民法典》第一草案第 191 条的理由书中有这样的说明：判决是基于系争法律关系的解决必然的终局产物。诉讼目的及法政策要求判决不可侵犯。[②] 既判力的“存否”，对本质为权利保护制度的诉讼而言，实际上是不言自明的。因为如果既判力不可定的话，那么当事人得以承认的权利则会始终处于一种无保护的状态之中。在此意义上，既判力源自诉讼的目的，而又制度性地扎根于诉讼本身。[③] 德国教科书这样描述既判力的意义：实质既判力是要求法院提供权利保护的结果，它的宪法依据在于依法治国原则。为了维护当事人之间法的和平，每一个纠纷都必须要有一个尽头；从照顾法院的角度出发，他们不应重新卷入已经不可辩驳地裁判了的纠纷；为了维护法院的声望，也需要避免出现矛盾的裁判。只有通过禁止再次审理和裁判以及使当事人受裁判的拘束，这一目的才能得以最完美地实现。[④] 实体既判理论的开创者 Savigny 认为，既判力不分时代，不拘于任何程序形式，对所有诉讼而言均是必不可少的，它对当事人的诉讼权利和法官的裁判权力发挥着相同的制约作用。[⑤] 美国第七巡回上诉法院曾在一次判决中这样来说明既判力的价值：“既判事项旨在确保司法判决的终局性。它不是一个更具技术性的实务或程序事项，它是一个基本的关涉公共政策和私人安宁的实质正义的规则。它鼓励当事人信赖司法判决，阻止骚扰诉讼，并使法院能够脱身来解决其他的纠纷，其执行对于维持社会秩序来说是根本性的。”[⑥]

---

① ［德］汉斯·弗里德海尔姆·高尔：《既判力文集》，松本博之译，日本信山社 2003 年版，第 16 页。

② ［德］汉斯·弗里德海尔姆·高尔：《既判力文集》，松本博之译，日本信山社 2003 年版，第 17 页。

③ ［德］汉斯·弗里德海尔姆·高尔：《既判力文集》，松本博之译，日本信山社 2003 年版，第 17 页。

④ 罗森贝克：《德国民事诉讼法》（下），李大雪译，中国法制出版社 2007 年版，第 1151 页。

⑤ ［德］汉斯·弗里德海尔姆·高尔：《既判力文集》，松本博之译，日本信山社 2003 年版，第 94 页。

⑥ 张英霞：《司法既判力论要》，载《法律适用》2005 年第 1 期。

笔者认为，民事既判力制度存在两个角度的意义。一是既判力制度服务于私人利益的保护。当事人将纠纷诉诸法院的目的在于通过法院的裁判，能够及时解决当事人之间的权利争执，从而尽快地从终结的诉讼中摆脱出来，并以生效裁判确定的权利义务关系为基础，安排正常的生产、生活、经营等各项活动，从而使各种被破坏了的社会生活关系得以恢复。判决的终局性对于胜诉者的利益保护而言，意义更为突出。二是既判力制度服务于公共利益。其一，国家的司法资源是有限的，能够得到法院审理的案件数量是非常有限的，任何一个终审的案件获得再次审理的机会，将会直接导致另一争议无法获得接受审判的机会，至少会推迟另一案件的审理。因而以禁止案件重复审理为主要目的的既判力制度是合理分配国家有限司法资源的重要保证。其二，国家需要通过禁止案件重复审判来尽量避免矛盾判决的出现。虽然司法上的裁判并非一贯的正确，但重复的审理并不一定能够达到纠正判决的目的。相反，允许对经过终局裁决的案件接受再一次的裁判必然会增加判决不一致的风险，并且会附带引发法院必须作出相互冲突判决究竟何者更为正确的尴尬决定。其三，在某些特殊的案件中，既判力制度不仅要保护胜诉当事人的信赖利益，对于社会公众而言，也存在一个信赖利益的保护问题。例如，法院对土地的权属判决，每一个人均应该信赖该判决的终局性。否则，许多有形财产的交易将由于这种不确定性而受阻。因而为社会公众提供信赖也是既判力重要的意义之一。其四，[①] 既判力可以通过判决终局性的达成，来帮助人们在观念上确立一种规范的秩序并使其相对地固定下来，进而诱导社会生活空间内的秩序形成。

第二节 既判力扩张的含义及范围基准

一、既判力扩张的含义

既判力是终局判决具有的强制性通用力，一方面拘束法院不得为矛盾的判决；另一方面拘束当事人不得为相反内容的主张权利和重复起诉。因此，法律必须对其所涵盖的范围进行限定。对于既判力范围的界定，必须综合考虑各种因素。日本学者新堂幸司教授认为，以下因素是必须考虑的：（1）是

---

① 王亚新：《对抗与判定——日本民事诉讼的基本结构》，清华大学出版社 2002 年版，第 348 页。

否获得程序保障；（2）对于具有正当解决期待的争点穷尽攻防之义务；（3）尽可能地实现终局性、强制性解决纠纷之制度目的；（4）纠纷相对性解决所必需的限度；（5）与实体法秩序协调之要求；（6）对既判力以外效力的影响。另外，对于"受既判力拘束"之情形的处理内容（既判力作用问题），如何予以理解也影响着既判力的范围。① 从理论上讲，上述因素对限定既判力范围均具有一定的作用。但从实用的角度来考虑，传统理论一般并不直接考虑这些因素，而是从主观范围、客观范围和效力范围三个角度来对既判力进行界定，并将既判力主观范围限定在"参加诉讼的双方当事人"，既判力的客观范围限定在"判决主文中的判断"，既判力的效力范围限定在"禁止当事人重复起诉和法院重复受理"之内。在学理上，打破既判力传统范围的限制，使既判力在传统界限以外发生作用的现象被称为既判力扩张。由于既判力扩张是在既判力本体范围的基础上所进行的扩张，因此在探讨既判力扩张问题之前必须对扩张的范围基准进行分析。

二、既判力的主观范围

依据大陆法系民事诉讼理论，确定的判决并不是无限制地对任何人都有既判力，其既判力所约束的人应该有明确的范围。学理上将既判力及于什么人或者对哪些人发生作用的范畴问题称为既判力的主观范围或者既判力的主体范围。

在民事诉讼中，有一条指导既判力主观范围设定的原则，即所谓的既判力相对性原则。对于这一原则，有不少学者对其进行了描述性的界定。例如，日本学者三月章认为，"当事人作为接受裁判的对象，常受其效力的限制，反过来说，当事人在任何情形下均难免判决的效力。反之，对于当事人，判决的效力及于追求诉讼持续进行者以外的其他人则属例外。除法律有关对于第三者可以形成判决效力及之情形之外，既判力均不及于第三人。这即是所谓的既判力相对性原则"。② 我国学者江伟等认为，"既判力的对象及诉讼标的，是基于原告的主张确定的，同时在诉讼过程中，基于辩论原则，当事人双方为法院就诉讼标的进行判断提供了资料基础，所以，既判力原则上只能在对立的两造当事人之间产生，这就被称为既判力的相对性"。③ 既判力相对

---

① ［日］新堂幸司：《新民事诉讼法》，林剑锋译，法律出版社2008年版，第479～480页。

② ［日］三月章：《日本民事诉讼法》，汪一凡译，五南图书出版公司1997年版，第205页。

③ 江伟：《民事诉讼法学原理》，中国政法大学出版社1998年版，第297页。

性原则，在英美法系国家称为“相互性原则”，其是从正当程序原则（due procedure）发展而来。英美法系诉讼理论认为，一个人受到一个他没有机会进行听审的判决的约束将会导致对正当程序原则的破坏，基于正当程序原则的要求，只有当事人才受到判决的约束或者享有判决的利益；当涉及当事人以外的人时，法官通常认为后诉与前诉不构成同一个诉因，因而后诉不受前诉既判力的拘束，也就是不为先前裁决原则所禁止。①

既判力相对性作为一项原则性规定，得到了两大法系国家的普遍认可。但究竟确立这一原则的法理依据何在呢？对此，德国学者罗森贝克认为，“原则上，既判力仅在当事人之间发生效力，这一点符合既判力作为诉讼法上一个制度设置的本质，并且也是以下衡量的要求，即当事人所引发的、其内容受当事人行为决定的裁判仅在特殊情形中并且仅根据法律的特殊命令可以对没有参与诉讼的、并且也不能影响判决内容的第三人的法律关系产生影响”。② 日本学者高桥宏志认为，“既判力原则上只及于对立的双方当事人之间。判决是为了解决对立的双方当事人之间的纠纷而作出的裁断，而且，正如处分权主义与辩论主义等所明确的那样，诉讼中的程序保障也仅仅赋予诉讼中的双方当事人。民事诉讼中的纠纷是限于各方当事人之间的相对性解决，而且，只要达到这种相对性解决的程度就已足够”。③ 伊藤真认为，既判力的对象即诉讼标的，是基于原告的主张确定的，同时在诉讼程序中，基于辩论原则，当事人双方为法院就诉讼标的进行判断提供了资料基础，所以，既判力原则上只能在对立的双方当事人之间产生。④ 我国有人认为，既判力在通常情况下只作用于请求的对立双方当事人，原因有二：（1）由于民事判决的目的是解决当事人之间的纠纷，因而给予当事人纠纷的准则也只能相对地拘束双方当事人；（2）从保障第三人的权利来看，由于第三人没有参加诉讼，辩论仅在当事人双方之间进行，因此，如果判决随意对第三人具有约束力，那就侵犯了第三人的程序保障权。⑤ 笔者认为，民事诉讼确立既判力相对性原则的原因在于：民事判决是为了解决对立双方当事人之间的纠纷，判决的

---

① 刘青峰：《司法判决效力研究》，法律出版社 2006 年版，第 128 页。

② ［日］罗森贝克：《德国民事诉讼法》，李大雪译，中国法制出版社 2008 年版，第 1174 页。

③ ［日］高桥宏志：《民事诉讼法制度与理论的深层分析》，林剑锋译，法律出版社 2003 年版，第 558 页。

④ ［日］伊藤真：《民事诉讼法》，日本有斐阁 1998 年版，第 468 页。转引自刘荣军：《程序保障的理论视角》，法律出版社 1996 年版，第 293 页。

⑤ 冀宗儒：《民事诉讼法案例评析》，对外经济贸易大学出版社 2004 年版，第 230 页。

效力能够对双方当事人产生拘束力即可，随意地拘束第三人并无实际意义。并且，民事诉讼应遵循辩论主义和处分原则，判决应以当事人之间的辩论为基础。如果判决任意拘束第三人，则意味着其必须在不能适当的主张、举证、质证和辩论的情况下接受可能不利的判决结果，从而侵害了第三人的程序保障权，也容易损害第三人正当的实体权益。在学理上，依据既判力的相对性原则将既判力对人的作用范围限定在双方当事人的范围被称为既判力的本体范围。

在我国，《民事诉讼法》并未对既判力的主观范围问题作一般性的规定，但依据我国传统的民诉理论，判决不能判给诉讼当事人以外的人以利益，也不能判令诉讼当事人以外的人承担实体义务，受判决拘束是当事人的诉讼义务之一，而让当事人以外的人受判决的约束则于法无据。① 对于当事人的范围究竟如何理解，我国有学者提出，具有当事人地位的原告、被告、共同诉讼人、诉讼代表人以及诉讼第三人都属于当事人的范畴，都应受既判力的拘束。② 但笔者认为，既判力对于诉讼代表人以及诉讼第三人所生的拘束力属于既判力主观扩张的范畴，不能将其纳入广义当事人的范围。

三、既判力的客观范围

既判力的客观范围所要解决的问题是，确定判决内容在多大范围内产生遮断或覆盖纠纷的作用，进而将该作用范围内的纠纷予以终局性地解决。在大陆法系国家和地区，均以诉讼标的作为划分既判力客观范围的标准，并比较一致地认为既判力的客观范围原则上限于主文中的判断，即只有法官在判决主文所作的判断才产生既判力。例如，德国《民事诉讼法》第322条第1款规定："判决中，只对于以诉或反诉而提起的请求所为的裁判，有确定力。"日本《民事诉讼法》第114条第1款规定："确定判决，只限于包括在主文之内的有既判力。"法国《民事诉讼法》第480条第1款规定："在其主文中对本诉讼之全部或一部作出裁判的判决，一经宣告，即相对于所裁判的争议具有既判力。"所谓判决主文，是指法院根据当事人的诉讼请求以及各种证据材料在裁判文书中所裁判事项的记载部分，即法律裁判文书的结论部分。"判决主文是针对当事人提出的诉讼请求作出的回应，在内容上一般表

---

① 柴发邦：《民事诉讼法学》，法律出版社1992年版，第147～158页。

② 刘荣军：《程序保障的理论视角》，法律出版社1999年版，第293页。

现为特定实体权利义务关系或者具体实体权利是否存在的结论性判断。”[①] 诉讼是双方当事人在法院的主持下围绕诉讼请求和诉讼标的而展开的对抗过程。在这一过程中，原告方会始终围绕实现诉讼请求（诉讼标的）而进行积极的举证和辩论，而被告方也会针锋相对地进行反驳和防御，其最终结果是诉讼请求范围内的实体权利得以最终确定。可以说，法院判决书主文中最终确定的实体权利义务关系是当事人所追求的最终结果。因此，作为一项制度设计，将既判力原则上限于主文中的判断是符合当事人愿望的，也是与辩论主义下的法院权力相称的。[②]

民事诉讼的主要目的在于确保当事人实体法上权利的实现。当事人所欲请求法院解决的纠纷构成法院审判的对象。因而可以说诉讼标的可谓本案判决中被作为判断事项的最小单位。就诉讼标的与既判力客观范围的关系而言，向来以“诉讼标的 = 判决主文中的判断 = 既判力的客观范围”来进行说明。换言之，既判力客观范围是以诉讼标的为划分标准的。因而如何理解诉讼标的，直接影响着既判力客观范围的界定。关于民事诉讼标的理论，大致包括以下三种学说：[③] （1）旧实体法说。旧实体法说是 19 世纪后半期德国的通说。该理论是被尊称为“德国诉讼法学之父”的赫尔维希（Hellwig）提出来的，依据他的理论，诉讼标的是原告在诉状中提出的一定的实体法上的权利主张，判决诉讼标的的多少，须以原告所享有的实体法上所规定的实体权利为标准。这一理论在概念上区别了诉讼上的权利和实体上的权利，但又未能真正地摆脱实体法的约束，将实体上的权利机械地与诉讼上的权利联系起来。在应用上，由于该理论认为诉讼标的与诉讼上的请求权存在一一对应关系，因而当事人能够比较轻松地识别诉讼标的，法院也能够比较方便地作出判决。但这一理论很难合理地解释和处理请求权竞合的问题。例如，在某市民搭乘公交车时不幸受伤的案件中，受伤者可以基于合同违约请求赔偿，亦可基于身体损害而要求赔偿，并且互不遮断。这样就造成了一次伤害可以获得两次

---

① 邓辉辉：《既判力理论研究》，中国政法大学出版社 2005 年版，第 120 页。

② 根据辩论主义的要求，未经当事人提出的实体主张不得作为法院审判的对象。对此许多民事诉讼法也已经进行了明确的规定，如日本《民事诉讼法》第 246 条规定，“对当事人没有申请的事项，法院不得作出判决”。德国《民事诉讼法》第 308 条第 1 款规定：“法院没有把当事人未申请的事项判给他的权限。”法国《民事诉讼法》第 5 条规定：“法官应当对所有请求事项且仅对所请求的事项为裁判宣告。”因此，如果法院对当事人在辩论中未主张的实体权利或者实体法律关系作出了裁判，不仅法院的裁判违反了辩论原则，而且该裁判所确定的实体权利或者实体法律关系也不产生既判力。

③ 江伟：《民事诉讼法专论》，中国人民大学出版社 2005 年版，第 71 ~ 73 页；林剑锋：《民事既判力客观范围研究》，厦门大学出版社 2007 年版，第 53 ~ 55 页。

赔偿的显失公平的局面。(2)新诉讼法说。新诉讼法说是在批判旧诉讼标的理论的基础上为解决请求权竞合问题而提出来的。这一学说内部存在二分支说和一分支说两种不同的立场。前者是罗森贝克等提出来的，这一学说认为，诉讼标的的内容不能以实体法请求为依据，而只能以原告陈述的事由和诉的声明为依据加以确认。只有事实理由和诉讼的声明均不同时，才构成新的诉讼标的。例如，前述案例中，受伤的乘客尽管存在两个事实理由（合同违约与侵权），但只有一个诉的声明（即请求赔偿），因而不构成两个不同的诉讼标的。这样就较好地解决了实体法说存在的问题。但是，对同一给付为目的的数个请求权，在数个请求权的发生系基于不同的事实理由之场合，却无法予以解释。例如，在以票据支付的买卖合同纠纷中，事实关系有票据签发和买卖两个事实，如果卖方拒绝履行给付义务，签发票据的买方是不是可以基于票据签发的事实关系和买卖交易的事实关系分别提起诉讼？如果是的话必然带来重复请求与重复给付的不公平现象。为了解决这一困境，德国学者伯特赫尔、施瓦布等提出了一分支说，即诉之声明说，认为应当将事实理由从诉讼标的识别标准中剔除，只保留诉之声明作为判断和识别诉讼标的的标准。例如，离婚诉讼中的诉讼标的仅为诉的声明，不包涵作为离婚理由的事实关系。这一学说解决了二分支说存在的问题，不过在给付之诉中，完全脱离实体权利或者事实关系，仅凭诉的声明在复杂的情形下不能将诉讼标的特定化，并且会导致既判力的客观范围不当地扩大。例如，在甲向乙借款 1 万元到期未还，后乙又被甲开车撞伤花去医药费 1 万元的案件中，乙要求甲支付 1 万元的诉讼标的是无法依据一分支说来获得确定的。如果法院以损害赔偿为由判决甲向乙支付 1 万元，依据一分支说，所有要求甲支付 1 万元的其他请求都将被遮断，这显然过度地扩大了既判力的客观范围，带来了明显不公的法律后果。(3)新实体法说。该学说认为，诉讼法说在诉讼标的的界定和识别标准上割裂了与实体法请求权的联系，导致了无法合理限定既判力客观范围大小的问题，因而是不科学的理论。而旧实体法说的缺陷并不像诉讼法说支持者所认为的那样，在于诉讼标的与实体法请求权的联系上，而在于对实体法请求权竞合问题的处理上。基于这样的认识，德国学者尼克逊指出，基于同一事实关系而发生的，以同一给付为目的的数个请求权存在时，并不是实体法请求权的竞合，而是请求权基础的竞合，实际上此时只存在一个请求权，因为发生请求权的事实关系是单一的。真正的请求权竞合是因不同事实关系而发生数个请求权，但在请求权竞合时，如果给付目的同一，那么其中一个请求权的行使，便意味着另一个请求权的消灭。在此情况下，诉讼标的仍然是单一的。毫无疑问，新实体法说解决了前述理论上的困境，但是在现实中，与这种学说配套的请求权体系尚未建构。对于诉讼标的的识别问题，笔者认为应当同时从实体法和诉讼法的视角来进行考虑，而不应当割裂两者的内在联系。在处理请求权竞合的问题上，应当坚持禁止重复获利原则、请求权行使自由选择原则和法院依法释明原则相结合的措施来进行处理。

在大陆法系国家，立法上普遍认为法院对判决理由所作的判断没有既判力，但有关抵消的抗辩除外。也就是说，在被告针对原告的债权主张提出其对原告亦享有债权并要求抵消的抗辩时，如果法院认定了被告人的抵消抗辩，那么这种抗辩尽管属于审判理由中的判断，但也产生既判力。例如，德国《民事诉讼法》第322条第2款规定："被告主张反对债权的抵消，而裁判反对债权不存在时，在主张抵消的数额内，判决有确定力。"日本《民事诉讼法》第114条第2款规定："对于为相抵而主张的请求成立或不成立的判断，只对以相抵对抗的金额有既判力。"我国台湾地区"民事诉讼法"第400条第2款规定："主张抵消之请求，其成立与否经裁判者，以主张抵消之额为限，有既判力。"立法上作出这一例外规定的原因在于平等保护双方当事人的权益，维护法院审判的效果。对此我们可以通过一个设例来进行很好的说明。例如，[①] 在因借贷纠纷而产生的诉讼中，被告提出"以自己对原告享有的其他债务进行抵消"之抗辩（抵消抗辩）。如果在前诉中没有证据证明被告提出的抵消抗辩是成立的，那么法院就会作出反对债权不存在的认定，进而作出原告胜诉之判决。在这种情况下，产生既判力的部分是"原告对于被告之债权成立"这个判决主文的判断。而由于"用于抵消的反对债权不存在"是一种判决理由中的判断，如果这种抵消抗辩之判断不被赋予既判力，那么前诉的被告可以以反对债权为由再次提起后诉（因为这并没有违反前诉的既判力），这种后诉的起诉行为在实质上破坏了前诉判决的确定性（既判力）。同样在前诉中如果承认"被告抵消抗辩"之主张成立，那么就会作出驳回原告请求之判决，在这种情况下，如果"被告抵消"这种判决理由中判断不产生既判力，那么被告就可以以反对债权为由再次提起后诉，进而再一次从原告处获得给付，这样就形成被告重复行使反对债权并从原告获得双重给付（第一重是抵消原告的债权，第二重是直接从原告获得给付）的局面，这种结果显然违反了实体法的规定，而且有违实体法所追求的法律秩序。因此，为了防止这种被告重复行使反对债权局面的出现，只能让有关抵消抗辩

---

① 林剑锋：《民事既判力客观范围研究》，厦门大学出版社2006年版，第70～71页。

之判断产生既判力，哪怕这种判断属于判决理由中的判断。[①] 抵消的抗辩有两种情况：一是当事人在诉讼前或诉讼外作出实体上抵消的意思表示，再将其作为诉讼上的防御主张的情形。被告方提出这种抵消抗辩表明其承认本诉请求债权存在，但主张该债权因抵消而归于消灭。二是当事人在诉讼过程中将抵消作为防御方法而提出的情形，学理上将这种抗辩称为诉讼上的抵消抗辩。这种抗辩通常表现为：一方面原告对债权本身是否存在加以争执，另一方面因担心法院对该债权作出确认而在诉讼上预备地主张抵消以反对债权。因而诉讼上的抵消抗辩又称为诉讼上预备的抵消抗辩。无论是哪种形式的抵消抗辩，在诉讼程序上的效果是相同的。但应当说明的是，在抵消的抗辩与其他形式的抗辩并存时，在审理顺序上应当先审理其他抗辩。也就是说，对于抵消的抗辩，必须在确定原告请求之债权成立，并对被告的清偿、免除等普通抗辩进行判断后才能对抵消的抗辩进行判断。这样做的主要原因在于法院对其他抗辩的审理判断不产生既判力，而抵消的抗辩产生既判力。在法律效果上，法院对普通抗辩进行审理后作出驳回原告请求的判决与法院对抵消之抗辩进行审理后作出的驳回原告请求的判决具有重大的区别。例如，甲向法院主张乙欠其10万元，而乙主张欠款已经清偿，即使未清偿也可用先前甲欠乙的一笔借款10万元进行抵消。假设法院以清偿为理由驳回甲的请求，那么乙还可以要求甲返还先前的借款10万。但是如果法院以抵消为由驳回甲的请求，则乙不能再作这样的主张。[②] 对于抵消抗辩究竟是否产生既判力以及在多大的范围内产生既判力，可以分以下几种具体情形来进行处理：[③]（1）当因反对债权不存在而使抵消抗辩被驳回时，有关反对债权不存在之判断产生既判力。否则被告可以通过另行起诉实质性地推翻前诉的判决。（2）当法院认可抵消抗辩，并在该限度内驳回原告请求时，不仅原告的诉求债权不存在之判断，而且被告的反对债权不存在之判断也将产生既判力。假如不这样规定，作为被告而言，就可以以有关反对债权存在与否之判断不产生既判力为由，另行提起以反对债权为诉讼标的的诉讼。此外，当原告在后

---

① 关于法院对抵消抗辩所作的判断具有既判力的理由还可参见骆永家：《既判力之研究》，三民书局1999年版，第44页；王甲乙、杨建化、郑健才：《民事诉讼法新论》，三民书局1988年版，第482页；［日］兼子一、竹下守夫：《民事诉讼法》，白绿铉译，法律出版社1995年版，第160～161页。

② 骆永家：《既判力之研究》，三民书局1991年版，第44～47页。

③ 骆永家：《既判力之研究》，三民书局1991年版，第44～47页；［日］新堂幸司：《新民事诉讼法》，林剑锋译，法律出版社2008年版，第85页。

来提起诉求债权抵消以前的利息请求，并主张反对债权自始不成立时，由于“反对债权存在且因抵消而消灭”之前诉判断产生争点效，因此原告的上述主张难免将遭到排除。（3）法院不能假定诉求债权存在，并基于抵消抗辩直接驳回诉讼请求。当法院基于抵消驳回诉讼请求时，被告丧失了反对债权，因此作为法院而言，必须在对“若不进行抵消就要认可诉讼请求”作出确认后，才能对抵消成立与否作出判断。（4）因既判力作用而不能再次争议的反对债权不存在之金额，只限于通过抵消来对抗的额度，也即认可诉求债权消灭效果所必需的金额。当反对债权少于诉求债权时，不允许进行部分抵消。此外，尽管以反对债权之全额进行抵消，但是该反对债权只是部分债权获得认可，在这种情形下，这种全额实际上也是“发生抵消之额度”。（5）就抵消之抗辩所作的判断必须是实质性实体的判断方可产生既判力。虽然就抵消的抗辩作了判断，未经过实体上的判断即被驳回时不产生既判力。例如，以反对债权不具备抵消条件而禁止进行抵消或者抵消的意思表示不生效力等为理由驳回时即不生既判力。另外，以下几种情形亦不生既判力：抵消抗辩因错过时机而被驳回之情形；因不允许进行抵消（如日本《民法》第509条、第505条第2项）或抵消条件不成就（如日本《民法》第505条）而被驳回之情形，也不产生这种既判力。因为，在这些情形中，前诉法院并未对反对债权存在与否作出判断，而有关于此的纠纷也并未获得解决。

关于既判力的客观范围，还有一个问题需要说明，那就是为了使既判力的客观范围能够获得固定，有必要对诉讼标的在时间层面上进行固定。而固定既判力客观范围的时间点有两个：一是确定既判力的起始时间点，即终局判决确定权利义务关系的时间点。这个时间点在理论上被称为基准时或者标准时。标准时解决的问题是口头辩论终结时点上权利关系是否存在的判断，其既不反映标准时之前的法律关系状态，也不决定之后的法律关系状态。例如，当要求支付10万元人民币的请求遭法院驳回的终局判决所生的既判力所确认的事实仅仅是在标准时这一点上并不存在请求权，而不能排除之前请求权存在，但在口头辩论终结时已经消灭的情形。在标准时之后发生的权利义务变更，属于标准时后的新事由，前诉既判力是不能对其产生遮断效[①]的。二是确定既判力丧失效力的时间点。从两大法系国家的立法来看，能够击破既判力效力的程序有三类，即再审程序、检察机关的抗诉程序和第三人提起的撤销之诉。就我国的立法而言，能够使既判力丧失效力的唯一程序是再审程序。这些程序生效的时间点为前诉判决既判力效力终结的时间点。对于既判力效力终结的时间点在理论上没有太复杂的问题需要特别的处理，在实践中也极容易操作。而对于既判力效力的起始时间点则有所不同，需要做仔细的分析和探讨。

对于既判力的基准时问题，域外民事诉讼法通常是不作具体规定的，而是依靠学理的解释或者判例的释明。依大陆法系国家的通行观点，在事实审口头辩论终结之前，当事人都可以提出有关事实的资料，终局判决也必须在口头辩论终结前提出的资料之基础上作出，因此在这个时间点上有关权利关系的判断，将产生既判力。也就是说，在大陆法系国家，既判力的标准时原则上是“事实审口头辩论终结时”。形成这样的理论观点主要基于以下两点考虑：一是从口头辩论一体性的角度来看，辩论在其终结时点可以作出一体性的判断；二是从当事人的视角来看，至口头辩论终结时点为止的所有事由应当是当事人能主张的事由。因此，禁止对这些事由再度进行争议，对于当事人而言也是无可厚非的。[②] 在具体操作上他们大致是这样确定的：如果判决只经过一审就得以确定的，则第一审的口头辩论终结时点为标准时；如果诉讼进入第二审，则第二审的口头辩论终结时点为基准时；由于第三审是法律审，因而即便案件的审理进入了第三审，仍然以第二审的口头辩论终结时点为既判力的基准时。

在我国，《民事诉讼法》第 127 条规定，法庭辩论按照下列顺序进行：原告及其诉讼代理人发言；被告及其诉讼代理人答辩；第三人及其诉讼代理

---

① 所谓遮断效，是指生效终局判决所具有的阻止当事人提出其在标准时前本可主张但未主张的事项的效果。大陆法系学者认为，“为贯彻既判力之消极作用与积极作用以发挥终局地强制解决纷争之制度目的，既判力除有确定当事人间与基准时点所存在之法律关系之效果外，并可阻挡当事人于后诉提出前诉基准时点以前所存在之事由（以试图改变后诉法院就当事人间法律关系之认定）之可能性，此等效力在学说上称为既判力之遮断效。由当事人角度观之，既然当事人于前诉中已被赋予就争执之法律关系提出攻击防御方法之机会，从而其在基准时点前所得提出之事由，若已提出，固然得由法院审酌而成为判决的基础，若未提出，则产生失权之效果，不得于判决确定后再行主张，故此效果又称为失权效”。参见黄国昌：《既判力之时间范围》，月旦法学教室 2005 年第 32 期，第 90 ~ 91 页。

② ［日］高桥宏志：《民事诉讼法：制度与理论的深层分析》，林剑锋译，法律出版社 2003 年版，第 488 ~ 489 页。

人发言或者答辩；互相辩论。法庭辩论终结，由审判长按照原告、被告、第三人的先后顺序征询各方最后意见。依据这一立法可知，在我国当事人之间的言词辩论结束的时间并非既判力基础事实确定的最后时间。在司法实践中，当事人之间相互辩论后，法官会主动地询问当事人，并且当事人有最后陈述的权利，这些行为均可能对案件事实的最终认定产生影响。另外，依据《民事诉讼法》第128条的规定，法庭辩论终结后，应当依法作出判决。判决前能够调解的，还可以进行调解。因此，在我国不能将言词辩论终结时作为既判力的基准时，而将基准时定位为法庭庭审终结时较为合适。具体来说，如果诉讼是依第一审判决而确定的，包括因撤回上诉而使第一审判决获得确定在内，为第一审法庭庭审终结时。如果是在第二审经实体审理作出判决的，因第二审也是事实审，即使上诉因无理由被判决驳回，且不管在第二审实际上是否提出新的证据或理由，都是第二审法庭庭审结束时。但是，上诉因不符合诉讼形式要件或超过上诉期间被第二审法院以裁定驳回的，即使第二审法院实际上曾经进行了法庭审理，既判力基准时点仍然是第一审法庭庭审终结时。值得进一步说明的是，上述既判力基准时适用存在某些例外情形：（1）在人事诉讼中既判力的基准时需要适当提前。例如，在离婚诉讼中，一审判决离婚后当事人提起上诉，二审作出维持一审判决的情况，如果按照正常的基准时确定标准，那么标准时应当在二审庭审终结时，但如果在法律上认定当事人双方在一审终结时到二审庭审终结时这段时间依然存在夫妻关系，那么在同居权的行使、新增财产的共享与继承等问题上会带来很难处理的问题。另外，这样的处理也有违当事人解除夫妻关系的目的和人们的一般观念。（2）在反复给付判决中，既判力的基准时会由一个时间点变成一个时间段。所谓反复给付判决，是指法院基于对当事人之间未来一段时间内法律关系状态的预测，而判令败诉方在未来一段时间内向对方持续为给付义务的判决。这类判决有一个突出的特点，那就是判决的事实基础并不是以某一个时间点上的状态为依据，而是以一段时间内的事实状态为依据。因此，在这类判决中既判力的基准时会由一个时间点转变为一个时间段。（3）基准时前已经发生的事由可因缺乏“主张的期待可能性”而不受既判力遮断。期待可能性理论是近期内出现的新理论，这种理论认为，机械地、一概地否定“言词辩论结束前”发生的事由在后诉中提出的可能性之基准时效并不科学，在当事人对于某一已经发生的事实不可能知悉的情形下，即便是在基准时之前已经发生，也不应当受到既判力效力的遮断。例如，在因伤害而引发后遗症的案件中，从医学的角度来看，尽管在基准时之前已经确定后遗症必然发生，但受伤者在基准时之前感觉良好，缺乏主张后遗症赔偿的期待可能性，因而不受前诉既判力的遮断。

四、既判力的效力范围

所谓既判力效力，是指既判力对于特定民事主体产生的具有一定强制性的拘束力。传统的民事诉讼理论认为既判力具有以下两层效力：（1）禁止当事人重复诉讼、作出与确定判决相矛盾的主张、提出与确定判决相矛盾的证据材料的效力。（2）禁止法院重复受理和审判案件的效力。在学理上，这两层效力被称为既判力的同案效力或本案效力。本案效力是指在同一个案件被重复提起诉讼时发生作用，即发生既判力的消极作用。而既判力消极作用的目的在于阻止既判事项重复审理，进而及时终结诉讼。前诉判决的内容之所以能拘束当事人及法院，是因为后诉法院有权拒绝重复审判。法院在当事人就同一既判事项重新起诉的情形，不得就诉讼重新进行实体处理，应立即以起诉不合法为由驳回起诉。[①] 由于这种作用的目的在于终结诉讼，因而既判力的本体效力又被称为终结诉讼效力。

既判力本案效力的形成经历了一个漫长的过程。从源头来看，由于既判力制度起源于罗马法，因而既判力效力也是从那时开始发展的。罗马法时代的既判力规则集中体现在“一案不二讼”和“一事不再理”这两项原则之上。这两项原则所承载的法律效力直接反映了罗马法时代既判力规则的效力。在古罗马法中，案件的审理分为“法律审理”和“事实审理”两个阶段。原告先向法官提出告诉，就讼争进行陈述，被告进行申辩，然后由法官决定诉讼在法律上是否成立，是否应当受理，这就是“法律审理阶段”；如果是应当受理的讼争，就进入“事实审理阶段”，由选定的承审员进行审理，查明事实，作出判决。法律审理的终点是“证诉”，经过“证诉”，诉讼才能正式成立，案件才能系属于法院，同时原告的诉权即行消灭，不得再对同一案件起诉。[②] 此即“一案不二讼”。[③] 由此，我们可以看出，“一案不二讼”原则

---

① 陈荣宗：《举证责任分配与民事程序法》，三民书局1984年版，第165页。

② 这样做的原因有两点：其一是当时奉行所谓的诉权消耗理论，认为当事人的诉权因为诉讼系属而归于消灭；其二是当时实行神示证据制度，法官依据神的旨意进行判决，神是能够清楚地认识案情的，因而不必要再次审理，对于已经按照神的意志判决过的案件进行重新审理的行为是对神的亵渎。

③ 仇慧玲、黄文青：《一事不再理原则与我国刑事再审制度》，http://www.chinacourt.org/html/article/200408/05/126363.shtml。

具有禁止原告对同一案件再次起诉的效力。但由于被告并未行使诉权，他的诉权还未被消耗掉，因而法律并不禁止其对已经审理过的案件再次提起诉讼。由于“一案不二讼”原则并不能约束被告就已经判决过的案件进行起诉的行为，不能达到防止诉讼过分拖延、避免案件重复审理的基本目的，因而罗马人开始思考赋予终局判决更多的法律效力，并于公元2世纪提出了“一事不再理”原则。“一事不再理”包括以下两层效力：（1）当事人就同一案件不得重复行使诉权，即禁止就同一案件申请再审。这一层效力与“一案不二讼”原则所规定的效力相比，被禁止再次起诉的主体明显扩大，不再局限于原告方。被告方因为案件的诉讼系属也不能提出重新审理的要求。被告方诉权丧失的法理依据不在于诉权消耗，而在于对国家权威或者司法权威的尊重。因为被告方并未主动地行使诉权，因而运用诉权消耗理论很难对被告方诉权消灭的正当性作出说明，此时必须求助另一种理论，即司法（审判）权威应当尊重的理论。（2）在职权审理情形下，被告方享有抗辩权。① 罗马法的审理分为法定审理和职权审理。在法定审理情形下，禁止双方当事人再诉的效力具有绝对性。也就是说，对于一个已经通过法庭正式裁判的案件，当事人从根本上失去再审的权利。如果是职权审理，则对方可提出“既决案件的抗辩”，以撤销当事人一方的诉权。例如，在原告A与被告B之间的借贷纠纷案件中，法庭经审理，判决A败诉，B胜诉。此后判决即产生法律上的效力。如果A向法庭再次提出审理的请求时，B可以前述案件已经审理并判决为由，提出抗辩，要求法庭撤销A的诉权。② 既决案件的抗辩在权力性质上属于私法的范畴，因而被告人具有权利行使上的自由，换言之，其对于抗辩权具有处分权。由于抗辩权的可处分性，在被告人不及时行使的情形下，就可能导致终局判决的既判力丧失效力，因而既判事项（诉讼系属）抗辩权在防止案件重复诉讼方面的作用是相当有限的。由此可以看出，既判力的第一层效力，大约在公元2世纪就已经初步形成。对于“禁止法官重复受理、审理案件之效力”究竟最早形成于何时，本书未能作出准确的考证。不过，笔者认为大致的时间应该是罗马法后期，即诉权消耗理论逐步被人们抛弃的时期。因为在诉权消耗理论下，禁止当事人重复起诉有着充分的依据，法律通过禁止当事人重复起诉完全可以达到防止案件重复审理的目的，此时法院不进行重复

---

① 这种抗辩具有两个特点：一是这种抗辩不是判决内容，仅仅是把判决的存在作为基础；二是这种抗辩不是贯彻某些权利，仅仅是具有阻止诉讼的消极目的及结果。这种法律命题的适用条件，对于已经尝试过的新的诉和以前已经提起并已判决的诉来讲，是同一的。（Savigny，system VI，S. 268）

② 叶自强：《中国民事诉讼法》，法律出版社2004年版，第348～349页。

受理和审判只是当事人不能重复起诉的一种结果。在诉权消耗理论逐步失去认可后，绝对地禁止当事人重复起诉并无充分的依据，此时需要联合法院的力量共同达到防止案件重复审理的目的。从而导致了既判力“禁止法官重复受理、审理案件之效力”的产生。

对于既判力的本案效力，现代学理是普遍认可的。例如，日本学者新堂幸司认为，当事人不能提出与既判力之判断相反的主张与证据申请，法院也不能接受当事人提出的违反既判力的主张，对于违反既判力的证据申请，法院应当予以驳回。[①] 高桥宏志认为，在前后两诉的诉讼标的相同时，基于驳回请求判决的既判力，在后诉中该请求也将再次被法院驳回；在前后两诉的诉讼标的处于矛盾对立关系的情形时（如请求支付10000元诉讼中败诉的被告又提起确认同一债务不存在的诉讼），在后诉中法院应当驳回原告的请求。[②] 我国台湾地区骆永家教授认为，获得胜诉确定判决的当事人，就同一诉讼标的再行起诉，法院应以不合法驳回诉讼。例如，甲请求给付A物，甲获得胜诉确定判决后，再对于乙提起请求给付A物之后诉时，法院应驳回。[③]

应当说明的是，各国家和地区立法对于既判力效力的规定通常是不明确的。例如，在德国《民事诉讼法》中，与既判力效力相关的法律条文主要有以下三条：一是第318条。该条规定法院在其宣誓的终局判决与中间判决中所作的裁判，对该法院有拘束力。二是第322条。该条规定，判决中只对于以诉或反诉而提起的请求所为的裁判有确定力；被告主张反对债权的抵消，而裁判反对债权不存在时，在主张抵消的数额内，判决有确定力。三是第325条。该条第1款规定确定判决的效力，其利与不利，及于当事人。依据这三条规定我们可以看出，德国法关于既判力效力究竟如何发挥作用是没有进行明确规定的。在日本《民事诉讼法》上，有关既判力的立法条文主要有四个，但没有一个条文直接涉及既判力效力，其中第114条关于“确定判决，只限于包括在主文之内的有既判力；对于相抵而主张的请求成立或不成立的判断，只对以相抵对抗的金额有既判力”之规定是与既判力效力最为相关的一个条文。可以说在日本，对于既判力究竟有哪些具体的效力，这些效力究竟如何运行完全依靠学理的解释。我国台湾地区旧“民事诉讼法”上并未出现既判力一词，学者们大多将“民事诉讼法”第400条第1款，“诉讼标的

---

① ［日］新堂幸司著：《新民事诉讼法》，林剑锋译，法律出版社2008年版，第491~492页。

② ［日］高桥宏志著：《民事诉讼法——制度与理论的深层分析》，林剑锋译，法律出版社2003年版，第484~485页。

③ 骆永家著：《既判力之作用》，载《台湾大学法学论丛》，1975年第4卷第2期。

于确定之终局判决中经裁判者，除法律另有规定外，当事人不得就法律关系更行起诉”之规定视为既判力效力的立法依据。在2003年该条被改为，“除别有规定外，确定之终局判决就经裁判之诉讼标的，有既判力”。关于既判力本身包含哪些效力立法条文并无更为具体的说明。从严格意义上来说，我国立法没有对既判力进行规定，① 但学理上通常将我国《民事诉讼法》第141条关于“最高人民法院的判决、裁定，以及依法不准上诉或者超过上诉期没有上诉的判决、裁定，是发生法律效力的判决、裁定”的规定视为民事既判力的依据。从这条规定来看，我国对于既判力效力显然是没有规定的。

第三节 既判力扩张的方式

由于既判力的本体范围是由既判力的主观范围、既判力的客观范围和既判力的效力范围三个维度组成的，相应地既判力扩张也可以从三个维度进行，即既判力主观范围的扩张、既判力客观范围的扩张和既判力效力范围的扩张。

一、既判力主观范围的扩张

从前面的论述可知，既判力主观范围是指既判力对诉讼主体的拘束范围，也就是既判力及于什么人或者对哪些人发生作用的问题。在《民事诉讼法》上，既判力原则上只对提出请求及相对的当事人产生拘束力，而不能扩及于未参加诉讼的第三人，即必须遵循所谓的“既判力相对性原则”。《民事诉讼法》确立既判力相对性原则在于民事判决是为了解决对立双方当事人之间的纠纷，判决的效力能够对双方当事人产生拘束力即可，随意地拘束未获充分程序保障的第三人并无实际意义，亦不正当。因而，可以说既判力相对性原则从必要性的角度加以考虑，主要是建立在“判决系为了解决两造当事人间之纷争，从而使该判决之结果拘束该两造当事人即为已足”② 的命题上。但是，基于特定的原因及价值考虑，在某些特殊的情形下将当事人之间判决的既判力扩及于与案件存在一定利害关系的第三人也是必要和可行的。在学理上，打破既判力相对性原则，将当事人之间判决的效力扩及于第三人的现象被称作既判力主观范围的扩张（常简称为既判力的主观扩张）。在立法上，

---

① 日本著名的中国法制史专家滋贺秀三认为，中国的法律文化传统中从来就没有产生过既判力的观念，在历史上具体的诉讼制度里也找不到与此相应的程序规定。参见王亚新：《对抗与判定：日本民事诉讼的基本结构》，清华大学出版社2002年版，第343页。

② 黄国昌：《民事诉讼理论之新展开》，元照出版社2005年版，第293页。

不少国家规定了既判力主观范围扩张的具体情形。例如，德国《民事诉讼法》第325条第1款规定："确定判决的效力，利与不利，及于当事人，在诉讼系属发生后当事人的继承人以及作为当事人或其继承人的间接占有人而占有系争标的物的人。"我国台湾地区"民事诉讼法"第401条规定："确定判决，除当事人外，对于诉讼系属后为当事人继受人者，及为当事人或其继受人占有请求之标的物者，亦有效力。对于为他人而为原告或被告者之确定判决，对于该他人亦有效力。"日本《民事诉讼法》第201条第1款规定："确定判决对当事人、口头辩论终结后的继承人或为了其继承人的利益而占有标的物的人有其效力"；第2款规定："对于为他人的利益而担当原告或被告的确定判决，对于该他人也有效力"。

在学理上，为了进一步明确既判力扩张的含义，学者们对其进行了分类研究。在德国，学者Betterman通过对德国《民事诉讼法》第325条的规定进行扩张解释后，提出既判力的扩张（此处的扩张是指主观范围的扩张，笔者注）可分为因"适格丧失"而生的既判力扩张与因权利继承而发生的既判力扩张两种。① A. Blomeyer认为既判力扩张可分为因诉讼上理由而生的既判力扩张与因私法上理由而生的既判力扩张两种。因诉讼上理由而生的既判力扩张，是指诉讼标的法律关系虽移转，但原来的当事人仍继续实施诉讼的情形，其重在对方利益的保护；因私法上理由而生的既判力扩张，是指第三人与当事人一方之间的法律关系与诉讼标的存在依存关系，为保护第三人的利益，类推适用判决确定后对权利继承人既判力扩张的规定。② Schwab将既判力对第三人所发生的拘束力（即既判力，笔者注）分成两种类型：③（1）当事人与第三人的诉讼标的与当事人之间的诉讼标的具有实质上的同一性，只是在形式上主体有所变更。这种情形下所发生的既判力扩张实际上是以诉讼上牵连关系为标准所发生的扩张。（2）具有既判力的前诉判决所确定的事实，对于一方当事人与第三人间的后诉裁判而言，属于前提性事实时，前诉判决对后诉之第三人及法院发生拘束力。这种情形下的第三人效力实际上是指前诉判决对与当事人有实体上牵连关系的第三人所生的预决效力。在日本，学者上野泰男以扩张的方式为标准，将既判力主观扩张分为"当事人型"的既判力扩张和"继承人型"的扩张两类。所谓"当事人型"的既判力扩张，是指

① 吕太郎：《民事诉讼之基本理论（一）》，中国政法大学出版社2003年版，第368页。

② 吕太郎：《民事诉讼之基本理论（一）》，中国政法大学出版社2003年版，第368～369页。

③ 吕太郎：《民事确定判决之反射效力》，载《法学丛刊》1988年第4期。

当事人之外的人处于和当事人完全同一的立场承受既判力而发生的既判力扩张。既判力向请求标的物的持有人所生的扩张以及向诉讼担当情形中的利益归属主体所生的扩张即属此类扩张。而“继承人型”的扩张是指既判力向口头辩论终结后的当事人的继承人扩张的情形。他认为，既判力向口头辩论终结后的继承人所生的扩张与向请求标的物的持有人、诉讼担当场合中的利益归属主体所生的扩张之间存在明显的区别。在后一种情形下，当事人与请求标的物持有人或者诉讼担当时的权利归属主体属于同一立场而承受判决的效力。与此相对，关于前一种情况当事人与继承人之间的权利关系尚未确定，判决对于继承人的既判力仅限于禁止其对双方当事人之间确定权利义务关系进行争执。① 在我国，也有人对既判力主观扩张的分类进行过研究。例如，刘青峰先生认为，既判力的主观扩张可以分为相对扩张和绝对扩张两类，前者包括向口头辩论终结后当事人的继受人、为当事人或者继受人占有请求标的物的人、诉讼担当情形中的被担当人、脱离诉讼的当事人、破产诉讼的利害关系人、实际参加第一个诉讼的人所发生的既判力扩张。后者主要是指在身份诉讼和公司诉讼中所发生的既判力扩张。② 另外，我国知名学者吴明童先生也作了类似的分类，不过其并不认为在公司诉讼中所发生的既判力扩张属于绝对扩张。③ 笔者认为，除上述分类外，还可以扩张的主要目的为依据对既判力扩张进行如下分类：一是以维护公共利益所进行的既判力扩张。例如，德国投资人示范诉讼中由投资人代表所进行的诉讼能够强制性地向其他投资人扩张。此类扩张的突出特点是为了维护公共利益可能会牺牲部分未参与诉讼程序者的程序权益。二是为了尊重当事人的契约自由而产生的既判力扩张。例如，在契约示范诉讼中所生的既判力扩张，此类扩张充分尊重当事人程序权利，允许当事人以契约的方式来界定法院判决的范围，当然当事人之间的既判力扩张契约必须是以不损害国家利益和社会公共利益为前提的。三是以纠纷一次性解决和矛盾判决的避免为主要目的的扩张。绝大部分既判力扩张情形均是为了实现此目的。

既判力主观范围扩张会对第三人产生一定的法律效力，这种法律效力既不同于形成判决所生的效力，也不同于争点效第三人效力。既判力主观范围扩张对第三人所生的效力与形成判决所生效力之间的区别在于：形成判决是

① ［日］上野泰男：《既判力主观范围的一种考察》，关西大学法学论集第41卷3号，平成一年，第395～497页。

② 刘青峰：《司法判决效力研究》，法律出版社2006年版，第127～136页。

③ 吴明童：《既判力的界限研究》，载《中国法学》2001年第6期。

法院针对形成之诉所作的判决，形成判决能使新的法律关系得以确立并导致旧的法律关系消灭或变更。这种判决所生的效力具有对世性，不针对特定第三人，效力范围没有界限，效力的内容通常不包含积极的权利义务（即不要求特定第三人积极地作为）。而既判力主观范围扩张对第三人的效力则具有明显的针对性，第三人的范围具有有限性，效力内容有明确的权利义务。而既判力主观范围扩张对第三人所生的效力与争点效第三人效力之间的区别则主要体现在以下几个方面：（1）既判力主观范围扩张的第三人效力只适用于终局性的判决，而争点效的第三人效力并无此限制；（2）既判力主观范围扩张对第三人所生效力的载体包括事实问题和法律问题，且不受是否争执辩论的影响，而争点效的第三人效力的载体仅限于当事人在诉讼过程中实际争执过的事实问题；（3）在缺席判决的情形下，既判力能够对第三人发生扩张，但不可能产生争点效的第三人效力；（4）既判力主观范围扩张通常限于判决主文中的判断，而争点效的第三人效力通常限于判决理由中的判断；（5）既判力主观范围扩张属于法院的职权调查事项，而争点效的第三人效力属于非职权调查事项。

二、既判力客观范围的扩张

大陆法系国家的立法普遍认为既判力仅限于法官在裁判文书主文中所作的判断，而对于审判理由的判断，通常是不产生既判力的（抵消的抗辩除外）。在理论上，人们一直恪守着“诉讼标的＝判决主文中的判断＝既判力的客观范围”这样一个基本的公式，对于诉讼标的作为既判力遮断效范围的唯一基准没有任何的怀疑。之所以会出现这样一种状况，其深层次的原因在于在以强调“自我选择、程序保障以及自我责任”为特征的当事人主义程序结构下，形成的诉讼标的与既判力客观范围之间的紧密联系。[①] 在传统学说看来，诉讼标的在整个诉讼过程中是一成不变的，即从起诉阶段开始，原告的申请事项决定了诉讼标的的范围，在诉讼的进行过程中，随着申请事项（诉讼标的）成为双方当事人攻击防御的目标，双方当事人的攻防范围与诉讼标的的范围也是一致的，并且通过申请事项与判决事项一致的原则，判决内容（判决主文）的范围也与诉讼标的的范围形成一致，进而也使判决既判力的客观范围与诉讼标的的范围保持一致。另外，通过既判力客观范围与新旧诉讼标的理论相结合，就既判力客观范围的判断过程而言，诉讼标的成为

① 林剑锋：《民事判决既判力客观范围研究》，厦门大学出版社2006年版，第79页。

一个外在化、明确化的标准，这个公式也同时具备了外在的明确性以及便于实际操作运用等优点，对于严格遵循三段论形式逻辑的大陆法系国家司法习惯而言，这些优点无疑具有某种天然的亲和性。[①] 但由于多种原因，既判力的客观范围限于主文中判断的传统被打破，一系列认可主文外判断亦有既判力或者类似于既判力效力的案例相继出现，一批认可审判理由中的判断亦有既判力或者类似效力的理论也相继出现。学理上将承认判决理由亦有既判力或者类似效力的理论称为既判力客观范围的扩张理论。应当说明的是，这里的既判力客观范围扩张是从广义上来理解和说明的。从严格意义上来说，由于传统既判力客观范围探讨的问题是既判力的范围，并且既判力的范围是指判决文书中主文的判断，因此，真正意义上的既判力扩张应当就是认可审判理由中的判断也有既判力的理论。但是学者们运用遮断效、拘束力等词语来描述判决理由的效力，与运用既判力这一术语来进行研究并无实质性区别，同样能解决传统既判力客观范围所带来的困扰。因此，本书所讲的既判力客观范围扩张论并不仅仅指既判力向审判理由的扩张理论，还包括赋予审判理由以类似于既判力效力的相关理论。

三、既判力效力范围的扩张

随着社会经济纠纷的不断复杂化，人们发现仅仅赋予既判力“禁止当事人重复诉讼、作出与确定判决相矛盾的主张、提出与确定判决相矛盾的证据材料的效力”和“禁止法院重复受理和审判案件的效力”并不能有效避免矛盾判决的出现，而且不利于诉讼效率的提高。因此人们开始思考赋予既判力第三层效力，即前诉判决与后诉案件的审理具有先决关系时，后诉法院应当以前诉判决既判事项为前提来审理后诉的效力。既判力的第三层效力发生作用的前提条件不是“同一案件被重复起诉或重复审理”，而是“前诉判决所确定的事实是后诉的前提性事项”。由于既判力的第三层效力在作用范围上已经超越了同一案件的范围，因此学理上将其称为既判力扩张性效力（扩张性效力在功能表现为预决作用，因而其又被称为预决效力或预决力）。相应地，既判力效力超越本案范围对于其他相关案件的审理也能发生作用的现象被称为既判力效力范围的扩张。

虽然既判力扩张性效力和本案效力均是既判力效力，但这两种效力之间存在较大的区别：（1）既判力本案效力的作用范围限于同一案件。它是在某

---

① 林剑锋：《民事判决既判力客观范围研究》，厦门大学出版社2006年版，第79页。

一案件已经经过合法审理并发生法律效力后，又被重新提起诉讼时发生作用。既判力扩张性效力的作用范围必须超越同一案件这个范围，这种作用是一种本案对他案所发生的作用。（2）既判力本案效力发生作用必须具备“三同”条件，即当事人相同，诉讼理由相同，诉讼标的相同。当然，对于这“三同”条件应当从宽进行解释，如当事人身份互换，如果原告获得胜诉终局判决后，被告就既判事项提起诉讼的情形应当视为当事人相同。既判力扩张性效力发生作用的条件只有一个，那就是前一案件的既判事项是后一案件审理的前提条件。（3）既判力本案效力是一种绝对效力，而既判力扩张性效力是一种相对性效力。本案效力的主要作用在于禁止当事人重复诉讼，禁止法院重复审理。这种消极作用的目的集中体现在终结诉讼上，如果不认可本案效力的绝对性，那么终结诉讼的目的就无法实现，因此既判力本案效力具有绝对性。对于既判力扩张性效力，我国有认为其是相对效力的观点，亦有认为其是绝对效力的观点。持相对性效力观点者认为，终局判决所确认的事项，在成为后诉案件审理的前提性事项时，法院应当以既判事项为依据进行判决，所作出的判决不能与既判事项相矛盾。但是，在当事人一方有足够的证据证明与既判事项相冲突的事实存在时，法院可以作出与既判事项不一致的认定。在立法上，《最高人民法院关于民事诉讼证据的若干规定》（简称最高人民法院《若干规定》）第9条关于已为人民法院发生法律效力的裁判所确认的事实，当事人无须举证，但对方当事人有相反证据足以推翻的除外之规定即认为既判力扩张性效力属于一种相对性效力。持绝对性效力观点者认为既判力扩张性效力（预决力），是指已确认事实对后诉待证事实产生确定的免证效力，即对于已确认事实，当事人可以免证，法院可以直接认定。在此情况下，当事人只要提出记载该事实的前案判决文件，即完成对该事实的举证，并且这种举证不可推翻。[①] 在立法上，最高人民法院《若干规定》关于“已为人民法院发生法律效力的裁判所确认的事实，当事人无须举证”之规定即认为既判力扩张性效力属于一种绝对性效力。笔者认为既判力扩张性效力是一种相对效力。这种相对性体现在多个方面：一是后诉法院法官必须将既判事项作为判决的基础，并不绝对禁止法官作出与既判事项不同的认定。二是扩张性效力本身是一种可变效力。不同的情形下作出的判决的扩张性效力大小有所不同。同一判决在不同性质的后诉程序中所生的扩张性效力有所不同。三是相同既判事实的扩张性效力在不同的后诉程序中大小不同，因而扩张性效

---

① 江伟：《民事诉讼法》，中国人民大学出版社2000年版，第159页。

力的大小是相对于后诉程序的性质而言的。

对于既判力扩张性效力，学者们早在 19 世纪早期就已经有所认识。例如，德国学者汉斯·弗里德海尔姆·高尔在他的论文《Savigny 以后的既判理论展开与现状》中这样写道，“Keller 因受到 Gaius 发现的启发，在著作《关于争点决定与判决》（1827 年）中，列举了‘既判事项抗辩的消极机能’，发现了所谓‘积极机能’”。[①] 民诉领域的学者通常都知道，既判事项的积极机能指的就是前诉判决所确定的事实在后诉审判程序中所表现出来的拘束作用。因此，我们不难看出早在 1827 年前后，人们对于既判力的扩张性效力就已经有所认识了。在 Keller 之后，德国学者 Savigny 对于既判力扩张性效力进行了系统的论述，他将既判力扩张性效力描述为一种长期被人们奇妙地忽视着的效力。[②] 笔者认为，Savigny 之所以对于既判力的扩张性效力以及既判力的积极机能有着极大的热情，与他的既判力根据论之真实拟制学说有着紧密的联系。他将“既判力视为真实”（res iudicata pro veritate accipitur）的命题，要求新的法官必须把前诉的判决内容认定为真实。

对于既判力的扩张性效力，当代学理是普遍认可的。例如，日本学者高桥宏志认为，在前后两诉存在牵连关系时，后诉法院必须以产生既判力之判断为前提来作出判决。又如，当在前诉的所有权确认诉讼中胜诉的 X 在后诉中提出转移登记程序请求时，基于前诉判决既判力的积极作用，后诉法院以“X 享有所有权”为前提来作出后诉判决，即原则上应当判决 X 胜诉。[③] 我国台湾地区对既判力颇有研究的学者骆永家教授认为，在前诉判决所确定的事实是后诉判决的前提性事项时，后诉法院应以既判事项为基础来处理新诉。[④] 我国权威专家江伟教授认为，当前诉的裁决事项成为后诉的先决问题时，法院应受前诉判决的拘束，其判决应以前诉确定判决为基础。[⑤] 王亚新教授亦认为，当“既判事项”在后来的诉讼中成为问题时，一方面，当事人提出任何与前诉法院的判断相反或相冲突的主张及证据等诉讼行为都不能得到允许；另一方面，后诉法院则必须尊重前诉法院的判断，只能以此作为不变的前提

---

① ［德］汉斯·弗里德海尔姆·高尔：《既判力文集》，松本博之等译，日本信山社 2003 年版，第 9 页。

② ［德］汉斯·弗里德海尔姆·高尔：《既判力文集》，松本博之等译，日本信山社 2003 年版，第 9 页。

③ ［日］高桥宏志：《论既判力（2）》，载《法学教室》1992 年第 6 期。

④ 骆永家：《既判力之作用》，载《台湾大学法学论丛》1975 年第 4 卷第 2 期。

⑤ 王亚新：《对抗与判定：日本民事诉讼的基本结构》，清华大学出版社 2002 年版，第 339 页。

来进行审理。①

应当说明的是，除苏联等少数几个国家的立法对既判力扩张性效力进行了明确规定外（后文将会谈及），绝大部分国家和地区的立法都没有进行规定。② 他们通常是以判例的形式认可既判力的扩张性效力，如我国台湾地区就通过如下判例认可了既判力的扩张性效力。一是关于“最高法院”三十年上字第8号：为诉讼标的之法律关系于确定之终局判决中已经裁判者，就该法律关系即有既判力，当事人虽仅于新诉讼用做攻击防御方法，法院亦不得为反于确定判决意旨之裁判。二是“最高法院”四十二年一上字第1306号：诉讼标的之法律关系于确定之终局判决中经裁判者，当事人之一造以该确定判决之结果为基础于新诉讼用作攻击防御方法时，他造应受其既判力之拘束，不得以该确定判决言词辩论终结前所提出或得提出而未提出之其他攻击防御方法为与该确定判决意旨相反之主张。③

本章小结

既判力是大陆法系国家和地区民事诉讼法学理论界用来说明判决效力的一个重要概念，既判力理论是大陆法系国家和地区五大民诉基本理论之一。既判力这一概念源自罗马法，最早可以追溯到罗马法上的“一案不二讼”和“一事不再理”原则。在立法上，既判力（rechtskraft）一词最早出现在1781年的奥地利普通法院法（Die osterreiche allgemeine Gerichtsordnung vom 1781）第258条。既判力制度作为民事诉讼中的一项基本制度，一方面应当服务于私人利益的保护，即应当通过生效裁判确定当事人之间的权利义务关系，使当事人能够及时从终结的诉讼中摆脱出来；另一方面应当服务于公共利益，即应当促进国家有限的审判资源能发挥最大的效用。既判力是从主观范围、客观范围和效力范围三个方面来界定其作用范围的。依据传统的民诉理论，既判力的主观范围限于“参加诉讼的双方当事人”；既判力的客观范围限于“判决主文中的判断”；既判力的效力范围限于“禁止当事人重复起诉，禁止

① 王亚新：《对抗与判定：日本民事诉讼的基本结构》，清华大学出版社2002年版，第339页。

② 我国立法虽然也无相关规定，但《民事诉讼法》第136条关于“本案必须以另一案的审理结果为依据，而另一案尚未审结的，中止诉讼”之规定以及第111条第5款关于对判决、裁定已经发生法律效力的案件当事人又起诉的，告知原告按照申诉处理之规定似乎蕴涵着既判力扩张性效力的基本理念。

③ 骆永家：《既判力之研究》，三民书局1999年版，第8页。

法院重复审理”。由于传统的既判力作用范围并不能有效地防止矛盾判决，不能保证审判的高效运行，人们开始探讨既判力扩张问题。与既判力本体范围相对应，既判力扩张具体包括既判力主观范围的扩张、既判力客观范围的扩张和既判力效力范围的扩张三种具体的方式。

第三章　民事既判力主观范围的扩张

第一节　既判力主观范围扩张的必要性与可行性

一项制度的设置首先要有必要性，没有客观需求的制度设置是毫无意义的。但是，并非所有存在客观需求的制度均是可行的，因而制度建构的可行性也是必须要考虑的重要问题。

一、既判力主观范围扩张的必要性

民事诉讼法中之所以打破既判力相对性原则，确立既判力主观范围扩张制度，是基于解决复杂纠纷的现实需求。这种需求主要表现在既判力相对性原则无法使大量涉及多方利益主体的复杂社会纠纷得以一次性解决。所谓纠纷一次性解决，是指通过某一特定的诉讼，使法院能够全面地对某一案件所涉及的所有争议主体之间的法律关系作出调整，使所有利益主体之间的争议均能得到解决的过程。纠纷一次性解决具有确保纠纷解决的实效性，协调实体法与诉讼法关系，减少后诉提起必要性以达到有效地运作司法制度、节约司法资源、降低当事人诉讼成本、避免矛盾判决等多种重要的价值。因而实现纠纷的一次性解决是法院不懈追求的重要目标之一。

在简单的经济条件下，纠纷主体之间的经济利益关系相对单一，往往不涉及第三方利益，多为一种“一对一”的模式。因而判决只要对参加诉讼的双方当事人产生效力即可，不必扩及于第三人。但随着市场经济的建立和发展，经济变得相对活跃。债权债务的连续承继、转让以及连续交易现象变得非常普遍；担保、保证在经济活动中频繁运用；各种产权形式重组，所有人与占有人、管理人或使用人相分离；同一财物上的利益主体多元化现象日益增多；个人利益、团体利益以及社会利益相互交错；经济利益呈现扩散性、社会化等新特点。所有这些因素使得市场主体间的利益关系变得更加复杂。在这种背景下所形成的涉及多方利益主体的纠纷，朴素的“既判力相对主义理论”很难对其进行适当的调整。特别是具有利益扩散性、集团性特点的现代纠纷（如公害纠纷、消费者权益保护纠纷、环境损害纠纷等）的大量出现，判决效力严格局限于参诉双方当事人的做法根本不可能达到一次性解决纠纷的基本目标。因此，在特定的条件下允许既判力主观范围扩及于第三人具有必要性。

二、既判力主观范围扩张的可行性

从逻辑上说，并非必要的制度均是可行的制度。与既判力相对性原则存在明显冲突的既判力主观范围扩张制度之所以具有可行性首先得益于当事人适格理论的转型。所谓当事人适格理论的转型，主要是指正当当事人的识别依据理论——管理权论向诉的利益论发生了转变。在传统的诉讼理论上，识别正当当事人的主要依据是其对作为争执标的的财产是否拥有“管理权”。只有对标的物拥有管理权者才可以成为正当当事人，否则就不是正当当事人。以管理权理论作为正当当事人的识别标准具有以下两点缺陷：一是管理权理论不适用确认之诉。因为，确认之诉的原告有无诉讼实施权，应根据原告对请求确认的权利或者法律关系是否有法律上的利益来决定。二是在某些特殊情形下管理处分的对象并不明确，如日照权、环境权的权利就缺乏明确性，从而使得这些权利的主体难以获得救济。由于正当当事人管理权说具有明显的局限性，一种具有明显弥补作用的新学说——诉的利益理论随之兴起。这种理论认为，成为正当当事人最主要的条件是必须具有诉的利益，而对诉讼标的是否拥有管理权则并不重要。诉的利益理论不仅克服了管理权理论的缺点，更为重要的功能在于将诉的利益作为正当当事人的要件，使得非系争标的物的权利义务主体纳入了正当当事人的范围，从而极大地缓和了当事人适格的要件，使得管理权理论下不属于正当当事人的诉讼担当人、诉讼继承人、诉讼代表人等进入诉讼成为可能，从而为既判力主观范围的扩张扫除了理论障碍。

另外，第三人程序保障机制的逐步形成和完善为既判力主观范围的扩张奠定了正当性基础。既判力主观范围原则上必须具有相对性的主要原因在于不能为案外第三人提供充分的程序保障。在未赋予足够程序保障的情况下，强制性地将既判力扩及于第三人会产生明显的司法不公，甚至可能损害第三人诸如合法听审权之类的宪法性权利。而针对案外第三人的程序保障机制的形成和完善为既判力主观范围的扩张奠定了坚实的正当性基础。

第二节 诉讼担当与既判力主观范围的扩张

一、诉讼担当的含义及分类

（一）诉讼担当的含义

所谓诉讼担当，是指本不是民事权利或民事法律关系主体的第三人，对他人的权利或法律关系有管理权，以当事人的地位就该法律关系所产生的纠纷而行使诉讼实施权，判决的效力及于原民事法律关系的主体。[①] 诉讼担当制度的意义在于，在诉讼标的的实体权利义务不发生变更的情况下，通过诉讼上的授权，可以使本来没有诉权的人能够起诉或应诉，使本来不适格的当事人成为适格的当事人。

（二）诉讼担当的分类

依据传统的理论，诉讼担当可以分为法定诉讼担当和任意诉讼担当。法定诉讼担当，是指基于实体法或诉讼法上的规定，第三人对他人的权利可以自己的名义进行诉讼，判决的效力及于该他人的诉讼制度。法定诉讼担当又可细分成两种情况：一是指为了自己的利益或者自己所代表的人的利益，就作为诉讼标的的权利义务被承认有管理处分权，并基于此而被允许进行诉讼担当的情形。这类诉讼担当不以权利义务归属主体的利益保护为直接目的，旨在保护诉讼担当人本人及与之有相同地位的其他人的利益。二是指在诉讼标的的权利义务归属主体不能或者不宜进行诉讼，而由在法律上负有保护该权利义务归属主体利益职责的人代为行使诉讼的情形。这类诉讼担当的目的在于保护诉讼标的所指向的权利义务归属主体的利益。

任意的诉讼担当，是指第三人基于实体权利义务人的授权而成为当事人，并以自己的名义为原告或被告进行诉讼的行为。为了进一步剖析任意诉讼担当的内涵，不少学者对其进行了分类研究，概括起来大致有以下几种观点：(1) 任意诉讼担当可以分为实体型任意诉讼担当和诉讼型任意诉讼担当。前者是指本人授予担当人实体上管理权限而反映于诉讼实施的情况；后者指本

---

① 江伟：《民事诉讼法学原理》，中国人民大学出版社 1999 年版，第 404 页。

人将其诉讼上所享有的诉讼权授予担当人的情况。①（2）任意的诉讼担当可分为实体型、诉讼型和中间型三种。所谓实体型的任意诉讼担当，是指将实体上管理权授予担当人的情形；诉讼型的任意诉讼担当，是指仅赋予担当人诉讼实施权能的情形；中间型的任意诉讼担当，系指虽无实体上或诉讼上的权利人作明确的授权，亦承认有当事人适格的情形。②（3）任意诉讼担当应当分为两种情况，即“为了诉讼担当人利益的任意诉讼担当”与“为了权利主体权益的任意诉讼担当”。前者是指担当人对于他人权利关系的诉讼实施具有自己固有利益时，应当允许其进行的任意诉讼担当。例如，业已转让债权的债权让与人对于该债权进行诉讼、转让房屋之人对于非法占有人提起交付房屋诉讼等情形。后者是指当诉讼担当满足“诉讼担当人被赋予包含诉讼实施权在内的全括性管理权”和“诉讼担当人现实且密切地参与到作为诉讼标的之权利关系的发生及其管理中”这两个要件时所进行的任意诉讼担当。例如，当用工方违反劳动协议时，基于劳动协议行使劳动者权利的工会、民法上合伙的业务执行人、作为无权利能力社团不动产登记名义人的社团代表人、房屋租赁权的管理人等即可提起此类任意的诉讼担当。③（4）任意诉讼担当应当分为选定当事人型的任意诉讼担当和第三人担当型的任意诉讼担当。这种观点是日本学者伊藤真教授提出来的，他通过分析以往判例得出结论：如果担当人和被担当人为有共同利益的人，则可依照旧日本《民事诉讼法》第47条所规定的选定当事人进行处理，即构成所谓的选定当事人型的任意诉讼担当。与此相对，也有第三人从被担当人处获得授权而主张诉讼实施权的情形。这可称为第三人担当型的任意诉讼担当。属于此类任意诉讼担当的主要情形有：工会就劳工的权益成为担当人和基于特别理由获得第三人授权而成为担当人等。④（5）任意诉讼担当可分为法律规定的任意诉讼担当和扩大适用的任意诉讼担当两种情况。法律规定的任意诉讼担当，是指依法律规定对某些特定类型的诉讼可以由实体的利害关系人授权他人实施诉讼的诉讼担当。日本的选定当事人、美国的集团诉讼、我国的代表人诉讼等群体诉讼形

---

①［日］池田辰夫：《债权人代位诉讼之构造》，日本信山社平成七年版，第113页。

② 民事诉讼法研究基金会：《民事诉讼法之研讨（六）》，三民书局股份有限公司1997版，第80～81页。

③［日］高桥宏志：《民事诉讼法——制度与理论的深层分析》，林剑锋译，法律出版社2003年版，第254～255页。

④［日］伊藤真：《任意的诉讼担当及其界限》，载《民事诉讼法之争点》，日本有斐阁2009年版，第106页。

式是典型的法律规定的任意诉讼担当。而扩大适用的任意诉讼担当，则是解决多数人诉讼以外的其他形式的诉讼担当。这类任意的诉讼担当是研究的核心和重点。对于法定的任意诉讼担当，在司法实践中以及在学理上基本上是没有争议的，而对于扩大适用的任意诉讼担当则充满争议。①

二、法定诉讼担当与既判力主观范围的扩张

（一）法定诉讼担当的立法

对于法定诉讼担当，绝大部分国家和地区的民事诉讼法均作了规定。例如，在日本，就有关婚姻事件、收养事件及亲子关系事件，被指定为当事人的检察官及律师可以提起诉讼；在夫妻一方提出的婚姻无效或撤销之诉中，一方当事人死亡的，检察官可作为对方当事人。在我国台湾地区，破产管理人可以担当破产财团提起诉讼；遗产管理人、遗嘱执行人可以就遗产提起诉讼；得到债权收取命令的查封债权人，基于债权人代位权行使债务人的权利的债权人，为法定诉讼担当人，可以为债权人代位之诉。在我国大陆，现行立法实际上也规定了一些法定诉讼担当的具体情形。例如，《合同法》第 73 条规定，债权人可以担当债务人进行诉讼；《破产法》第 24 条规定，清算组可以担当破产企业进行诉讼；《公司法》第 152 条规定，监事会可以担当公司进行诉讼；最高人民法院《关于贯彻执行〈中华人民共和国民法通则〉若干问题的适用意见》第 45 条规定，合伙负责人有担当全体合伙人进行诉讼的权利。

（二）法定诉讼担当下的既判力主观范围扩张——以代位权诉讼为例

法定诉讼担当有许多具体的情形，每一种具体情形的既判力扩张方式及根据都有差异。限于篇幅，本书无法对每种法定诉讼担当情形的既判力扩张进行深入分析，仅以现实生活中最普遍的债权人代位诉讼为例进行探讨。鉴于日本学理对这一问题有深入研究，下面就以日本的相关理论为中心进行具体展开。

在日本，关于债权人代位诉讼的既判力是否扩张以及如何扩张形成了以下几种观点：②（1）判决效力不扩张说。③ 该学说认为，判决仅在双方当事人之间产生既判力，所以债权人代位诉讼之判决，仅在债权人与第三债务人之

① 肖建华：《民事诉讼当事人研究》，中国政法大学出版社 2002 年版，第 123 页。

② 王碧霞：《债权人代位诉讼既判力之主观范围》，我国台湾地区私立辅仁大学法律学研究所 2005 年硕士学位论文，第 33～53 页。

③ ［日］兼子一：《判例民事诉讼法》，日本弘文堂昭和二十五年，第 103 页。

间有效力，债务人及其他债权人，除因参加诉讼而不得对抗其所辅助的当事人之外，不受该诉讼判决既判力的拘束。由于这种观点不能一次性地解决纠纷，很容易导致矛盾判决的出现，因而学者支持的不多。（2）判决效力全面扩张说。该学说认为债权人代位诉讼的判决，其既判力除债权人及第三债权人应受拘束外，对于债务人亦有效力。这一学说最先是由兼子一博士提出来的，他认为债权人提起代位诉讼之后，无论败诉还是胜诉，其效力均应当扩及于债权人，债务人不得就已决事项另行起诉。理由在于：[1] 第一，在债权人提起代位诉讼遭受败诉的场合，其效力及于债务人并无过于严苛之嫌，因为实体法上代位权以非诉讼方式行使也经常会有不利于债务人的情形出现，此时必须承认将其效果归属于债务人。第二，债权人应当尽善良管理人的注意义务来行使代位权，在代位债权人怠于注意而致债务人利益受损时，必须对此承担赔偿责任，以此来作为对债务人承担不利后果的救济措施。第三，代位诉讼的行使是基于债权人、债务人之间的关系而存在，所以必须使作为相对人的第三债务人信赖其结果，不应将其地位置于不安的状态。笔者认为，兼子一博士的全面扩张说在保护第三债务人上具有明显的效果，但对于债务人而言，在其没有参与诉讼，基本的攻击防御权利（如主张、举证、辩论和反驳等）均无任何行使的情况下要承担不利后果，无异于在实体法上的权利被代位债权人直接处分了。因此，兼子一博士的全面扩张说对于债务人权益的保护存在严重的缺陷。（3）判决效力片面扩张说。由于债权人代位诉讼，与其他情形的诉讼担当相比，存在对债权人诉讼程序知悉权以及其他程序权利的保护均显薄弱的问题，因而不少学者提出了所谓的片面扩张说。例如，三月章认为债权人代位诉讼确实属于法定诉讼担当的范畴，但是不应该把法定诉讼担当的情形一律适用日本《民事诉讼法》第201条第2项。在结论上，行使代位诉讼的结果，对于被代位人有利的场合，判决效力及于被代位人；而对于被代位人不利的场合，判决不对其产生拘束力。[2] 除三月章外，力藤正治、松坂佐一等学者也持既判力片面扩张说。他们主张，“债权人代位权系为保全其债权而存在，所以债权人代位行使债务人权利，仅能于可增加债务人财产之场合使得为之，不能如同破产管理人对破产财团行使管理处分权情形得无限制”。[3] 换言之，“债权人代位诉讼之判决既判力，仅于债权人胜

① ［日］兼子一：《判例民事诉讼法》，日本弘文堂昭和二十五年，第104页。

② 王碧霞：《债权人代位诉讼既判力之主观范围》，我国台湾地区私立辅仁大学法律学研究所2005年硕士学位论文，第58～59页。

③ 陈荣宗：《债权人代位诉讼与既判力范围》，载《军法专刊》1979年第5期（第5卷），第25页。

诉之场合始及于债务人。于债权人败诉的情形，其既判力不及于债务人，从而债务人得更行起诉”。片面扩张说是针对全面扩张说的缺陷而提出来的，相对于先前的理论而言，其具有明显的进步意义，很好地解决了债务人利益保护问题。但是对于第三债务人而言，其很有可能因同一债权而遭受债务人的二次追诉。这样的结果，从第三债务人利益保护的视角来看，将退回到判决效力不扩张理论的时代，因为第三债务人同样会处于程序不安定的地位。另外，片面扩张说所带来的问题与纠纷一次性解决理念以及诉讼经济的原则存在比较尖锐的矛盾。（4）加入程序保障因素之新全面扩张说。在三月章教授对传统通说提出批评意见之后，学界有许多学者开始反思全面扩张说的弊端，并且比较普遍地认同：无论从比较法视角来考察还是从立法沿革来探讨，债权人代位诉讼的判决效力无条件地扩及于被代位人的合理性存在较大的讨论空间。从程序保障的视角来看，在债务人完全不知代位诉讼的情况下，判决效力无条件地及于债务人，实在有失公允，与正当程序原则的基本精神亦有明显冲突。因此，对既判力全面扩张学说进行修订是必要的。昭和五十五年前后，在既有理论不能完全解决问题的情况下，受程序保障论的积极影响，包含有程序保障因素的新学说逐步形成。新学说的主要倡导者是池田辰夫教授，该学说的基本观点是：在进行代位诉讼时，行使代位权的债权人具有诉讼告知的义务，其应当以适当的方式通知其他相关的人员，以综合保护代位债权人、债务人和第三债务人之间的利益，并尽量调和他们之间的相互关系。从渊源上看，这种学说吸收了以往诸多理论的有益成分和合理元素，如吸收了全面扩张说注重保护第三债务人权益的思想；肯定了三月章等提出的保护债权人利益的基本精神；同时亦充分贯彻了当时乃至现在依然非常注重的程序保障理念。笔者认为，从程序保障的视角来考虑代位诉讼既判力扩张的广度和强度是一种较为合理的思路。

三、任意诉讼担当与既判力主观范围的扩张

（一）任意诉讼担当的容许性[①]

任意诉讼担当制度最初是在德国形成的。理论上最先对任意诉讼担当进行讨论的是学者 Kohler，当时的德国，容许就他人的权利或法律关系由第三人提起确认之诉的必要性逐渐迫切。在 Kohler 的倡导下，诉讼担当的概念逐

① 纪钧涵：《当事人适格与判决效力主观范围扩张之研究——以集团性纷争处理程序为中心》，我国台湾地区台湾大学法律学研究所 2005 年硕士学位论文，第 99～100 页。

步形成，但第三人提起诉讼的权利仅限于法律明文规定的情形。也就是说，任意的诉讼担当是不合法的。[①] 人们认识到任意诉讼担当制度的意义是从法律规定诉讼提起主体客观上不完备开始的。任意的诉讼担当理论被提出来以后，曾经在德国得到广泛的认同。例如，罗森贝克（Rosenberg）对广泛的、无条件的任意诉讼担当非常推崇，其认为只要有权利人的授权就足以构成任意诉讼担当。[②] 但是，广泛地承认任意诉讼担当容易导致诉讼实施权被他人滥用，于是德国学界在考虑是否容许任意诉讼担当时，要求其必须具备以下两个要件：（1）诉讼担当人必须经权利人授权方能进行诉讼；（2）诉讼担当人自身必须要有值得保护的利益，即担当人固有的利益。[③] 德国学理之所以认为担当人必须具备值得保护的利益，其依据在于：（1）容许任意诉讼担当的先例裁判，均属于当事人具有固有利益的情形；（2）由于在所有诉讼中均要求权利保护之利益，因此对于在任意诉讼担当中，亦要求担当人具有固有利益；（3）如果不增加固有利益之要件而无限制地允许任意的诉讼担当，则将增加使当事人机能之结合点（担当人与被担当人之间的诉讼法律关系）受到恣意变更的危险。[④]

关于任意诉讼担当的容许性，日本学理也进行过系统的探讨，并形成了以下几种学说：[⑤]（1）正当业务说。该学说认为权利之归属主体将管理处分权能授予他人，如果是基于正当业务的需要，则应当允许。这种学说曾经是主流学说，但由于其对于任意诉讼担当的容许范围作过分狭义的理解而逐步丧失了主流学说地位。[⑥]（2）实质关系说。该学说是福永有利教授提出来的。如前所述，其认为任意的诉讼担当应当分为“为了诉讼担当人利益的任意诉讼担当”与“为了权利主体权益的任意诉讼担当”。前者须以诉讼实施权的

---

① 立法者的主要依据在于：（1）契约自由原则对于具有公法性质的诉讼并不妥当；（2）诉讼实施权不得依据私人的意见而赋予；（3）产生与形式当事人概念相连接的各种机能会恣意地遭受变更的危险。

② 民事诉讼法学研究基金会：《民事诉讼法之研讨（六）》，三民书局 1997 年版，第 81 页。

③ ［日］ 堀野出：《任意诉讼担当的意义及机能（一）》，《民商法杂志》102 卷 1 号 1990 年版，第 46 ~ 47 页。

④ ［日］ 堀野出：《任意诉讼担当的意义及机能（一）》，《民商法杂志》102 卷 1 号 1990 年版，第 47 ~ 48 页。

⑤ 纪钧涵：《当事人适格与判决效力主观范围扩张之研究——以集团性纷争处理程序为中心》，我国台湾地区台湾大学法律学研究所 2005 年硕士学位论文，第 100 ~ 103 页。

⑥ ［日］ 兼子一：《民事诉讼法》，日本酒井书店 1954 年版，第 161 页。

授予以及担当人具有自身固有利益[①]为要件；后者的成立要件则包括“诉讼实施权限等的授予”以及“就作为诉讼标的的权利关系的发生或管理现实上有密切参与”。[②] 这种观点获得大多数学者的支持。(3) 任意诉讼担当范围扩大怀疑论。[③] 中野贞一郎教授认为，如果置律师代理原则以及诉讼信托禁制原则等规定于不顾，进而让在与当事人紧密相关的土地管辖、除斥、诉讼费用的负担、程序的终端等重要的事项上不同于本来权利义务归属主体之人进行任意的诉讼担当，那么难免会产生不妥的结果。原则上只有“如果不承认任意的诉讼担当，实际上权利归属主体就难以起诉或者进行诉讼实施，而且有可能使自己权利无法获得有效保护的场合，才允许进行诉讼担当”。(4) 担当人固有利益说。该学说是木川统一郎教授提出来的。其认为承认任意的诉讼担当与否应当由担当人是否具有权利保护的利益来决定，而这种利益应当从国家的角度来分析，至于有关授权方面的考虑是没有必要的。[④]

(二) 任意诉讼担当的立法及司法实践

在德国，任意诉讼担当制度的认可主要体现在团体诉讼制度的规定上。德国的团体诉讼制度，是指法律明确规定一定领域中具有法人资格的某些团体（如消费者保护组织、行业组织等）享有当事人适格，可以自己的名义提起诉讼，判决效力扩及于具有利害关系的团体成员的诉讼制度。在团体诉讼中，团体只能是法律明确规定的团体，并且只能为团体成员或受其保护的人的利益提起诉讼。德国的团体诉讼具体规定在《不正当竞争防止法》、《普通交易约款法》、《贩卖折扣法》、《发明专利法》、《商标法》等单行法中。

在日本，立法规定的任意诉讼担当有三种情形：一是日本《票据法》第18条规定，通过催受委任背书可获得被背书人行使的一切权利，在票据诉讼中，被背书人可作为诉讼担当人进行诉讼。但是，在隐瞒了催受委任背书的情形下，其以被背书人身份进行诉讼行为为主要目的之时，以违反诉讼信托之禁止（日本《信托法》第11条）为无效。二是基于《建筑物区分所有法》

---

① 福永教授认为，所谓的固有利益与辅助参加利益相同，亦即对诉讼结果具有法律上的利害关系。参见福永有利：《任意的诉讼担当之容许性》，载《民事诉讼之理论（上）》，日本有斐阁1969年，第83页。

② ［日］福永有利：《任意的诉讼担当之容许性》，载《民事诉讼之理论（上）》，日本有斐阁1969年版，第90~91页。

③ ［日］高桥宏志：《民事诉讼法——制度与理论的深层分析》，林剑锋译，法律出版社2003年版，第255~256页。

④ ［日］木川统一郎：《任意的诉讼担当》，载《民事诉讼法重要讲义（上）》，日本成文堂1992年版，第71~75页。

第26条第4款及第57条等规定或者集会决议产生的管理人、被指定区分的所有人等可以担当诉讼。① 三是日本《民事诉讼法》第30条所规定的选定当事人制度。该制度中的选定人可以担当诉讼。

在我国台湾地区，立法未对任意的诉讼担当进行规定，但在司法实务中，除选定当事人制度外，还承认了下列情形下的任意诉讼担当：② （1）合伙人授权执行业务的合伙人实施诉讼，执行业务的合伙人可以代表合伙组织，以合伙组织的名义起诉或应诉。（2）买受人授权出卖人对主张所有权的第三人实施诉讼。（3）多数权利人授予其中一人实施诉讼，多数权利人可以根据选定当事人的方式实施诉讼行为。

（三）我国确立任意诉讼担当制度的几点建议

我国立法没有明确规定任意的诉讼担当制度，但现实生活中的许多问题对这一制度产生了急切的需求。例如，讨债公司能否担当债权人通过诉讼的方式进行讨债的问题；民政部门能否担当流浪汉通过诉讼的方式为其维护民事权益的问题；工会能否担当职工以诉讼形式进行维权的问题；物业管理委员会能否担当业主进行诉讼的问题等。笔者主张我国立法增加任意诉讼担当制度，并对制度的设计及运用提出以下几点粗浅看法：（1）任意的诉讼担当有许多不同的具体情形，各种不同情形下的适用条件有所不同，需要分情况进行规定。任意诉讼担当制度的具体情形不仅可以规定在民事诉讼法中，也可以规定在其他的一些法律法规中。（2）在界定任意诉讼担当制度的适用范围时应当从被担当人的利益保护、担当人担当诉讼的合理性与必要性以及对方当事人的利益保护等多个角度综合考虑，其中以被担当人的利益保护为首要考虑因素。（3）对是否允许进行任意的诉讼担当，不仅要从双方当事人的角度来考虑，同时也应当从维护公共利益或国家利益的角度来进行考虑。对公共利益或者国家利益的保护具有突出作用时，即使不会对当事人个人利益带来明显益处也应允许任意的诉讼担当。（4）对于任意的诉讼担当不一定要以被担当人授权为要件，在被担当人无法进行授权的情况下，允许与被担当人存在特定法律关系的机构担当诉讼是可行的（当然，必须是以维护公共利益为目的）。例如，在某流浪汉不幸被汽车撞死的案件中，允许民政局在未授权的情况下担当流浪汉提起诉讼，并要求肇事者赔偿相关损失，然后将诉

---

① ［日］高桥宏志：《民事诉讼法——制度与理论的深层分析》，林剑锋译，法律出版社2003年版，第250页。

② 肖建华：《民事诉讼当事人研究》，中国政法大学出版社2002年版，第129页。

讼所获收益用于改善流浪汉群体的生活状况有明显的正当性。

（四）任意诉讼担当下的既判力主观范围扩张

传统的理论认为任意的诉讼担当必须以实体权利义务人向担当人授权为要件，但笔者认为在被担当人无法进行授权的情况下，允许与被担当人存在特定法律关系的机构担当诉讼是可行的。因此，关于任意诉讼担当制度下的既判力主观范围扩张应当依据不同的情况进行具体的分析。在经权利义务关系人授权而担当诉讼的情况下，判决的既判力效力不仅作用于参加诉讼的双方当事人，同时也对被担当人（权利义务主体之一）发生作用。这种情形下发生既判力扩张的正当性依据主要来自于当事人的授权，而不是争议解决过程的程序保障。当事人在授予第三人诉讼实施权时就应当意识到该第三人的诉讼行为所带来的法律后果将由自己承担。在没有当事人授权的情况下发生的任意诉讼担当，它的既判力主观扩张对象和依据均不同于前述情况。就既判力主观扩张的对象而言，就不是将判决效力扩及于权利义务主体，而是对世性地向其他主体扩张。以前述流浪汉被撞死的案件为例，民政局向肇事者提起诉讼所产生的既判力效力应当扩及于其他的民政机关或者类似的机构以及流浪汉的权利继承人。就既判力主观扩张的依据而言，主要在于避免诉讼担当人的对方当事人承担双重或多重的法律责任。

第三节　诉讼继承与既判力主观范围的扩张

在大陆法系民事诉讼理论中普遍使用的“诉讼继承”一词是从罗马法时代的“Succession”这一概念逐步演变而来的。现代意义上的诉讼继承有概括继承和特定继承之分。概括继承，是指让与人将系争标的物所承载的法律关系全部转让给受让人的情形。导致概括继承的原因很多，如因一方当事人死亡、公司法人人格消灭或合并等原因均属之。在概括继承的情形下，由于原来的适格当事人已经死亡或消失，因而不存在既判力向其扩张的问题。所谓特定继承，是指让与人将系争标的物所承载的法律关系部分移转于受让人的情形。这种继承方式是在德国普通法时期才得到立法的逐步认可的。在此之前，多数国家实行所谓的禁止让与制度，即在进入诉讼系属状态后，当事人不能对系争标的物及其他一些法律关系进行转让，否则不生法律效力的一种制度。这一制度可以保证诉讼程序的安定性，确保既判力主观范围的明确性，并且一经起诉就可以发生标的物保全的作用，因而对于原告权利的保护是相当有利的。但是原告提出的请求是否有理由，须待法院作出最终裁决才能确定，这对于被告权利的保护以及整个社会民事流转灵活性的维持极为不利。另外，由于诉讼上行为不当可以导致实体上行为无效，不利于实体法与诉讼法的协调运行，因而在罗马法时代盛行的绝对禁止让与制度，经普通法时代相对化后逐步被人们抛弃。

在诉讼过程中如发生特定继承，即在诉讼系属中将系争标的物所承载的法律关系部分转让于第三人时，两方对立的诉讼关系就会转变成涉及三方主体的诉讼利益关系，此时如何作进一步的处理有两种不同的思路：一是实行当事人恒定制度；二是实行当事人承继制度。下面先以德、日有两个代表性的国家为例对这两种制度进行简要介绍，然后结合不同的制度对既判力主观扩张作具体的分析。

一、当事人恒定制度与既判力主观范围的扩张

（一）当事人恒定制度的含义

所谓当事人恒定制度，是指在进入诉讼系属状态后，标的物所承载的法律关系的转让不对诉讼产生影响，当事人的适格性不因此而发生变更的制度。当事人恒定制度，一方面不禁止当事人于诉讼系属中移转系争客体权利，另一方面维持原诉讼当事人之恒定，非经对造当事人同意，不许受让人为承担诉讼。因而当事人恒定制度，系为保护双方当事人之利益平衡，以及配合私权交易之自由而设置。①

（二）当事人恒定制度的立法

德国的当事人恒定制度是通过德国《民事诉讼法》第 265 条、第 266 条和第 325 条来建构的。第 265 条规定：诉讼系属发生后，当事人一方或他方仍有转让系争物或移转其所主张的请求权的权利（第 1 项）；转让或移转对诉讼不生影响。在未经对方当事人同意时，承继人无权代替原权利人作为主当事人而承当诉讼或提起主参加。承继人为从参加人而参加诉讼时，不适用第 69 条的规定（第 2 项）；原告已为转让或移转后，依第 325 条判决对承继人不生效力时，被告可以向原告提起抗辩，主张原告再无权主张其请求（第 3 项）。第 266 条规定：关于就土地有所请求的权利的存在与否，或者附着于土地上的义务的存在与否，在占有人与第三人之间，发生诉讼系属时，如土地经转让后，承继人在诉讼的现在程度有权作为主当事人而承当诉讼，如经

---

① 陈荣宗：《诉讼系属中当事人让与系争物所引发之法律问题》，载民事诉讼法研究基金会编：《民事诉讼法之研讨（五）》，1996 年版，第 143 页。

对方当事人申请，承继人并有义务承当诉讼。关于在已登记的船舶或建造中船舶上的义务的存在与否的诉讼，准用此规定（第1项）；前款的规定，如果违反了民法里为从无权利人受权利之移转的人的利益而作的规定时，不适用之。在这种情形，如果原告转让其权利，适用第265条第3款的规定（第2项）。第325条规定：确定判决的效力，其利与不利，及于当事人、在诉讼系属发生后当事人的承继人，以及作为当事人或其承继人的间接占有人而占有系争物的人（第1项）；民法关于为保护从无权利人受让权利的人所作的规定，准用于这种情况（第2项）；关于由已登记的物上负担、抵押权、土地债务或定期土地债务而生的请求权的判决，在该项附有负担或债务的土地移转于他人后，即使承继人不知有诉讼系属，有关土地的判决仍对承继人发生效力。对于在强制拍卖中受让土地的买受人，判决也有效力，但以诉讼系属至迟发生在拍卖期日催告其交付报价之前者为限（第3项）；关于由已登记的船舶抵押权而生的请求权的判决，准用第3款第1句的规定（第4项）。

（三）当事人恒定制度下的既判力主观范围扩张

依德国当事人恒定制度，当事人在诉讼系属中，对于诉讼标的的法律关系可以任意移转于第三人，此时让与人虽然在实体法上丧失了其权利义务人的法律地位，但其让与行为对于诉讼没有影响，让与人仍然有诉讼实施权。出于对纠纷一次性解决以及诉讼经济等因素的考虑，原则上受让诉讼标的所承载的法律关系之人，即特定继受人为本诉判决所及。仅有系争物的善意取得人以及强制拍卖情形下拍定人不属特定继承人，而不受原诉讼确定判决所及。当事人恒定制度下的既判力主观范围扩张表现在以下几个方面：第一，第三人就诉讼标的所确定的权利状态，因既判力的发生而归于确定。该第三人须作为继受人承受前诉判决就该诉讼标的法律关系认定的拘束。第二，前诉当事人获得的胜诉确定事项，继受人可以援用。第三，前诉判决既判力遮断效以外的事项，即继受人固有的权利主张或防御方法仍可以在后诉进行主张。

二、诉讼继承制度与既判力主观范围的扩张

（一）诉讼继承制度的含义

与德国采用当事人恒定制度不同，日本立法在解决诉讼系属中当事人转让诉讼标的法律关系时采取的措施是，通过一定的方式将受让人引进诉讼，然后由受让人继承让与人的法律地位，并由其与让与人的对方当事人进行诉讼。这一制度在学理上称为诉讼承继（继承）制度。有学者指出，“日本

《民事诉讼法》立法理由中，并未提及采取诉讼承继制度，文献所以认为该国系采诉讼承继制度，乃肇因于昭和六年，学者兼子一教授于东京大学之法学杂志中发表论文，名为‘诉讼承继论’，在立法理由未说明是采取当事人恒定制度或诉讼承继制度之情形下，兼子一教授以论理方法将日本旧《民事诉讼法》第73条、74条、201条巧妙联结，因此延用之”。① 以受让人进入诉讼的方式不同，可以将日本的诉讼承继分成两种类型：一种是受让人主动继承，称为参加承继；另一种是出让人的对方当事人将受让人拉入诉讼，称为承受承继。② 一般来说，如果诉讼状态有利于己，受让人就会主动采取参加继承的方式，相反则由对方当事人提出承受继承的申请，但这只是出于当事人的动机。从法律上讲，即使诉讼状态不利于己，受让人也可以采取参加继承的方式，即使诉讼状态有利于当事人，也可以提出承受继承的申请。③

在立法上，参加继承的立法规定主要体现在日本《民事诉讼法》第49条：在诉讼系属中，主张受让该诉讼标的的全部或一部分权利，并根据本法第47条第1款规定参加诉讼时，该参加溯及与诉讼系属之始产生时效中断或遵守法律上期间的效力。该条的立法目的在于使继受人能自动参加而承继诉讼。承受承继的立法规定主要体现在第50条。该条第1款规定，在诉讼系属中，第三人承继该诉讼标的的全部或部分义务时，根据当事人的申请，法院可以以裁定使该第三人承担诉讼；第2款规定，在作出前款裁定的情况下，法院应当对当事人及第三人进行讯问；第3款规定，本法第41条第1款、第3款及本法前两条的规定，对于根据本条第1款规定裁定使第三人承接诉讼的情况也适用。第50条规定的立法旨趣在于，“使对造当事人有权强迫继受人承担诉讼，使对造当事人能避免重新对继受人起诉为请求，系由他造当事人将承继人引进诉讼（引受承继）之情形”。④ 另外，第51条对义务承继人的诉讼参加及权利承继人承担诉讼进行了规定，“本法第47条至第49条的规定，准用于在诉讼系属中，主张承继该诉讼标的的全部或部分义务的第三人诉讼参加；本法前条的规定，准用于在诉讼系属中，第三人受让该诉讼标的

---

① 陈荣宗、林庆苗：《民事诉讼法（上）》，三民书局股份有限公司1996年版，第244～245页。

② ［日］高桥宏志：《重点讲义民事诉讼法》，张卫平、许可译，法律出版社2007年版，第389页。

③ ［日］高桥宏志：《重点讲义民事诉讼法》，张卫平、许可译，法律出版社2007年版，第394页。

④ ［日］三月章：《日本民事诉讼法》，汪一凡译，黄荣坤校订，五南图书出版公司1997年版，第268页。

的全部或部分权利的情况”。

（二）特定继受人的认定

特定继受人的认定对于诉讼继承制度的运行具有重要的作用，因为特定继承人的构成条件直接决定了何人可以于言词辩论终结前继承诉讼或者应当被强制性地纳入诉讼，并受既判力拘束。在学理上，关于如何认定特定继受人存在多种不同的观点，比较主要的学说有以下几种：① （1）纯实体法说。这种观点认为，只有让与人将诉讼标的的实体权利义务关系移转于受让人，受让人的继受行为才属于特定继受。换言之，将诉讼标的所承载的实体权利或债务进行移转的行为，即为特定继受；非受让诉讼标的所承载的实体权利或债务的行为，即非特定继受。这种学说是以日本《民事诉讼法》第 49 条及第 50 条（相当于日本旧《民事诉讼法》第 73 条及第 74 条）中“权利”、“债务”等用词为依据。据此学说，土地出租人因租赁期满对土地承租人诉请拆屋还地之诉讼系属中，第三人受让土地承租人房屋所有权的情形，第三人并非直接受让土地承租人租赁契约的债务，即不会发生继受当事人诉讼标的的问题。这一学说的缺点在于对系争物客体的范围限定得过于狭窄，为当事人与第三人之间通谋转移诉讼标的的系争物留有较大的空间，对方当事人的诉讼利益因此而容易受损。（2）依存关系说。这种观点认为继受人实体地位是从让与人处取得的，因而在实体关系上具有从属性，这正是既判力扩张的实体法基础。赞同这一观点的学者提出，“确定判决既判力扩张的基础在于前主已受程序权保障、继受人与之又有依存关系及保障胜诉对造当事人之期待等三要素之公平理念”。② （3）适格承继说。这种学说将当事人的实体法地位与诉讼法地位两者分开，专就诉讼法上原告适格与被告适格的移转进行考察。被继受人对于第三人于诉讼系属中所移转的系诉讼当事人适格的法律地位，第三人继受原告时系在诉讼上继受原告的适格地位，继受被告时系继受被告适格地位。第三人是否属于特定继受人，有无生效继受，不以继受实体权利为准。（4）纠纷主体地位移转说。主张此说的学者认为，诉讼系属后，纠纷的主体地位由当事人移转于第三人时，第三人即成为特定继受人，从而扩张解释了确定判决既判力的主观范围，这种学说后来被称为纠纷对象

① 陈荣宗：《诉讼系属中当事人让与系争物所引发之法律问题》，载民事诉讼研究基金会：《民事诉讼法之研讨（五）》，三民书局股份有限公司 1996 年版，第 178 ~ 180 页。

② 许士宦：《执行力扩张与不动产执行》，载《强制执行法之理论与实务》（第一卷），新学林出版股份有限公司 2005 年版，第 21 页。

之法的利益继受说。[①] 支持这种观点的学者中，有人进一步提出，即使同为诉讼继承，参加继承和承受继承的考虑因素也各不相同，参加继承的范围要大于承受继承。在承受继承中，继承人是被强制拉入自己并未参与的诉讼状态，所以有必要重视对继承人的程序保障；而参加继承人是主动参加到诉讼中来，因此直接将其纳入已经开始的程序即可。另外，当事人亲身参与了诉讼状态形成的全过程，所以没有不满的理由。因此，可以把参加继承理解为从一开始倾向于确保参加人利益的一种制度。[②]

（三）诉讼继承的程序问题

诉讼参加的程序。(1) 诉讼参加的声明。继受人声明参加诉讼必须以独立当事人身份参加诉讼程序。参加人可以独立地进行诉讼行为，但是基于诉讼参加的从属性，必须认可当事人之间已有的诉讼成果，并在原有的诉讼状态下进行诉讼。独立当事人的声明必须对让与人以及对方当事人单独提出，但允许其只对对方当事人提出请求而保留对让与人提出请求。(2) 诉讼参加声明的期间。参加或继承诉讼的期间必须在诉讼系属中，具体来说是诉讼开始后，直至言词辩论终结前的期间。但应当注意，一审案件还存在上诉的可能，因而此处的“言词辩论”并不一定专指一审的言词辩论。(3) 诉讼参加声明的主体。依据立法的规定，诉讼参加应当由权利继受人积极主动地介入原诉讼程序。但是在实务中，声明参加的主体并不局限于权利继受人，有时债务继受人也可以主动声明诉讼参加。实务上扩大诉讼参加主体范围的目的在于使实体利害关系人主动加入原诉讼程序，以促进纠纷的一次性解决。

诉讼承受的程序。(1) 诉讼承受的申请主体。根据日本《民事诉讼法》第50条的规定，诉讼承受申请的主体是当事人，但通常情况下是让与人的对方当事人，这一规定实质上是为了平衡受让人可以根据让与人的诉讼情况来决定是否参加诉讼的优先选择权给对方当事人所造成的相对程序劣势。(2) 诉讼承受申请的期间。日本《民事诉讼法》关于诉讼承受声明期间的规定，与诉讼参加相同，即必须在诉讼系属中，但学理及司法实务比较一致的看法是不得在第三审期间进行申请。(3) 对诉讼承受申请的裁定。法院在当事人提出诉讼承受申请后，应当讯问当事人及第三人，然后根据相关的信息作出是否允许诉讼承受的裁定。

---

① ［日］兼子一、松蒲馨、新堂新司、竹下守夫：《条解民事诉讼法》，日本弘文堂昭和六十一年版，第654页。

② ［日］高桥宏志：《重点讲义民事诉讼法》，张卫平、许可译，法律出版社2007年版，第403页。

（四）诉讼继承制度下的既判力主观范围扩张

既判力向诉讼参加人的扩张。在诉讼系属中，系争标的物的受让人因自身利益的考虑，主动参加到当事人已经进行的诉讼中，由于参与程序的自愿性以及在受让人进入诉讼程序前当事人双方已经在诉讼上投入了一定的时间、精力以及金钱等诉讼成本，因此诉讼参加人尽管未参与整个程序的审理，但判决的既判力对其产生完全的拘束力。换言之，在诉讼参加的情况下，法院的判决既判力不再局限于双方当事人，而须扩及诉讼参加人（系争物的受让人）。这种实体法上的效果是否会因让与人撤回诉讼、诉讼自始不合法或无理由等因素而消灭立法未作明确规定。在学理上，意见也不统一，比较主流的观点认为，参加人参加诉讼后，其法律上的效果不应因让与人的撤诉等行为而归于无效，至少继受人可以作为独立参加人，对对方当事人提出独立的诉讼请求。

既判力向诉讼承受人的扩张。根据诉讼状态的承继理论，在法院裁定允许诉讼承继后，继受人对于让与人在之前所进行的所有诉讼行为，不管有利还是不利均需继受，包括法庭辩论记录、证据调查情况以及中间判决等一系列诉讼行为或法律文书均对其具有法律效力。另外，逾期提出攻击防御方法而被驳回的效果、违反让与人自认的主张或者让与人已经不能再进行的诉讼行为，继受人也须受拘束而不得否定。总之，在法院裁定诉讼标的物受让人承受诉讼后，其必须全面地承受当事人之间判决的既判力效力。

三、当事人恒定制度与诉讼承继制度的比较及我国的立法选择

（一）当事人恒定制度的利弊分析

就当事人恒定制度而言，系争标的物的让与人作为当事人的身份并不会因让与行为而发生变更，其依然以适格当事人的身份进行诉讼，这样不会因受让人的加入而导致诉讼中止；另外，在受让人进入诉讼程序后，并不导致诉讼时效的重新计算，既判力的基准时点并非受让人进入诉讼之时，而是应当回复到起诉之时。这两个特点使得当事人恒定制度具有使诉讼程序稳定高效地运行的优势。但这一制度也存在诸多困境：其一，为什么在当事人对诉讼标的物不拥有所有权亦无诉的利益时仍然可以成为适格当事人，而实际拥有所有权的人却不具有当事人适格性呢？对此明显有违当事人适格理论的问题，德国学理试图从诉讼担当的角度来进行解释，但这种解释又带来了新的问题，即不能很好地说明诉讼担当和诉讼继承之间究竟还有何区别，立法上将诉讼担当和诉讼继承单独立法还有何作用。其二，在当事人恒定制度下，

让与人在作出让与行为前的所有诉讼行为，对于受让人均具有拘束力。对于受让人而言，在没有任何程序保障的情况下必须承担他人所为诉讼行为所带来的不利后果的法理依据又是什么呢，是否有悖于程序保障的精神呢？其三，从实务的层面来看，在让与人已经将系争诉讼标的物及其所承载的法律关系转移给受让人后，如何保证他还能够全心全意为受让人的利益来进行诉讼呢？

（二）诉讼承继制度的利弊分析

就诉讼承继制度而言，其可以非常明确地反映实体法律关系的变化，能与现有的当事人适格理论相互匹配，对于受让人的利益保护具有明显的积极作用，同时也不存在诉讼继承与诉讼担当相互缠绕的问题。但诉讼继承制度也有一定缺陷：其一，由于受让人进入诉讼程序，诉讼时效中断，因而诉讼程序的连续性和稳定性会受到较大的影响，诉讼效率亦受到制约。对于原告人而言，被告人恶意的连续转让行为可能使其利益保护变得相当困难。其二，对于受让人而言，让与人在受让系争标的物之前所为的诉讼行为亦须承担法律后果，如何在程序上为其提供充分的保障也是值得考虑的事情。

（三）我国的立法选择

目前，我国立法没有规定特定继受的处理办法，而司法实务中，诉讼系属过程中转让系争标的物的现象却相当普遍，法官遇到此类问题时往往不知所措，因而有必要出台相关的立法。至于我国究竟应当采用哪种制度来解决这一问题，笔者更倾向于日本的诉讼承继制度，原因在于这一制度与现有的理论相对更为协调，而诸如当事人可能恶意连续转让标的物、受让人程序保障不充分之类的问题则可通过制度完善来逐步解决。

第四节 既判力主观范围扩张的其他情形

一、既判力向标的物占有人的扩张

（一）既判力向标的物占有人扩张的立法

在大陆法系国家，有不少民事诉讼法明确规定，确定判决的既判力扩及于标的物占有人，如德国《民事诉讼法》第 325 条规定：（1）确定判决的效力，其利与不利，及于当事人……以及作为当事人或其承继人的间接占有人而占有系争物的人。（2）民法关于保护从无权利人受让权利的人所作的规定准用于这种情况。日本《民事诉讼法》第 115 条规定，确定判决效力波及的人的范围：（1）当事人……（4）为本条前三项所列的而持有诉讼标的物的人。另外，我国台湾地区“民事诉讼法”第401条第1项亦规定，确定判决，对于为当事人或其继受人占有请求标的物者，亦有效力。

（二）占有人的含义

“在德国法上，不论是为了何种利益，只要是根据契约代表他人对物进行占有的人，称为直接占有人，而委托他人对物进行占有的人，称为间接占有人。如果物的直接占有人被他人作为被告提起诉讼的，该占有人可以指明间接占有人，由间接占有人参加诉讼，而自己退出诉讼。”① 另外，依据德国民法典的规定，作为用益权人、质权人、用益承租人、受寄人或基于其他类似的法律关系而占有其物的人，由于此关系对他人暂时享有占有的权利和义务时，该他人也是占有人，只是在性质上属于间接占有而已。

日本法上的标的物占有人或持有人主要包括标的物的受委托人、管理人、同住人等。标的物持有人一方面区别于“并非是自己固有（独立）的占有，而是被包含于当事人占有之中”的占有机关，另一方面又不同于“对于标的物之占有具有自己固有利益”之人，可以说标的物持有人的性质介于这两者之间。② 不过，尽管在名义上是所有人，但实际上是为了逃避执行而从债务人处虚假受让之人，当这种虚假受让人为了债务人而持有该标的物时，应当被归为此处的持有人。因为一方面，极需要将既判力向这种人扩张；而另一方面，只要认定是虚假转让，那么就可以说不存在着应受保护的受让人固有的实体利益。而且，如果在判断是否构成虚假转让的过程中赋予了其程序上的保障，那么即便向这种人扩张既判力，也无须考虑受让人缺乏程序保障的问题。③ 另外，当原告提起基于买卖的移转所有权登记请求时，基于虚假买卖而从被告获得移转登记者，也应当不具有自己固有的应受保护之持有登记利益，因此应当通过类推适用第115条规定而将其归入标的物持有人。④ 我国台湾地区关于占有含义的界定基本沿袭了日本的做法。

（三）既判力向标的物的占有人扩张的法理依据

从前面的立法可以看出，标的物的占有人与诉讼继承人、诉讼担当人等并列地作为了确定判决既判力应当扩及的主体。但是，确定判决既判力向标的物占有人扩张的法理依据与其他扩张情形的依据具有明显的不同。就既判

① 邓辉辉：《既判力理论研究》，中国政法大学出版社2005年版，第192页。

② ［日］高桥宏志：《民事诉讼法制度与理论的深层分析》，林剑锋译，法律出版社2003年版，第571页。

③ ［日］新堂幸司：《新民事诉讼法》，林剑锋译，法律出版社2008年版，第489～490页。

④ ［日］新堂幸司：《新民事诉讼法》，林剑锋译，法律出版社2008年版，第491页。

力向标的物占有人扩张的法理依据而言，理论界比较普遍的看法是占有人是为了当事人的利益而占有标的物，自己并没有占有的利益，判决既判力向其扩张，不会损害其实体或程序方面的利益。另外，判决既判力向占有人扩张是诉讼顺利进行的基础，是判决最终能得以执行的重要保证（如能够防止当事人或继受人恶意将标的物寄存于第三人处从而达到逃避执行的目的）。因此，当当事人在诉讼中败诉，而被命令必须交付该标的物时，这些请求标的物持有人也当然地必须向原告交付该标的物。①

（四）我国现行立法的缺陷和完善

目前，我国立法没有明确对为当事人及其继受人的利益而占有标的物的第三人是否受当事人之间判决所拘束进行规定。但是，根据相关的立法以及司法解释可以推理出，我国立法对这一问题是持肯定态度的。相关的立法及司法解释主要包括：（1）我国新《民事诉讼法》第 225 条（旧法第 228 条）第 2 款规定，有关单位持有该项财物或者票证的，应当根据人民法院的协助执行通知书转交，并由被交付人签收。第 3 款规定，有关公民持有该项财物或者票证的，人民法院通知其交出。拒不交出的，强制执行。根据立法部门的解释，此两款规定是对第三方占有法律文书所制定的财物或者票证进行强制执行的规定。②（2）最高人民法院《关于人民法院执行工作若干问题的规定（试行）》第 58 条规定，有关单位或公民持有法律文书指定交付的财物或票证，在接到人民法院协助执行通知书或通知书后，协同被执行人转移财物或票证的，人民法院有权责令其限期追回；逾期未追回的，应当裁定其承担赔偿责任。（3）最高人民法院《关于适用〈中华人民共和国民事诉讼法〉若干问题的意见》第 290 条规定，法人或其他组织持有法律文书指定交付的财物或者票证，在人民法院发出协助执行通知后，拒不转交的，强制执行，并可依照《民事诉讼法》第 103 条的规定处理。第 291 条规定有关单位和个人持有法律文书指定交付的财物或者票证，因其过失被毁损或灭失的，人民法院可责令持有人赔偿；拒不赔偿的，人民法院可按被执行的财物或者票证的价值强制执行。

在民事诉讼法里有一条基本的原理，那就是执行力以既判力为基础，法

---

① ［日］参见高桥宏志：《民事诉讼法制度与理论的深层分析》，林剑锋译，法律出版社 2003 年版，第 571 页；三月章：《日本民事诉讼法》，汪一凡译，黄荣坤校订，五南图书出版公司 1997 年版，第 216 页；邓辉辉：《既判力理论研究》，中国政法大学出版社 2005 年版，第 192 页。

② 全国人大常委会法制工作委员会民法室编：《中华人民共和国民事诉讼法条文说明、立法理由及相关规定》，北京大学出版社 2007 年版，第 454 页。

律文书具有执行力的前提条件是其已经产生了既判力，被执行的主体必须是受判决既判力拘束的主体。既然我国立法承认了第三人以及相关单位在占有了法律文书所确定的标的物时，可以成为被执行的主体，那么他们就应当受判决的既判力所拘束，否则法院是不可以对他们进行强制执行的。因此，尽管我国立法未明确规定判决既判力扩及于占有标的物的第三人，但可以非常明显地看出，我国立法对此是持肯定态度的。当然，现在的立法有必要作如下完善：（1）应当明确规定确定判决的既判力应当扩及于占有标的物的第三人；（2）应当明确规定占有人必须是为当事人及其继受人利益而占有标的物的人；（3）占有人所占有的标的物不应局限于财物或者票证；（4）确定判决既判力对作为标的物占有人的单位或个人所产生的拘束力是一致的（这一点决定法院对占有标的物的个人和单位所采取的强制措施的力度应一致）。

二、既判力向未参加诉讼的利害关系人的扩张

在德国投资人示范诉讼中，出于对公共利益的保护会强制性地将确定判决的效力扩及于其他未参加诉讼的利害关系人。这种示范诉讼下的既判力扩张不以示范诉讼契约的签订为前提条件，公共利益的保护是既判力扩张的主要依据。由于目前只有德国立法规定了这一制度，并且生效的时间不长，大家对这一制度不一定非常关注，因而此处在对这一制度中的既判力扩张问题进行分析的同时顺便对相关的具体程序作简要介绍。①

德国投资人示范诉讼程序大致可以分为三个阶段。

第一阶段程序：（1）示范诉讼申请。示范诉讼申请是启动示范诉讼的首要条件，依据《示范诉讼法》的规定，个别原告和被告均可以向有管辖权的邦地方法院提出示范诉讼申请（Musterfeststellungsantrag）。在申请中应载明确认目的、相关的公开市场资讯、争点与证据方法。同时，申请书还应当表明申请示范裁判具有超越个案而对基于同一原因事实的其他案件具有重要意义。由于是否进行示范诉讼对相对人具有重要影响，法院在作出准予进行示范诉讼前，应使相对人具有表示意见的机会（第1条第1款、第2款）。（2）示范诉讼申请公告。邦地方法院在受理示范诉讼后，应当在联邦电子告示（Elektronischerbundesanzeiger）中将这一情况进行公告。涉及同一原因事实的示范诉讼申请，将依据公告时间依序排列（第2条）。对于示范公告的内容

① 关于这一制度更为详细的介绍可以参见拙文：《德国投资人示范诉讼介评》，载宋世杰等主编《诉讼法制度改革新探索》，人民法院出版社2007年版，第233～239页。

任何人均可无偿的阅览（第4条），这条规定的主要目的在于使潜在的受害投资人对于示范诉讼有所了解，并在必要的时候参加诉讼。在刊登示范诉讼公告的同时，原已系属于法院的其他相关诉讼停止进行（第3条）。（3）是否进行示范诉讼的裁定及提呈。在刊登示范诉讼公告4个月后在同一法院或不同法院基于同一诉讼事实而提起的示范诉讼申请达到10件以上的，第一个受理示范诉讼申请的法院就作出允许进行示范诉讼的裁定，并提呈于相应的邦高等法院。另外，对于提呈裁定及作成的日期应当在联邦电子告示诉讼登记栏进行公告（第4条第3款）。如果在刊登示范诉讼公告4个月后，在各邦地方法院基于同一诉讼事实而提起的示范诉讼申请总共达不到10起，那么各受案法院依裁定驳回示范诉讼申请，并以普通的程序继续进行审理（第4条第4款）。对于提呈裁定（Vorlagebeschluss），当事人不得提出异议，且其对于邦高等法院也具有拘束力（第4条第1款）。提呈裁定也具有阻碍其他相同诉讼事件作为示范诉讼的效力（第5条）。

第二阶段程序：（1）示范诉讼原告的确定。示范诉讼原告不一定是首先提出示范诉讼的当事人。究竟由谁作为示范诉讼的原告由邦高等法院决定。除示范诉讼原告与被告外，其余停止诉讼的原告与被告，均应由法院依职权通知参加示范诉讼，其身份为示范诉讼关系人（Beteiligt）。（2）示范诉讼的公告。对于示范诉讼当事人以外的关系人，可以在联邦电子公告栏内刊登期日通知来代替送达。公告期至少应当有4周（第9条）。为了促进诉讼的集中审理，审判长或者审判员可以通知其他关系人对示范诉讼原告的书状进行补充，并应当通知示范诉讼的原告或被告（第10条）。（3）示范诉讼的判决。示范诉讼一般应以审判终结，但经所有利害关系人同意的可以以和解的方式终结示范诉讼程序（第14条第3款）。

第三阶段程序：在邦高等法院就示范诉讼作出判决后，各邦地方法院依据这一示范判决对已经停止进行的案件继续进行审理，并对各个当事人的损害赔偿请求作出本案判决。

示范判决既判力的扩张。在邦高等法院作出示范裁判后，各邦地方法院（受诉法院）所停止的程序重新启动，并依据示范裁判进行审理。示范裁判不仅对于示范诉讼原告和示范诉讼被告产生既判力，对于其他利害关系人（被通知参与程序之人）也产生既判力。不论有利还是不利，也不论是裁判文书的主体部分还是争点事实部分，其他利害关系人均不得否认（第14条）。另外，示范判决发生事实上的判决先例效果，受通知人及示范诉讼被告在后续其他诉讼程序中不得作矛盾的陈述。

三、既判力向扩张契约签订者的扩张

当事人之间可以签订诉讼契约，并产生相应的法律效力是现代民事诉讼理论逐步承认的一项程序权利，如合意确定举证期限、合意选择开庭方式、合意选择诉讼程序等均是这一权利行使的具体体现。但当事人能否通过签订诉讼契约来扩张既判力的主观范围呢？对此问题理论上存有争议。笔者认为，法律应当允许当事人通过诉讼契约扩张既判力的主观范围。首先，从既判力制度目的论来看，允许当事人通过诉讼契约扩张既判力的主观范围并无不妥。既判力制度的目的可以从当事人和法院的角度分别予以考察：从当事人的角度来看，既判力制度是为了使当事人之间有争执的法律关系终局性地予以解决，避免纷争再起；对法院而言，既判力制度是为了避免重复裁判以节约审判成本，提高诉讼效率。显然，当事人通过诉讼契约来扩张既判力的主观范围，既有利于息讼止纷，也能促进法院节约司法资源，避免重复审判，而不会带来有碍既判力根本目的顺利实现的负面影响。其次，从既判力根据论来看，允许当事人通过诉讼契约扩张既判力的主观范围亦具有正当性。民事判决能够产生既判力无疑是法的安定性要求的体现，但最为重要的正当化依据在于审判的程序保障。在审判过程中，双方当事人得到了适当的程序保障，因而受判决既判力的拘束，第三人因缺乏应有的程序保障，故不受拘束，这是从强制的角度进行推理的。如果当事人愿意放弃程序保障，直接以他人之间的判决作为诉讼外纠纷解决的依据，由于其并没有占用司法资源，并且可以使同类或相关纷争之解决在多数当事人间具有一致性，避免另行起诉而生矛盾判决，显然具有正当性。再次，在立法上存在不少通过契约方式使判决以外的情形产生既判力的例子。例如，德国《民事诉讼法》第1055条规定，仲裁裁决在当事人间具有与法院的确定判决同样的效力。我国台湾地区“立法”亦承认诉讼上的和解（“民事诉讼法”第380条第1项）、法院调解（“民事诉讼法”第416条第1项）、“行政院”公共工程委员会采购申诉审议委员会的调解（“政府采购法”第85条）以及仲裁裁决等具有与法院确定判决相同的效力。最后，在司法实践中，存在大量承认以契约扩张既判力主观范围的案例。例如，在德国、瑞士、奥地利等国家的司法实务中广泛运用的示范诉讼，即是一种通过契约扩张既判力范围的典型诉讼形式。

四、既判力向被代表人扩张

我国和英国确立了代表人代表诉讼制度。在代表人诉讼中，代表人代表

其他当事人参加诉讼的过程，包含有担当其他未参加诉讼的当事人进行诉讼的成分，但这与诉讼担当又不完全相同：其一，担当人本人（代表人）具有诉的利益，亦具有诉讼实施权；其二，被担当人将自身所拥有的诉讼权利转让给担当人的过程并不是一种明确的授权过程。在代表人诉讼制度下，代表人所进行的诉讼，其审判效力扩及于被代表人。

第五节　既判力向实体从属第三人的扩张问题

在此之前，本书以三节的篇幅对既判力主观扩张的具体情形进行了比较系统的梳理和介绍，通过这些内容我们可以大致地看出既判力主观扩张的范围和界限。为了进一步明晰既判力主观扩张的界限，本节将从利益牵连关系的角度探讨既判力扩张的界限问题。以利益牵连关系为标准，我们可以将第三人分为与当事人有诉讼上牵连关系的第三人（如诉讼担当人、诉讼继承人、诉讼代表人）和与当事人有实体上牵连关系的第三人（如担保人、保证人等）。在民事诉讼理论上，当事人之间的判决效力可以扩及于诉讼牵连第三人是一个普遍认可的问题，但这种效力能否扩及于实体从属第三人呢？换言之，既判力主观扩张的界限能否包括实体从属第三人在内呢？对此问题，我国立法上暂无规定，学理上亦几乎无人关注；在域外，有两种完全不同的观点。一种观点认为既判力可以向实体从属第三人进行扩张；另一种观点认为判决对实体从属第三人不生既判力，但产生反射效。下面将对这两种学说作简要介绍和评析，然后提出我国处理相关问题的建议。

一、既判力主观扩张论

在学理上，打破既判力相对性原则，将当事人之间判决的效力扩及于第三人的现象被称作既判力主观范围的扩张。依据通行的观点，可以受当事人之间判决既判力拘束的第三人仅限于诉讼上从属第三人，如当事人的诉讼担当人、诉讼的继承人、当事人的诉讼代表人等。此处的既判力主观扩张论，是指认为当事人之间确定判决的既判力可以扩及与当事人具有实体上牵连关系的第三人的一种理论学说。实体从属第三人的既判力主观扩张理论，最先是由德国学者 Rosenberg 提出来的，其认为“债权人对主债务人之诉受败诉判决者，其既判力及于保证人；而于无限公司，因股东责任完全依存于公司，故公司所受胜诉或败诉判决，不问对股东有利或不利，其既判力均及于股东”。[①] 在理论界，支持这一学说的学者除 Rosenberg 外，主要还有德国的 Bettermann、Blomeyer、U. Huber，日本的竹下守夫、吉村德重等。既判力主观扩张论者提出了多种理论学说来解释既判力向当事人的实体从属第三人进行扩张的正当性，具体如下：

（一）继承人类推理论

该理论最先是由德国学者 Bettermann 提出来的。依据他的理论，既判力扩及于德国《民事诉讼法》第 325 条规定的口头辩论终结后的权利继承人（Rechtsnachtolger）的基础，来自于让渡人的实体法上的处分权能。口头辩论终结后的权利继承人的地位，如同不得不接受让渡人实体法上的处分行为一样，也不得不认可让渡人的诉讼行为产生的结果。所以其认为，既然既判力扩张及于口头辩论终结后的权利继承人的根据，在于权利继承人对被继承人的从属性，那么既判力同样可以作用于处于其他各种从属法律关系的第三人。德国学者 Bettermann 的理论得到了日本学者的支持和继承。日本的继承人类推理论认为，除了日本《民事诉讼法》第 115 条规定的既判力扩张情形外，亦可在某些特别的情况下，参照既判力扩张的目的以及正当的根据，或者既判力制度本身的旨趣，将确定判决内容的拘束力有利或不利地扩及第三人。在判决效有利地扩及于第三人的情况下，由于受到不利判决的前诉当事人的败诉，是建立在程序保障的前提上的，因而可以类推适用既判力向口头辩论终结之后的继承人扩张的情况，而使之正当化。在处理与第三人之间法律关系的后诉中，不能认为败诉人受到了既判力的扩张突袭。在判决效不利地扩及于第三人的情况下，其法理依据则主要在于保护胜诉利益。例如，在主债务人、合资公司胜诉时，如果既判力不能有利地扩及于他们的保证人、股东，他们将在后者败诉时受到追诉，承担偿还义务，这将难以确保胜诉判决所赋予的利益。另外，即使这种追偿关系不成立（例如，在确认租赁人和出租人之间租赁关系存在的场合），因为胜诉人与第三人之间存在着实体法上的依存关系，所以在败诉人和第三人的后诉中，第三人如果获得与前诉判决相矛盾的败诉判决，那么前诉胜诉人的法律地位的安定性也将会受到威胁，并会受到间接或直接的利益损害。所以，把胜诉当事人的继承人和败诉人之间既判力扩张的情形，在保证债务等情形下加以类推适用，从而承认既判力的扩

① 吴英姿：《判决效力相对性及其对外效力》，载《学海》2000 年第 4 期。

张是妥当的。在日本，继承人类推理论的首推者是竹下守夫教授。[①]

（二）确定契约类推理论

该理论认为，当事人之间的确定契约能够导致第三人实体法上的地位恶化，并进而导致第三人在诉讼中的地位恶化，而法院判决给当事人所带来的效力不应当低于当事人之间确定契约所带来的效力，或者说，争讼判决至少必须给予原告不低于基于法律行为的认诺相当的价值。因此，为保护当事人的利益，尤其是胜诉当事人的利益，应当允许既判力向实体从属第三人扩张。这一理论最先由德国学者 U. Huber 提出来的。

（三）反证理论

日本学者吉村德重教授认为：[②]“在诉讼法说如何将判决视为一法律要件事实，且于法律未明文之场合，仅依实体法上有依存关系即承认有反射效力，实有其困难。同样，在实体法说，认为既判力具有权利实在性，则除非法律明定以之为法律要件事实，否则在判决之诉讼法上效力，仍应依职权调查，而主反射效力理论者，却认应由当事人援用，法院始得斟酌，亦有未妥。”因此，反射效力论者所提出的事例，宜依既判力主观扩张予以解释。

二、反射效力论

所谓反射效力论，是指认为当事人之间判决的既判力不能扩及实体从属第三人，但能反射性地产生有利或者不利影响的一种理论学说。“反射效力”（Reflexwirkung）一词，最初由德国民法学家耶林（Jhering）于 1866 年提出，其认为“法律上或经济上的事实，超越法律、行为人或权利人最初所欲达到之效力范围，而使第三人之权利领域亦受波及之效果，即为反射效力。例如，共有人一人所为时效中断对其他共有人的影响，保证人、连带债务人所为清偿，对主债务人、其他连带债务人之影响等。此种受反射效力所及之第三人，可主张债权人之撤销诉权或于判决后主张恶意抗辩以保护其权利”。[③]

反射效力论内部存在三种不同的学说：（1）构成要件事实效力说。在民法学者耶林（Jhering）提出反射效力概念后，Wach 将这一概念引入了诉讼法，并提出了构成要件事实效力理论。Wach 认为所谓构成要件事实的效力，“是指因诉讼当事人间发生既判力，而反射地使第三人之权利义务发生变动

① ［日］兼子一等：《条解民事诉讼法》，日本弘文堂 1986 年版，第 697 ~ 698 页。

② 吕太郎：《民事诉讼之基本理论（一）》，中国政法大学出版社 2003 年版，第 372 页。

③ 吕太郎：《民事诉讼之基本理论（一）》，中国政法大学出版社 2003 年版，第 365 ~ 368 页。

的效果”。[①] 反过来说，当事人之间确定判决的既判力对实体从属第三人所生的反射效力在本质上是一种构成要件事实的效力。构成要件事实的效力可以基于实体法和诉讼法的规定或是当事人之间的约定而产生。构成要件事实的效力与既判力和形成力均不同。既判力与诉讼标的相关，而形成力与判决主文中显示的法律关系直接相关，与上述两者显著不同的是，构成要件事实的效力仅仅作为法律规定的或当事人合意决定的、欲形成某种法律效果之法律要件而加以规定并产生的效力。另外，既判力和形成力虽然有确定判决的效力，但构成要件事实的效力不一定以确定判决为前提。构成要件事实的效力的例子很多。例如，接受委托的保证人在受到要求履行保证债务的判决之后，其便可主张对主债务人的求偿权；委托保管物返还请求权随“宣告委托保管有效判决确定”而消失；依据汽车普通保险条款，损害赔偿请求权的数额由被保险人（加害人）和损害赔偿请求权人（被害人）之间基于确定判决确定的时候，或者诉讼上和解、调解或基于书面同意而确定的时候，被保险人就取得了对保险人的保险请求权，并且可以依照规定行使这种请求权。Hellwig也是构成要件事实学说的支持者，他认为所谓反射效力，应当是指“判决把当事人设置于某种法律状态，进而构成直接或间接地影响第三人法律状态的法律要件”的效果。[②] 最典型的例子是：保证人能够援用驳回对主债务人诉求的判决，第一承租人（转租人）接到命令其腾房的判决时，第二承租人也必须腾房。而转租人获得确认其拥有占有权的判决时，出租人无法要求作为第三人的第二承租人腾房。[③] 而反射效力的具体情形则包括两类，“其一，是由于实体法上有依存关系而存在；其二，因一般人对于给付判决之存在及执行请求权之发生均有承认义务使然。例如，保证人受败诉判决时，对主债务人之求偿权即发生，保证人主张该求偿权时，主债务人不得主张该给付判决不存在或不当”。[④] （2）附随效力（Nebenwifimng）说。该学说由Kutmer提出。他认为，“假设有某一判决存在，因其判决本身或与其他法律事实相结合后，依民法或其他实体法的规定，被当做特定法律效果发生的要件事实时，该法律效果的发生，从判决的效力方面予以观察，即为判决的附随效力。此附随效力若于诉讼当事人与第三人间发生者，即为反射效力。依据发生原因

---

① ［日］吉村德重：《既判力扩张中的依存关系》，载《法政研究》昭和三十五年第4期（总第26期）。

② Hellwig a. a. O.（Fn. 13）Wesen und subjiktive Begrenzung der Rechtskraft, S. 27f.

③ Hellwig a. a. O.（Fn. 13）Wesen und subjiktive Begrenzung der Rechtskraft, S. 28.

④ ［日］铃木正裕：《判决的反射性效果》，载《判例时代》昭和四十六年第261期，第66页。

不同，反射效力可以分为依法律规定而产生反射效力和依当事人合意而生反射效力两种情形。在概念上，判决的附随效力，系因判决的存在而生的实体法上的效果，与判决之概念上本质无关。该效力所生之该法律上效果，并非为判决之对象，亦无诉讼系属，纯为私法上之效果，故是否援用该效果，应适用辩论主义由当事人主张”。[①]（3）确定契约效力类推说。在 Kutmer 之后，Pagenstecher 以既判力实体法说为前提对判决的扩张进行了说明，然后得出了基于实体法上从属关系的审判效力扩张在本质上属于反射效力的结论。既判力的实体法说认为：不当判决，即与实体法律关系状态不相符合的确定判决，具有使实体法律关系状态发生变更的作用，而正确判决的效力是对法律关系的确认。当债权人的债务履行请求在诉讼中被不当地驳回（与实体法律关系状态相反）的情况下，实体法上的请求权消失。相反，当债权人的请求被不当地予以认可时，基于判决该请求权因此产生。所以，判决在当事人之间具有类似于缔结确定契约（Feststellungsvertrag，在认可其请求的情况下是承认契约，在驳回请求的情况下是“消极承认”契约）的效力。Pagenstercher 以既判力实体法说为前提对审判效力的扩张进行说明时指出，立足于从属关系上的第三人，必须承认其权利的产生、消失取决于当事人之间缔结的确定契约。在这种情况下，我们不得不承认的判决的既判力被称为反射效力。[②]

德国的反射效力理论得到了日本以及我国台湾地区民诉理论界的继承。在日本，兼子一博士是反射效力论的首推者，他认为，确定判决的反射效力，是指当事人之间的确定判决存在对于原非既判力所及的第三人反射地形成有利或者不利影响的现象。由于审判行为是法院审判权对当事人之间纠纷进行评判的过程，因而法院判决具有强制性。对于当事人必须受法院拘束而言，如同在当事人间就判决所确定的法律关系成立了契约一般。因此，因当事人间契约行为而受影响的第三人，必须承认当事人之间形成判决所带来的法律效力。[③] 兼子理论在日本得到了中村英郎、奈良次郎、林屋礼二、吉野正三郎、谷口安平、吉村德重等许多知名学者的支持。

在我国台湾地区，直到 20 世纪 80 年代前后，学者们才开始注意反射效力问题，骆永家、陈荣宗、陈石狮等学者在我国台湾地区“民事诉讼法”研究会第 9 次、第 10 次会议中，分别提到了判决的反射效，而正式提到反射效

---

① 吕太郎：《民事诉讼之基本理论（一）》，中国政法大学出版社 2003 年版，第 367 页。

② ［日］松本博之：《既判力理论之再检讨》，日本信山社 2006 年版，第 79 页。

③ ［日］兼子一：《判决之反射效》，载《法学协会杂志》，第 74 卷 5·6 号，第 655 ~ 657 页。

这一概念的民事诉讼法教科书是王甲乙先生等合著的《民事诉讼法新论》。[①]最先对反射效问题进行系统研究的学者是吕太郎先生，其认为所谓反射效力，“乃指第三人虽非确定判决之既判力所及，但因与当事人间存有一定之特殊关系，致使当事人因受既判力拘束，而反射地对该第三人发生利或不利之影响之效力”。[②]

吕氏的反射效力理论与兼子理论之间存在着一定的承继关系，前者是在后者的基础上扩充而成的，并比较明确地提出了反射效力的具体含义：反射效一方面表现为对当事人以外的第三人产生的影响力；另一方面表现为对后诉法院的影响力，后诉法院不得违反于该确定判决之判断，而应当以确定判决之判断为前提。[③]

三、两种理论的优劣比较与我国的立法选择

针对判决效力向实体法上第三人扩张这一现象，之所以会在学理上形成既判力扩张论和反射效力论这两套不同的理论，其原因在于德国民事诉讼法既判力本质论之实体法说与诉讼法说之间的对立。站在实体法说的立场，论者就能够将这些“判决效向第三人扩张”的情形作为既判力扩张问题来予以说明，而站在诉讼法说的立场，就很难作出说明。于是诉讼法说对于无法用既判力扩张予以说明的某些情形，就使用反射效的概念来进行说明。[④]尽管既判力扩张论与反射效力理论是站在不同的既判力本质观下所提出的学说，但两种理论都是为了合理解决在实体上具有牵连关系的三方主体之间的纠纷，避免矛盾判决的出现而提出来的。

从制度的创设思路来看，既判力扩张理论是通过修正现有的既判力扩张理论，使当事人之间的审判效力能扩张到实体从属第三人，从而达到协调在实体上具有牵连关系的三方主体之间的法律关系，并有效地防止出现矛盾判决的目的。由于既判力主观扩张论在本质上是一种“添加附属物式”的理论，因而存在如何协调基于诉讼上牵连关系所生的既判力扩张与基于实体法

---

① 王甲乙：《民事诉讼法新论》，台湾广益印书局1983年版，第278页。

② 吕太郎：《民事确定判决之反射效力》，载《法学丛刊》1988年第4期。

③ 吕太郎先生在《法学丛刊》1988年第4期发表的《民事确定判决之反射效力》一文是我国台湾地区第一篇系统论述反射效问题的文献。参见王甲乙：《民事诉讼法新论》，台湾广益印书局1983年版，第278页。

④ [日] 高桥宏志：《民事诉讼法制度与理论的深层分析》，林剑锋译，法律出版社2003年版，第611页。

上牵连关系所生的既判力扩张的问题。相比之下，反射效力理论是为了达到合理解决在实体上具有牵连关系的三方主体之间的纠纷，并尽量避免矛盾判决的出现而专门提出来的新理论。因而其与传统既判力主观扩张论的冲突会小得多。

在制度建构的法理依据方面，既判力主观扩张论者提出的见解颇有疑问。自 Rosenberg 提出既判力扩张论以来，有不少学者对既判力扩及于实体从属第三人的法理依据进行了说明。德国的 Bettermann、A. Blomeyer 以及日本的竹下守夫等提出的既判力扩张理论存在明显的承继关系，他们均是通过类比诉讼继承人的法律地位，从而得出实体从属第三人亦受既判力拘束的结论的；U. Huber 是通过类比当事人之间的确定契约，从而得出既判力应当扩及于实体从属第三人的法理依据的；另外，吉村德重教授以反证的方式得出了既判力扩张具有合理性的结论，但其并未从正面提出既判力扩及于实体从属第三人的法理依据。因此，实质上支撑既判力主观扩张论的法理依据只有前两点。笔者认为，将既判力扩张与口头辩论终结后的继承人相比较，以此作为向实体从属第三人类推适用既判力扩张的根据并不充分。既判力的目的之一就在于阻止败诉一方当事人主张前诉确定判决存在错误，而直接或者间接就同一事件重新提起诉讼，并进而改变原不利判决之企图。为实现此目的，当败诉当事人（原告）把请求权让渡给第三人，或败诉当事人（被告）把诉讼标的物转让于第三人，或移转给第三人占有时，如果把该第三人作为当事人展开新的诉讼的话，那么此时则必须阻止与原确定判决的判断相互矛盾的判决的产生，以确保法的安定性。但是，在既判力向从属关系第三人扩张的场合，并不能基于以上考虑而使之正当化。实际上，以诉讼上牵连关系为主进行的判决效力扩张与以实体上牵连关系为主而进行的扩张存在重大区别。前者只是形式上的当事人有所不同，但诉讼标的之法律关系则是一致的。例如，在债权人与债务人之间所作判决的既判力向债务人的继承人扩张的场合，债权人与债务人之间的法律关系和债权人与债务人的继承人之间的法律关系是一致的，即都是一种债权债务关系。后者则不仅当事人在实质上发生了变化，而且法律关系也不同。例如，在债权人与债务人之间所作判决的既判力向债务人的保证人扩张的场合，债权人与债务人之间的债权债务关系明显不同于债权人与保证人之间的保证关系。显然，以实体上牵连关系为主而进行的扩张存在过度违背既判力相对性原则的危险。另外，当事人签署确定权利义务关系的契约可以有利或不利地影响到第三人的法律地位，故法院在当事人之间的确定判决亦能对实体从属关系第三人产生拘束力之理论亦有疑问。当事人能够实施影响第三人的实体法上的处分行为，并不意味着法院可以以判决的方式代替当事人作出使第三人的法律地位恶化的当事人处分行为。因为即使是在当事人竭尽全力施加影响的情况下，判决也不是以当事人的行为意思为基础的，相反，是由法官的裁判行为形成的。所以把基于当事人法律行为的处分与判决置于等量齐观的地位是没有根据的。

对于反射效力的法理依据，目前学理上只有 Pagenstercher 等提出的一种解释，那就是实体上确定契约对于第三人可以产生影响，判决在当事人之间具有类似于缔结确定契约的效力，因而判决可以对第三人产生拘束力。这种解释与既判力主观扩张支持者所提出的第二点法理依据存在相同的缺陷。笔者认为，尽管现有的反射效力理论未就当事人之间判决对实体从属第三人产生反射效力的正当性进行很好的说明，但其合理性和必要性还是很明显的。就合理性而言，与当事人存在实体上牵连的第三人在法律地位上从属于当事人，基于这种法律地位的从属性，当事人之间判决应当对第三人反射性地产生拘束力。就必要性而言，其可以在不与现有既判力理论发生冲突的情况下达到避免矛盾判决、一次性解决纠纷的目的，并可以很好地保护当事人的胜诉利益。

在结论上，本书认为既判力主观扩张理论“添加附属物式”的创设思路在一开始就失去了与反射效力论站在同一条起跑线上进行公平竞争的机会。而学者们的努力始终没能弥补这种先天的缺陷，因为他们没能提出令人信服的既判力可以扩及于实体从属第三人的充分依据。反射效力理论的支持者尽管没有就正当性依据进行充分的研究和探讨，但其正当性和合理性还是很明显的。另外，独立新制度的身份使其免除了类似于既判力扩张论那样的麻烦。因此，我国立法采用反射效力理论来解决判决对实体从属第三人的影响问题是一种较为合适的选择。

第六节 既判力主观扩张的程序保障

任何受判决拘束的人均有权受到充分的程序保障，没有得到充分程序保障的人不受判决的拘束，这是程序保障理论中的一条基本原理。对于案外第三人而言，当事人之间的判决效力要向其进行扩张，那么在审理过程中就应当为其提供相应的程序保障措施。

一、事前程序保障措施

在学理上，判决作出之前为第三人提供的程序保障措施被称为事前程序保障。从两大法系的范围来考虑，对于第三人的事前程序保障措施主要包括诉讼通知、诉讼参加、委派诉讼代表参加诉讼等措施。[①] 下面对这三种方式进行简要的介绍和说明。

（一）诉讼通知

诉讼通知是指通过一定的方式将诉讼进行情况告知第三人的过程。诉讼通知作为一种维护第三人利益的程序保障措施在立法沿革上可以追溯到罗马法，“在罗马法中，被第三人提起追夺诉讼的买受人向出卖人为诉讼告知属于其追究出卖人追夺担保责任的要件。如果未进行告知，则出卖人不产生追夺担保责任；若接到告知后出卖人就可以参加诉讼，因此，告知制度为出卖人维护自己的利益提供了保障”。[②] 诉讼通知作为一种程序保障措施，其功能和作用是基础性的，不具有独立的程序保障作用。换言之，独立地运用诉讼通知不足以为第三人利益提供足够的保障措施，因此诉讼通知必须与其他的程序保障措施配套运用，当然其他的程序保障措施也需要诉讼通知进行配套。尽管诉讼通知在运用上不具有独立性，但其在法律上的效果却是独立的。这种独立的法律效果表现在受诉讼通知的第三人不论是否采取进一步的措施来维护自身的权益，其均须承担同样的法律效果。例如，在日本的辅助参加诉讼中，受通知的第三人无论是否实际地参加了诉讼，其均须承担参加的法律后果。

诉讼通知作为一种程序保障措施，其法律效果取决于多种因素：（1）第三人范围的确定。受通知的第三人范围需要合理地确定，范围确定得过大，会使诉讼的成本增加，同时亦会延迟诉讼的进行；范围过小可能导致某些利害关系人得不到救济机会，从而增大事后救济的压力。诉讼通知第三人的范围需要结合具体的案情来进行决定，当事人和法院需要相互配合。（2）诉讼通知的方式。诉讼通知的方式类似于法律文书的送达方式，相对比较丰富，但不同的诉讼通知方式有其自身的特定。例如，以公告的方式进行通知适应

---

① 法院站在公益的立场，通过限制处分权的行使以及职权探知主义的采用等方式进行职权介入，以确保裁判的正确性，并以此来维护受判决拘束的第三人利益也是一种可行的事前程序保障，但这种方式第三人只能被动地受益。

② ［日］高桥宏志：《重点讲义民事诉讼法》，张卫平、许可译，法律出版社2007年版，第317页。

范围广，影响面宽，但是受通知的对象不具体，不确定；而以直接送达的方式非常具体明确，但效率可能比较低。因此，通知方式的具体运用应当结合案情来进行确定。(3) 通知主体。诉讼通知的主体可以是当事人、法院、律师等。由于在法律知识、对案情的了解程度以及与案件利害关系的紧密程度等方面存在差异，不同的主体进行诉讼通知的效果会有差异。

由于诉讼通知对第三人的程序保障具有重要的作用，因而被两大法系国家广泛应用于涉及既判力可能向第三人发生扩张的具体制度之中。例如，在美国的集团诉讼中，为了贯彻正当程序原则的精神并维护集团方非代表人其他成员的利益，规定了强制通知（mandatory notice）制度。这种通知主要由法院完成，在通知的具体方式上，要求运用最可行的办法。在德国，《民事诉讼法》第640条第5项为不知他人诉讼系属的利害关系第三人规定了传唤制度（主要适用于人事诉讼案件）；《股份法》第246条为公司诉讼规定了公告制度，董事提起撤销之诉时，应迅速将言词辩论期日于公司公告栏上公告；《民事诉讼法》第74条还规定了具有普适性的诉讼告知制度，旨在使第三人有机会辅助参加或者承担诉讼。在日本，《商法》第105条第4项规定，在提起合并无效之诉后，公司应迅速将其要旨进行公告。通过规定公司的告知义务使得相关的利害关系人能够得知诉讼系属实施以决定是否参加诉讼。在我国台湾地区，新近修订的“民事诉讼法”规定了所谓的职权通知制度，是指法院发现诉讼标的有移转于第三人的情形时，法院依职权以书面的方式将诉讼系属之事实通知该第三人，使该第三人有参加诉讼的机会。我国《民事诉讼法》及司法解释有多处规定了诉讼通知。例如，《民事诉讼法》第55条第1款规定，诉讼标的是同一种类、当事人一方人数众多在起诉时人数尚未确定的，人民法院可以发出公告，说明案件情况和诉讼请求，通知权利人在一定期间向人民法院登记。第56条规定，对于无独立请求权的第三人，法院可以通知其参加诉讼。最高人民法院《关于适用〈中华人民共和国民事诉讼法〉若干问题的意见》第63条规定，依照《民事诉讼法》第55条规定受理的案件，人民法院可以发出公告，说明案件情况和诉讼请求，通知权利人向人民法院登记。整体而言，我国对诉讼通知的规定不够完善，具体体现在适用范围有限、送达主体及方式不明确等多个方面。我们应当重视诉讼通知对第三人权益维护的功能和作用，适当扩大通知的适用范围，并丰富通知的具体方式。

（二）诉讼参加

所谓诉讼参加，是指第三人以一定的身份加入已经进行的诉讼程序并发挥一定作用，以维护其自身利益的诉讼制度。诉讼参加制度旨在保障第三人的程序利益，让有法律上利害关系的第三人能有参与程序的机会，同时也促进了纠纷的一次性解决。诉讼参加有辅助参加和当事人参加之分。辅助参加，是指在他人之间的诉讼系属中，对于诉讼结果具有法律上利害关系的第三人，参加诉讼程序并辅助一方当事人进行诉讼，以维护自身利益的行为。在立法上，德国《民事诉讼法》第66条、日本《民事诉讼法》第42条、法国《民事诉讼法》第330条以及我国台湾地区“民事诉讼法”第58条等对辅助参加制度进行了规定。当事人参加，是指参加人能取得当事人地位，并与既有两造对等地，独立开展诉讼活动以维护其自身权益的诉讼制度。关于当事人参加，各国的立法规定有所区别，在具体形态上呈现多样化之面貌，概括起来可以划分为以下几类：（1）以本诉讼双方当事人为共同被告。例如，德国《民事诉讼法》第64条所规定的主参加诉讼、法国《民事诉讼法》第329条规定的主参加诉讼、日本《民事诉讼法》第47条所规定的独立当事人制度、我国台湾地区“民事诉讼法”第54条所规定的诉讼制度均属于此种类型。（2）将第三人作为本诉原告或者被告的共同诉讼人。例如，德国《民事诉讼法》第856条所规定的多次扣押之诉、日本《民事执行法》第157条所规定的收取诉讼以及我国台湾地区“民事执行法”第15条所规定的诉讼形式。（3）本诉被告将第三人列为被告的情形。例如，美国《联邦民事诉讼规则》第40条所规定的第三人诉讼以及法国《民事诉讼法》第334条所规定的附带担保诉讼等。（4）第三人承担一方当事人的诉讼地位，而成为当事人的情形。此种情形较多。例如，我国台湾地区“民事诉讼法”第64条第1项所规定的参加人承担诉讼、第254条第2项所规定的受让诉讼标的的法律关系之第三人，经诉讼对方当事人同意而承担诉讼的情形。

我国《民事诉讼法》也规定了第三人参加诉讼制度。具体体现在第56条，对当事人双方的诉讼标的，第三人认为有独立请求权的，有权提起诉讼。对当事人双方的诉讼标的，第三人虽然没有独立请求权，但案件的处理结果同他有法律上的利害关系的，可以申请参加诉讼，或者由人民法院通知他参加诉讼。我国第三人参诉制度的立法目的在于为第三人提供一种法定权益的救济措施。但司法实践中出现了滥列第三人现象，导致审判效力的过度扩张。值得庆幸的是，最高人民法院制定了一系列的司法解释来防止过度强制第三人参加诉讼的行为。具体体现在最高人民法院《关于适用〈中华人民共和国民事诉讼法〉若干问题的意见》第66条，最高人民法院《关于在经济审判工作中严格执行〈中华人民共和国民事诉讼法〉的若干规定》第9条、第10

条、第11条等条文中。

（三）委派诉讼代表参加诉讼

让可能受当事人判决拘束的第三人亲自参加诉讼以维护其自身权益无疑是一种非常有效的事前程序保障措施。但在一些群体性纠纷中，一方或者双方当事人人数众多，让所有与案件有利害关系的第三人都参加诉讼可能不太经济，或者根本就不可能，此时就只能设置一些间接的参诉方式来满足其程序保障的需求。目前，各国立法普遍采用的间接参诉方式主要是委派诉讼代表参加诉讼。所谓委派诉讼代表参加诉讼，是指第三人通过一定的方式将参加诉讼的权利让与代表人，代表人基于第三人的授权而进行诉讼活动，以维护第三人诉讼权利的过程。此种事前保障措施的效果好坏取决于代表人能否充分地行使代表权。因而各国均会通过一定的措施来确保代表人能够真正地维护其他当事人的权益。例如，美国在规定团体诉讼制度时就采取了以下一系列措施来确保代表人的代表性：（1）代表人必须与其他未列明的集团成员有着共同的权益；（2）必须显示出代表人将通过合格的律师积极地追求集团权益；（3）代表人必须经过法院认可，并且受法院的监督，如果法官认为代表人不能尽其职守，或者能力不足，可以中途停止其代表身份，另行确定代表人；（4）当事人对于法院确定的代表人有认可或者不认可的权利，如果不认可代表人，则可以另选代表人或者自己直接或委派律师参诉。我国委派代表人参加诉讼的做法主要体现在代表人诉讼制度之中。在我国的代表人诉讼制度中，被代表人受判决拘束的直接法理依据就在于其获得了委派代表人参加诉讼，并进而维护其权益的机会。但就我国目前的立法来看，对于代表人真正充分地行使代表权并无严密的制度保障，这一点可能是我国今后立法需要重点关注的问题之一。

上述三种事前保障措施的功能大小存在差异，诉讼通知基本不能作为一种独立的程序保障措施，但具有基础性地位。诉讼参加和委派代表人参加诉讼可以作为一种独立的程序保障措施进行运用。当然，这三种方式必须协调运用才能构成完整且功能强大的事前程序保障体系。

二、事后救济措施

一套完整的事前程序保障体系可以为除绝大多数当事人外的利害关系人提供充分的程序保障，从而为既判力向其扩张奠定正当性基础。但是再完整的事前程序保障体系也不可能保证所有与案件有利害关系的第三人能获得足够的程序保护。因而有必要为受判决拘束但又没有得到充分事前程序保障的第三人设置一定的事后救济措施。目前，我国立法没有为受当事人之间判决拘束的案外第三人设置专门的事后救济措施。而域外则存有一种专门的救济程序，即第三人撤销之诉。下面将对这一程序的含义、类型等问题进行初步分析，然后在此基础上提出建构我国第三人撤销之诉的具体设想。

（一）第三人撤销之诉的含义

第三人撤销之诉又称为案外第三人撤销之诉，这一制度起源于法国，法语表达为“tièrce opposition”，我国学者将其译成第三人提出取消判决的异议。[①] 目前，已经确立了第三人撤销之诉的立法例，仅有法国《民事诉讼法》、意大利《民事诉讼法》、我国台湾地区“民事诉讼法”和我国澳门地区《民事诉讼法》等少数几部法律。依据法国新《民事诉讼法》第582条的规定，“第三人提出取消法院判决的异议是指，攻击判决的第三人为其本人的利益，请求撤销判决或请为改判之；第三人异议，对提出该异议的第三人，是指对其攻击的已判争点提出异议，使之在法律上与事实上重作裁判”。[②] 我国台湾地区在2003年确立了第三人撤销诉讼程序，依据其“民事诉讼法”第507条的规定，有法律上利害关系之第三人，非因可归责于己之事由而未参加诉讼，致不能提出足以影响判决结果之攻击或防御方法者，得以两造为共同被告对于确定终局判决提起撤销之诉，请求撤销对其不利部分之判决。我国台湾地区设立这一制度“旨在提供受判决效力所及之第三人‘事后之程序保障’，而与新‘民事诉讼法’第67条之一所增设之法院依职权为诉讼告知之制度相结合，共同配套形成‘纠纷解决一次性’及‘程序保障’之调和机制”。[③] 我国有学者提出，所谓第三人撤销之诉，是指因诉讼当事人进行诉讼诈害，或因受确定判决效力影响而受到不利的原诉讼当事人以外的第三人，因不可归责（于）己的原因未能参加原诉讼，以致不能提出有利于自己并影响判决结果的事实或法律主张，从而向法院提起要求撤销原确定判决的再审之诉。[④] 就第三人撤销之诉的实质而言，其是通过赋予案外第三人启动一定诉讼程序的权利和主体资格，使该案外第三人获得对抗生效判决不利影响的

---

① ［法］让·文森、赛尔日·金沙尔：《法国民事诉讼法要义（下）》，罗结珍译，中国法制出版社2001年版，第1282页。

② ［法］让·文森、赛尔日·金沙尔：《法国民事诉讼法要义（下）》，罗结珍译，中国法制出版社2001年版，第1282页。

③ 参见我国台湾地区第三人撤销诉讼程序司法院提案说明，载于“立法院”司法委员会会议关系文书，2002年11月印发，第344～345页。

④ 肖建华、杨兵：《论第三人撤销之诉——兼论民事诉讼再审制度的改造》，载《云南大学学报（法学版）》2006年第4期。

事后救济手段。案外第三人撤销之诉不一定就是指第三人启动再审之诉。因此，笔者认为，所谓案外第三人撤销之诉，是指在法律上有利害关系的案外第三人，因不可归责于己的事由而未参加原案审理，但原案生效判决使其权利受到损害或者损害威胁且无其他救济手段，可以请求法院撤销或改变原案生效判决中对其不利部分的诉讼程序。这种诉讼程序属于事后救济程序，与事前救济程序相对应并形成互补，并且只有在各种事前保障程序不足以为判决效力向第三人扩张提供充分正当性时方能启动。

（二）案外第三人撤销之诉的类型

根据管辖法院、审理范围、判决效力等方面的差异，我们可以将案外第三人撤销之诉划分为以下四种类型：

第一，再审型案外第三人撤销之诉。再审型案外第三人撤销之诉，是指受判决不利影响的案外第三人以自己的名义向原受案法院提请重新审判的一种诉讼程序。日本的旧诉讼法曾经规定，第三人主张判决因原告及被告之共谋以第三人之债权为目的所作成，而对于判决声明不服时，准用请求恢复原状之再审。[①] 另“为防止两造当事人藉由诈害诉讼以侵害第三人之权益，在该诉讼系属中，第三人得透过‘独立当事人参加’，以维护自己之权益；而在该诉讼系属消灭、判决确定后亦允许提出再审之诉”。[②] 在意大利，其《民事诉讼法》也规定了第三人再审制度。因他人间确定判决或有执行力之判决而权利受侵害的第三人，或因欺诈或通谋诉讼而损害自己之利益的继承人及债权人，可以对确定判决提起再审之诉。

第二，上诉型案外第三人撤销之诉。上诉型案外第三人撤销之诉，是指受判决不利影响的第三人以自己的名义向原受案法院的上级法院提请撤销原不利判决的一种诉讼程序。我国澳门《民事诉讼法》规定了第三人提起上诉的特别程序。该法第664条规定，如果争议系基于当事人间之虚伪行为且法院因不知悉有关之欺诈行为而无行使第568条赋予其之权力，则在有关终局裁判确定后，受该裁判影响之人得透过基于第三人反对而提起之上诉对该裁判提出争执。[③]

第三，复合型案外第三人撤销之诉。所谓复合型案外第三人撤销之诉，

---

① 吕太郎：《第三人撤销之诉——所谓由法律上利害关系人之第三人》，载《月旦法学杂志》2003年第8期，第31页。

② 黄国昌：《第三人撤销诉讼之原告适格——评最近出现之两个裁判实例》，载《月旦法学杂志》2006年第12期，第239页。

③ 赵秉志：《澳门民事诉讼法典》，中国人民大学出版社1999年版，第214页。

是指受判决不利影响的案外第三人以自己的名义向原审法院或其他法院提请重新审判或改变不利判决的诉讼程序。依据法国《民事诉讼法》的规定，第三人可以向原审法院提起“撤销原判”（voie de rétraction）的诉讼，并且原法院的新判决可以由相同的法官作出（新《民事诉讼法》第587条第1款、第2款）。与此同时，第三人也可以向原受诉法院以外的法院提出异议之诉。如果受理“第三人异议”的法院是原审法院的上级法院或没有管辖权冲突的同级法院，该法院对于“第三人异议”也可以作出判决。这种情况属于第三人申请“上级法院”改判原判决的情况。因此，在法国案外第三人为了保护其自身的利益，既可以向原受案法院提出再审以撤销不利部分判决，又可以向其他法院提出改变不利部分判决的请求。

第四，独立型案外第三人撤销之诉。所谓独立型案外第三人撤销之诉，是指不依赖任何既有程序，专门为受不利判决影响的案外第三人而设立的，旨在撤销不利部分判决的诉讼程序。我国台湾地区于2003年修订“民事诉讼法”时，设立了独立型案外第三人撤销之诉，其主要内容如下：[①]（1）主体。提起撤销之诉的主体为“有法律上利害关系，非因可归责于已之事由而未参加诉讼之第三人”，并且不属于“应循其他法定程序请求者”。（2）管辖。“第三人撤销之诉专属为判决之原法院管辖”，但“对于审级不同之法院就同一事件所为之判决合并提起第三人撤销之诉，或仅对上级法院所为之判决提起第三人撤销之诉者，专属原第二审法院管辖”。（3）诉讼时效期间。自原判决确定时起30日内，判决于送达前确定者，自送达时起算；撤销之理由发生或知悉在后者，自知悉时起算；但自判决确定后逾5年者，不得提起。（4）第三人撤销诉讼的效力。一是对案外第三人，撤销原确定终局判决对其不利之部分，并可依其声明，于必要时，在撤销之范围内作出变更原判决的判决；二是对原当事人，原判决仍不丧失其效力，但诉讼标的对于原判决当事人及提起撤销之诉之案外第三人必须合一确定者，不在此限；三是对于原判决，不停止执行，但法院在必要时或依申请要求案外第三人提供相当之担保，在案外第三人提供担保后得于撤销之诉声明之范围内，以裁定停止原确定判决对案外第三人不利部分之效力。

（三）我国建立案外第三人撤销之诉的必要性与类型选择

我国建立案外第三人撤销之诉的必要性。在我国的司法实践中，民事诉讼侵害案外第三人权益的现象普遍存在，如在物权纠纷中，本诉判决处分第

① 吴明轩：《中国民事诉讼法（下）》，三民书局股份有限公司2006年版，第1577～1586页。

三人财产的行为；在债权纠纷中，本诉当事人恶意串通，转移资产，逃避债务，增大第三人（债权人）债权受偿风险的行为；在代表诉讼中，代表人不认真履行代表人职责，损害被代表人利益的行为；在人事诉讼中，假离婚真逃债的行为；在股东诉讼中，股东代表侵害其他股东利益的行为等均可能对第三人的权益造成损害。为了维护第三人的合法权益，在立法上应当给予第三人某种行之有效的救济手段。然而，我国现行法对第三人所提供的救济措施不力。从宪法的视角来看，我国《宪法》第41条规定，公民对于任何国家机关和国家工作人员的违法失职行为，有向有关国家机关提出申诉、控告或者检举的权利。但这是一项宪法性规定，由于我国没有建立宪法诉讼程序而不可能将其真实地运用于具体的案件。与此同时，提出申诉、控告或者检举的权利也不是一项民事权利，第三人不可能运用这一权利在民事诉讼中对抗原判决对其产生的拘束力。从民事诉讼法的视角来看，第三人可能运用的具体措施包括申请再审、另行起诉或者在执行程序中申请执行异议等。就启动再审来说，我国目前能够启动这一程序的主体包括法院、检察院和当事人三类，而普通第三人不能直接申请再审。① 法院依职权启动再审程序的权力尽管在激烈的争论中得以保存，但迫于“有违司法被动性原理”的压力，基本成为了一种备而不用的权力；检察院启动再审程序应当局限于维护公共利益或者国家利益，如果扩大到私益的保护可能会破坏民事诉讼平等保护当事人双方权益这一基本原则，同时也可能超出检察院所能承受的工作压力。而当事人因第三人的利益启动再审程序的可能性也不大，因为当事人如果有意要维护第三人利益，完全可以在审理的过程中将相关的主张提出来，而不必在事后再来补救。另从维护判决的稳定性而言，也不应当允许当事人这样做。因此，现行法下的再审程序不能给予第三人很好的事后救济。就另行起诉而言，第三人也很难运用其维护自身的利益。因为我国并不承认既判力相对性原则，人民法院生效裁判所确认的事实为免证事实，当事人无须举证。案外第三人另行向法院提起诉讼，极有可能会因为原案生效民事判决、裁定所确认的事实与起诉所依据的事实冲突而被驳回。值得庆幸的是，我国在执行程

① 应当说明的是，最高人民法院《关于适用〈中华人民共和国民事诉讼法〉审判监督程序若干问题的解释》第5条关于“案外人对原判决、裁定、调解书确定的执行标的物主张权利，且无法提起新的诉讼解决争议的，可以在判决、裁定、调解书发生法律效力后二年内，或者自知道或应当知道利益被损害之日起三个月内，向作出原判决、裁定、调解书的人民法院的上一级人民法院申请再审。”之规定仅适用于对于执行标的物有异议的第三人，权利受到损害的普通第三人是不能启动这一程序的。

序中规定了第三人异议制度，[①] 如果执行结果侵害了案外第三人的权益，该案外第三人可以通过异议程序寻求救济。但从目前的情况来看，立法规定过于简单，在诉的构造和适用要件方面上有诸多内容需要充实和完善。[②] 综上，我们不难看出，现行立法没有为第三人提供一种行之有效的救济手段，因此，建立第三人撤销之诉具有必要性。

案外第三人撤销之诉的类型选择。在我国理论界，对案外第三人撤销之诉的类型选择主要有两种不同的观点：第一种观点认为我国可以再审程序为依托建立案外第三人撤销之诉，即认为可以建立再审型案外第三人撤销之诉。持这一观点的学者较多，如肖建华教授等在《论第三人撤销之诉——兼论民事诉讼再审制度的改造》一文中将第三人撤销之诉界定为一种特殊的再审之诉，并以再审程序为参照设计了第三人撤销之诉的程序。[③] 江伟教授所主持的《〈中华人民共和国民事诉讼法〉修改建议稿（第三稿）及立法理由》第390条建议，"对案件有法律上利害关系的第三人因不可归责于己的事由未参加诉讼的，导致不能提出足以影响裁判结果的事实或证据的，除可以适用其他程序获得救济的以外，可以双方当事人为共同被告提起撤销原判决之诉。人民法院审理第三人撤销之诉，适用再审的规定"。[④] 另外，一些来自实务部门的法官也提出我国应该在对再审程序加以改造的基础上建立案外第三人撤销之诉（原文称为第三人异议之诉）。[⑤] 第二种观点认为我国应建立独立型案外第三人撤销之诉，并将其作为保护第三人权益的特别救济程序。当第三人认为本诉判决侵害了其合法权益时，有权提起这种案外第三人撤销之诉（原文称为第三人异议之诉）。[⑥] 对此，笔者更倾向于第二种观点。因为再审型的第三人撤销之诉从本质上来看仍然是一种再审之诉，其与独立型第三人撤销

---

① 我国《民事诉讼法》第204条规定："执行过程中，案外人对执行标的提出书面异议的，人民法院应当自收到书面异议之日起十五日内审查，理由成立的，裁定中止对该标的的执行；理由不成立的，裁定驳回。案外人、当事人对裁定不服，认为原判决、裁定错误的，依照审判监督程序办理；与原判决、裁定无关的，可以自裁定送达之日起十五日内向人民法院提起诉讼。"

② 张卫平：《案外人异议之诉》，载《法学研究》2009年第1期。

③ 肖建华、杨兵：《论第三人撤销之诉——兼论民事诉讼再审制度的改造》，载《云南大学学报（法学版）》2006年第4期，第38～42页。

④ 江伟：《〈中华人民共和国民事诉讼法〉修改建议稿（第三稿）及立法理由》，人民法院出版社2005年版，第295页。

⑤ 可参见潘盛礼：《在审程序中应建立第三人异议制度》，载《法律适用》2003年第6期，第71～72页；张力、崔峰：《再审发动程序之重构》，载《法律适用》2003年第6期，第9～12页。

⑥ 祁德胜：《论第三人异议之诉制度的构建》，www. jscourt. gov. cn/cps/site/jsfy/lilunyan，访问时间2007年6月15日。

之诉相比，具有明显的不足：首先，再审之诉旨在全面推翻前诉判决的效力，而第三人撤销之诉的效力原则上仅限于对第三人不利之部分，对于原判决在前诉当事人之间的效力并不产生影响。由此可见，再审之诉所产生的法律效力及对前诉的干扰效果比第三人撤销之诉大得多，反过来独立型的第三人撤销之诉可能更加有利于维护前诉判决所确定的法律关系。其次，“由于再审之诉在构造上于认定存有再审事由时，即必须对原诉讼标的法律关系继续进行审理（前诉讼程序之再开及续行），因此再审之原告在理论上势必以对原诉讼标的法律关系有当事人适格者为限；而第三人撤销诉讼既然主要仅在撤销该判决对该第三人不利之部分，似不必在所有案件中均以对前诉之诉讼标的法律关系由当事人适格者为限。准此，得提起第三人撤销诉讼之主体范围在本质上即势必较再审原告为广，更有利于保护案外第三人的利益”。[①] 最后，独立型案外第三人撤销之诉可以与第三人利益事前救济机制相互配合共同构成一个完整的第三人利益救济体系。而再审型的案外第三人撤销之诉是无法与第三人利益事前救济机制达成类似默契的。

（四）第三人撤销之诉的程序建构

第一，启动第三人撤销之诉程序的主体及客体。

法国新《民事诉讼法》第583条规定：“任何于其中有利益的人均允许提出第三人异议，但以该人在其攻击的判决中既不是当事人，也未经代理人进行诉讼为条件。”依据该条规定及学理的解释，在法国提起第三人撤销之诉的主体必须具备以下三项条件：（1）应当具有利益。这里所说的利益，是指“获准撤回对第三人造成了损害的判决”的利益。包括物质利益和精神利益，并且在利益的状态上只要是可能利益即可。（2）不是当事人。任何个人，只要是诉讼当事人，便不能运用第三人撤销之诉。相反，任何没有被通知参加诉讼的人均可提起第三人撤销之诉，但法官除外。（3）不曾有他人代理诉讼。这里的代理概念具有变动性，许多边缘性的问题需要借助判例来厘清，如有判例认为“自用住宅之租赁契约涉及配偶双方时，如果出租人仅对配偶一方取得终止租赁契约胜诉判决，则对另一未参与诉讼之配偶而言，属于第三人”。另“在诉讼一方当事人死亡，诉讼因而停止，如果相对人仅对部分继承人开启继续审理活动，对于未到庭的继承人而言，亦属于第三

---

① 黄国昌：《第三人撤销诉讼之原告适格——评最近出现之两个裁判实例》，载《月旦法学杂志》2006年第12期，第242页。

人”。① 整体而言，法国立法在界定第三人撤销之诉的主体范围时实行从宽的司法政策。

我国台湾地区的“民事诉讼法”第507条第1款规定，有法律上利害关系之第三人，非因可归责于己之事由而未参加诉讼，致不能提出足以影响判决结果之攻击或防御方法者，得以两造为共同被告对于确定终局判决提起撤销之诉，请求撤销对其不利部分之判决。但应循其他法定程序请求救济者，不在此限。这一规定，对提起撤销之诉主体的规定有范围模糊之嫌。因为“该第三人是否包括本法第58条所规定之从参加人、第62条所定独立之从参加人，以及第401条所定当事人以外确定判决所及之第三人在内，模糊不清”。② 依据上面的立法可知，法国和我国台湾地区对提起第三人撤销之诉主体所规定的共同性要件有两个：一是必须是当事人以外的第三人；二是必须具备诉的利益。但相对于法国立法而言，我国台湾地区多规定了一个程序性要件，即非因不可归责于己之事由而未获适当的程序保障。我国台湾地区之所以设置这一条件的原因在于其规定了颇具特色的职权通知制度（下文将有进一步的论述）。依据这一制度，法官有通知利益可能受将来判决损害的第三人参加诉讼的义务。这一规定使得利益受损的第三人在“立法”上存在寻求免责事由的巨大空间。

在借鉴法国立法及我国台湾地区相关规定的基础上，我国对于第三人撤销之诉的主体要件可以这样设置：（1）必须是当事人以外的第三人。如果是当事人受到了不利判决，其可以通过上诉或者申请再审获得救济。对第三人具体含义的界定，可以借鉴法国的做法，通过判例来逐步明晰。（2）要有撤销之诉的利益。“并非所有的争议都能够凭借主体的起诉行为而当然地进入到国家司法评价的领域，而是在制度上预先设置一道关口，使得那些符合某种要求的诉请能够得到法院的确定判决。而这一‘关口’就是诉的利益。”③ 当当事人欠缺此种利益时，起诉就会遭到法院的驳回。第三人撤销之诉也不例外，启动这一程序的第三人必须具备相应的诉的利益。这种诉的利益具体包括判决既判力扩张、形成判决的对世性形成效力以及判决的反射效力等所带来的不利影响。不过这里的不利影响必须是物质的，不能是精神的；必须是现实的，不能是潜在的。这样设置的主要依据在于第三人撤销之诉是一种

---

① 姜世明：《概介法国第三人撤销诉讼》，载《台湾本土法学》2005年11期。

② 吴明轩：《中国民事诉讼法（下）》，三民书局股份有限公司2006年版，第1584页。

③ 邱星美、唐玉富：《民事上诉审程序中的利益变动》，载《法学研究》2006年第6期。

否定已决案件既判力，会对既有法律秩序产生巨大冲击作用的程序，因而必须实行从严解释的司法政策。(3) 因不可归责的原因没有获得适当的程序保障。如果是因为第三人自身的原因没有参与诉讼程序或者主张权利，根据当事人自我责任机理，其将不享有提起第三人撤销之诉的权利。非归责于己的事由一般由法院在第三人提起撤销之诉时予以形式审查，是否具备应由法院根据案件的具体情况进行自由裁量。对于这一要件的规定，是以引入我国台湾地区职权通知制度为前提的。否则，几乎所有承担了法律责任但又没有参加诉讼的利害关系人几乎找不到不可归责的理由，其原因在于我国大陆地区法院没有通知利害关系人参诉的法定义务。

对于第三人撤销之诉的客体，法国《民事诉讼法》作了非常宽泛的规定，原则上对所有判决、仲裁均可以提出第三人撤销之诉。但有以下限制：(1) 不得对中间判决提出第三人撤销之诉；(2) 对于收养判决提起的第三人撤销之诉，仅限于收养人有可能被指摘为故意欺骗或者诈骗的情形；(3) 对夫妻财产变更判决，夫妻一方的债权人在权利受到侵害时可提起第三人撤销之诉，但原则上配偶之子女除外；(4) 不可对法国仲裁判断之执行许可宣告提出第三人撤销之诉；(5) 在非诉案件中，只允许没有收到判决通知的第三人提出第三人撤销之诉；(6) 对于法院的行政行为和和解行为均不能提出第三人撤销之诉。① 另外，在婚姻撤销诉讼中，一般第三人亦无提起第三人撤销之诉的权利。在我国台湾地区，对于撤销之诉的客体没有明确界定，但从“民事诉讼法”第507条的行文可以推理出其只承认生效判决的客体属性。对于第三人撤销之诉的客体问题，笔者谈以下几点看法：(1) 第三人撤销之诉的客体不仅限于生效的判决，对生效的仲裁裁决也应当允许作为第三人撤销之诉的客体。原因在于生效判决和生效仲裁裁决可能对第三人造成的损害并无实质性区别。(2) 出于对某种特殊利益的保护，法国法规定不允许对某些具有特殊性质的判决、仲裁提出第三人撤销之诉。这一做法值得借鉴，如我国应当规定第三人不得就身份关系所作的判决提出撤销之诉。(3) 第三人撤销之诉只能针对判决的主文提起，判决理由不能成为撤销之诉的对象。原因在于判决理由只是对第三人造成损害的可能原因，而不是直接依据。

第二，第三人撤销之诉的提起期限及受案法院。

在法国，旧《民事诉讼法》对第三人提出撤销之诉的期间没有作出任何规定，原因在于立法者认为很难确定谁是第三人，因而不太可能通过送达判

---

① 姜世明：《概介法国第三人撤销之诉》，载《台湾本土法学》2005年11期，第60页。

决而针对并不知道的第三人开始计算期间。对于这一问题，新《民事诉讼法》在立法上进行了改革，针对不同的情况设立了不同的期间：（1）以本诉讼提出第三人撤销之诉的正常期限为30年，自判决之日计算（第586条第1款），但法律另有规定的除外；（2）对在另一诉讼过程中产生的判决，如果针对某人援引该裁判，那么该人可以没有期间限制地针对该判决提出第三人撤销之诉（第586条第2款）；（3）如果判决结果及时通知了第三人，并且在通知书中明确地指出第三人可以提出异议，那么该第三人就只能在两个月内提出（第586条第3款）。

在我国台湾地区，其“民事诉讼法”所规定的期间为不变期间。第三人要提起撤销之诉，必须在30日之不变期间内提出。此项期间，自判决确定时起算，如果判决在送达前已经确定的，自送达时起算；如果第三人申请撤销原判理由发生在送达作出之后或者在送达之后才知悉的，从自知悉时起算。但自判决确定后已经超过5年者，不得提起（准用第500条第1项、第2项）。

据此，我们可以非常明显地看出，法国法所规定的提起撤销之诉的期间远远长于我国台湾地区的规定。究其原因，主要在于法国法非常注重保护第三人的利益，而不太重视对原判决既判力的维护和对稳定法律秩序的追求。相比之下，我国台湾地区的规定在保护第三人利益的同时兼顾了原判决既判力和诉讼秩序的维护。因而，我国台湾地区的做法更值得我们借鉴。

第三人撤销之诉的受案法院。在法国，第三人撤销之诉的管辖与提起诉讼的形式有关。依据法国法的规定，第三人撤销之诉可以是本诉请求，也可以是附带请求。本诉请求是指在任何诉讼之外提出；附带请求是指在已经开始的诉讼过程中一方当事人对另一方当事人主张某一判决之时提出。第三人提起的异议之诉为本诉请求时，这种异议始终属于申请撤销原判的范畴。在这种情况下，原判法院对撤销之诉具有管辖权（新《民事诉讼法》第587条第1款、第2款）。当第三人撤销之诉属于附带请求时，如果受理请求的法院是作出判决法院的上级法院或同级法院，并且没有与任何具有公共秩序性的管辖权规则相抵触时，受理附带请求的法院享有管辖权。其他情形，附带提出的第三人撤销之诉由作出判决的法院管辖（新《民事诉讼法》第588条）。在我国台湾地区，第三人撤销之诉的管辖原则上专属于作出原判决的法院。对于审级不同之法院就同一事件所为之判决合并提起第三人撤销之诉，或仅对上级法院所为之判决提起第三人撤销之诉者，专属原第二审法院管辖。其未经第二审法院判决者，专属原第一审法院管辖。由于我国立法没有规定附带诉讼制度，因而法国针对提起诉讼的形式来确定第三人撤销之诉的管辖法院的做法对我们暂时没有借鉴意义。我国台湾地区第三人撤销之诉的管辖原则上专属于作出原判决法院的做法值得借鉴，因为这样规定既方便相关当事人的起诉及应诉，有利于受案法院迅速查清案件事实、分清是非责任，又可以保证第三人撤销之诉对原判决既判力的损害控制在最小的范围之内。

第三，第三人撤销之诉的审理。

审理方式。第三人撤销之诉，对于受他人判决损害的第三人而言，属于利益的第一次救济。在我国，司法上的第一次救济，也即第一审程序究竟以简易的方式进行，还是必须以普通（非简易）的方式进行需要视情况而定。如果第一审是在基层人民法院或者基层法院的派出法庭进行，并且案情简单，标的额不大，则可以适用简易程序。但如果第一审是在中级人民法院以上的法院进行，则只能适用普通程序。第三人撤销之诉，虽然在性质上属于第一次救济，但这一程序具有特殊性，其和再审程序一样，会对原审判决的既判力产生巨大的冲击作用。因此，应当明确规定其不能以简易方式进行，以更好地维护审判的稳定性。

审理组织形式。关于第三人撤销之诉的审判组织形式，法国《民事诉讼法》和我国台湾地区均没有进行明确规定。我国第三人撤销之诉的审判组织形式可以这样设置：撤销之诉的原审是第一审的，按照第一审程序组成合议庭审理；原来是第二审的，按照第二审程序组成合议庭审理。但应当注意让原审审判人员尽量参加撤销之诉的审理。这一点与再审之诉具有区别。理由在于第三人撤销之诉并非再审，没有完全否定原判决正确性的本质，而只是要求法院对原来没有考虑的第三人因素进行考虑，因此原审法官没有回避的必要，相反，原审法官对案件相关情况熟悉了解，可以高效地对第三人撤销之诉作出处理。

审理阶段。第三人撤销之诉的审理应当分为三个阶段进行。第一阶段是对案外第三人的申请作形式审查，审查的内容包括主体是否适格；是否具有诉的利益；被申请的法律文书是否属于允许撤销的法定范围；提出的撤销事由是否是法律规定的事由；针对撤销事由是否提供了相应的证据材料；撤销之诉是否在法定的期间内提出；撤销申请案件是否属于本院管辖等内容。经过第一阶段的审查，法院根据具体的情况作出立案或不予立案的裁定。正式立案后，对撤销之诉的审理进入第二阶段，此时主要对撤销之诉的事由是否成立作实质性的审查。撤销事由成立的，进入审理的第三阶段；撤销事由不成立的，裁定驳回撤销之诉的申请。第三阶段是对本案的审理，这一阶段主要针对第三人对原判决所提出的请求、事实和理由等进行审理。

审判效力。对于第三人撤销之诉判决的效力，法国《民事诉讼法》第591条规定，“确认第三人异议成立的裁判决定，仅就有损该第三人利益的争点，撤销或改判受到攻击的判决；在当事人之间原判决仍保留其效力，甚至已被撤销的争点，亦仍有效力”。我国台湾地区“民事诉讼法”第507条之三规定，“法院认第三人撤销之诉有理由者，应撤销原确定终局判决对该第三人不利之部分，并依第三人之声明，于必要时，在撤销之范围内为变更原判决之判决。前项情形，原判决于原当事人间仍不失其效力。但诉讼标的对于原判决当事人及提起撤销之诉之第三人必须合一确定者，不在此限”。借鉴法国立法和我国台湾地区的规定，第三人撤销之诉的法律效果可以这样设计：（1）对提起撤销之诉的第三人的效力。在第三人撤销之诉程序中，法院认为第三人提起的撤销之诉有理由，就应当撤销或者变更原确定判决对第三人不利的部分，原判决对第三人不利部分失去效力。在前诉判决中胜诉的当事人不得就撤销部分主张权利。（2）对原审程序当事人的效力。第三人撤销之诉对原判决的影响局限于对第三人不利部分，与第三人利益无关的部分在原当事人之间依然有效。但是，如果第三人不利部分与原判决所确定的利益关系不可分，那么法院就应当撤销整个判决。（3）对原判决善意第三人的效力。在于原判决生效后，第三人撤销之诉的标的物可能已经合法转让给善意第三人，出于对善意第三人权利的保护，第三人撤销之诉对原判决的善意第三人不产生影响，审理撤销之诉的法院不能变更或者撤销原审判决所确定的善意第三人的权益。（4）第三人撤销之诉不产生中止执行原审判决的效力。我国台湾地区“民事诉讼法”第507条之三规定，“第三人撤销之诉无停止原确定判决执行之效力。但是法院因必要情形或者依申请定相当并必要之担保，得于撤销之诉申明之范围内对第三人不利部分以裁定停止原确定判决之效力”。对此规定，笔者认为前一部分规定合理，原因在于其可以防止当事人利用第三人撤销之诉程序拖延诉讼、转移财产，从而导致判决最终难以执行等问题的出现。但“但书”部分的规定并无必要，理由在于：对于提起撤销之诉的第三人而言，原判决的原告和被告在撤销之诉中均属相对人，原判决的执行只在相对人内部发生，对其利益并不会产生直接的影响。

第四，滥用第三人撤销之诉程序的惩罚制度。

为了遏制当事人滥用诉权，许多民事诉讼法均规定了一定的制裁措施。例如，法国新《民事诉讼法》第581条规定，提起上诉是以推迟诉讼为目的或者滥行上诉，对上诉人得科处100法郎至10000法郎之罚款，且不影响受理上诉的法院判处损害赔偿。我国台湾地区新“民事诉讼法”第449条之一第1款规定，如果上诉人所提起的上诉被认定为“显无理由或者仅系延滞诉讼之终结为目的者，得处上诉人新台币六万元以下之罚锾”。目前，我国大陆地区《民事诉讼法》对于当事人滥用诉权的规制没有作明确的规定。但这一问题已经引起了学界的关注，如江伟教授主编的《民事诉讼法修改建议稿》第11条建议，在诉讼过程中当事人应当遵守诚信原则，善意地进行诉讼，不得滥用诉讼权利。否则，应当承担不利责任。① 笔者认为，在保护当事人诉权正当行使的同时，对滥用诉权的行为进行适当的规制是非常必要的。具体到第三人撤销之诉，由于其对确定判决既判力具有巨大的冲击作用，因而对第三人滥用撤销权的行为进行规制的必要性尤为突出。至于具体惩罚措施的设置，我们应当充分考虑我们的现实情况。

本章小结

在学理上，打破既判力相对性原则，将当事人之间判决的效力扩及于第三人的现象被称作既判力主观范围的扩张。民事诉讼法确立既判力主观范围扩张制度是基于解决复杂纠纷的现实需求。这种需求主要表现在既判力相对性原则无法使大量涉及多方利益主体的复杂社会纠纷得以一次性解决。在域外，立法认可了诉讼担当制度中既判力向被担当人的扩张、诉讼继承制度中既判力向被继承人的扩张、执行标的物被第三人占有时既判力向标的物占有人的扩张，示范诉讼中既判力向未参加诉讼的利害关系人的扩张、在签订了既判力扩张契约的诉讼中既判力向契约签订者的扩张以及在代表人诉讼中既判力向被代表人进行扩张等。在我国，立法只承认了法定诉讼担当制度中的既判力扩张和代表人诉讼制度中的既判力扩张。现有立法认可的既判力扩张情形过少，不能满足现实的需求，有必要适当增加。当然，既判力扩张制度的适用是有限制的，其只能在与当事人存有诉讼上牵连关系的第三人范围内进行扩张，而不能扩及当事人的实体从属第三人。为了增加既判力主观扩张制度的正当性，在立法上应当为受既判力扩张影响的第三人设置一定的程序保障措施，具体应当包括事前程序保障措施和事后救济措施两大部分。

---

① 江伟:《〈中华人民共和国民事诉讼法〉修改建议稿（第三稿）及立法理由》，人民法院出版社2005年版，第4页。

第四章　民事既判力客观范围的扩张

民事既判力客观范围的扩张问题自 1877 年德国《民事诉讼法》将既判力客观范围限定于“主文中的判断”之时，就已经被明确地提出来了。时至今日民诉理论界已经形成了多种不同的扩张理论，本章将从既判力客观范围扩张的原因入手，对各种扩张理论进行系统的梳理、分析和评价，然后提出一个适合中国国情的解决问题的方案。

第一节　既判力客观范围扩张的原因及理论路径

一、既判力客观范围扩张的原因

在大陆法系国家，既判力扩张主要是基于以下几点考虑而提出来的：

第一，恪守既判力的客观范围限于判决主文中的判断容易引发矛盾判决的出现。由于前诉判决理由中的判断没有既判力，当事人可以就该判决事项另行提起诉讼，这样容易导致后诉法院针对前诉理由事项所作的判决与前诉判决产生矛盾。例如，在基于所有权的登记请求、基于所有权的排除妨碍请求等诉讼中，诉讼上的请求分别是登记请求权与排除妨碍请求权，因此该诉讼的判决既判力仅仅基于这两个请求而分别产生，而作为该诉讼主要争点的所有权问题，由于在该诉讼中属于判决理由中判断的事项，因而不产生既判力。如此一来，在请求撤销登记程序诉讼中败诉（因所有权属于原告）的被告，由于不受前诉判决既判力的约束（“所有权属于原告”属于判决理由中的判断，进而不产生既判力）而可以再次提起“请求确认自己是所有权人”

这样的确认诉讼。[①] 再如，在前诉中法院判决某争议的房屋所有权归属于原告。判决生效后，前诉的被告或者其他人针对所有权取得的原因——赠与关系提出异议，要求后诉法院确认赠与关系不成立。后诉法院审理后作出判决，确认该赠与关系不成立。这样就必然导致可能推翻前诉判决。[②] 实际上，现实生活中一个完整的纠纷可以在法律上被分割为若干个不同的诉讼请求并构成个别的诉讼标的。严格适用"请求→诉讼标的→判决主文→既判力客观范围"这一公式，可能造成法理上不同范围的既判力不相抵触但实际上判决却相互矛盾的问题。[③]

第二，将既判力客观范围限于判决主文中的判断会削弱诉讼解决纠纷的功能，严重影响纠纷一次性解决的实现。对于这一点，我们可以通过日本一个典型例子来进行说明。案情如下：[④] 当事人 X 将自己所有的房屋卖给了 Y，并已实施了所有权转移的登记。但此后 X 却以买卖中对方存在欺诈行为作为根据而提起了请求取消所有权移转登记的诉讼，此为第一案件。诉讼进行过程中，Y 又以所有权已经转移为据而另行提起了请求 X 腾退该房屋的诉讼，此为第二案件。第一审裁判所经审理后同日对两案分别作出了判决。第一案件的结果是否定 X 关于存在欺诈的主张，驳回了他取消移转登记的请求。第二案件的判决则承认了 Y 关于腾退房屋的请求，同样是 X 败诉。在 X 对两个案件的一审判决都提起了上诉之后，经第二审控诉审和第三审上告审的审理，两个案件却出现了不同的结果。第二案件的上诉审程序进行较快，控诉审和上告审都以驳回 X 的上诉并承认 Y 关于腾退房屋的请求而告结束。但是在第二案件判决确定的 3 个月之后，第一案件的控诉审却接受了 X 关于买卖合同的缔结过程中存在欺诈的主张，作出取消所有权移转登记的判决。对此，Y 即以该判决系与第二案件已经确定的判决相抵触的违法判决为由，向最高裁判所提起了上告。最高裁判所审理后得出的结论则是，第二案件确定判决的既判力只及于有关腾退房屋的请求，而判决理由中排斥 X 提出的存在欺诈这一抗辩并承认 Y 拥有所有权的判断，根据法律规定并不发生既判力，所以也

---

① ［日］高桥宏志：《民事诉讼法制度与理论的深层分析》，林剑锋译，法律出版社 2003 年版，第 507 页。

② 张卫平：《既判力的客观范围》，载《诉讼法学研究》（第 5 卷），中国检察出版社 2003 年版，第 151 页。

③ 王亚新：《对抗与判定——日本民事诉讼的基本结构》，清华大学出版社 2002 年版，第 371 页。

④ 参见日本最高裁判所 1969 年 6 月 24 日民事判决，载《判例时报》第 569 号，第 48 页。转引自王亚新：《对抗与判定——日本民事诉讼的基本结构》，清华大学出版社 2002 年版，第 371 页。

不存在第一案件控诉审判决与第二案件确定判决相抵触的违法，于是判决驳回了 Y 的上告请求。结果，第一案件与第二案件都经过三个审级，分别以 X 胜诉 Y 败诉和 Y 胜诉 X 败诉这两个正好相反的确定判决而告终结。单纯从法律上来看，这两个判决意味着 X 在登记上拥有房屋的所有权而 Y 却有权获得 X 腾退的房屋本身，但是很显然 X 与 Y 之间的纠纷实际上完全没有得到解决。

第三，在司法实践中，判决书的主文部分大多比较简略，通常是需要借助判决理由才能确定判决主文的具体内容。[①] 从诉的类型来看，除原告胜诉的确认判决可以从判决主文中获得认定外，[②] 原告败诉的确认判决、给付判决、形成判决，均需借助于判决理由才能获得认定。当原告败诉时，不论为何种诉讼，法院在判决书中均应载明“驳回原告的诉讼请求”等内容。当原告胜诉时，在给付之诉主文中仅记载有“被告应给付原告……”，“被告应将……返还原告”，“被告应将……转移登记给原告”；在形成之诉，也只是记载“原告与被告间某法律行为应予撤销”，“准许原告与被告离婚”等内容。因此，从判决主文中无法辨别法院究竟依据何种法律上的请求权或形成权作出判决。在判决主文内容依赖判决理由来确定的情况下，如果判决理由中的判断效力不固定，可以在后诉中轻易地被否定，那么主文的内容就不可能得到实质上的固定。再说，法院对于判决理由所作的判断，与对判决主文所作判断一样，同样地融入了国家审判权威因素，同样是法官行使审判权所得出的结果，如果赋予它们的效力在本质上具有巨大差异显然是不合理的。

二、既判力客观范围扩张的理论路径

第一，赋予审判理由以既判力。这一扩张思路否定了“诉讼标的 = 主文中的判断 = 既判力的客观范围”这一公式，认为法院对审判理由的某些判断也应当产生既判力。在 19 世纪末期，德国《民事诉讼法》最先在立法上明确规定既判力客观范围限于主文中判断，但这一立法在当时就存在相当的争议。正如日本学者霜岛教授所言，在将既判力客观范围限于主文理论发源地的德国，也不能说立法者一开始就已经明确地表达出他们持一种判决理由中

---

① 杨建华：《问题研析民事诉讼法（二）》，三民书局 1987 年版，第 181 页。

② 在确认之诉法院作出原告胜诉判决时，判决主文载明的内容本身如“确认某法律关系成立或存在”或“确认某法律关系不成立或不存在”，就能确定既判力的客观范围，而无须借助于判决理由中的判断。

的判断不产生既判力的立法意图。[①] 关于德国《民事诉讼法》第322条的立法旨趣，立法者的意思在法条中并未明确体现出来，将既判力客观范围限于主文之规定在很大程度上属于一种急于制定法典、草率立法的结果，至少对于该法第322条中“作出裁判的限度内”之限定句的含义，可以作完全不同意思的解释。立法者对既判力客观范围的含糊表达在一定程度上反映了当时的理论研究状况。[②] 可以说，在立法前，乃至在立法后的很长一段时间，认为既判力的客观范围不应当只限于判决主文中的判断的观点一直是存在的，其中萨维尼是主张这一观点的主要学者。他的理论产生了很大的影响，获得了不少学者的支持，并且他的观点在日本得到了上村明广等学者的继承和发展。应当说明的是，主张审判理由也有既判力的学者并非认为所有的判决理由均可产生既判力，而是必须满足一定的条件。因判决理由产生既判力的条件不同，形成了以下几种不同的学说：（1）萨维尼主张只有“作为法律关系构成要素本身的客观理由”才产生既判力的学说；（2）Zeuner主张的“意思关联说”；（3）Henckle主张的“先决法律关系说”；（4）柏木邦良主张的“矛盾关系说”。

第二，通过扩张请求权来扩张既判力的客观范围。[③] 日本加藤教授认为，在诉讼中，集聚当事人攻击防御主要精力的大多数抗辩及再抗辩应当作为准诉讼标的来对待，并赋予其既判力。[④] 加藤教授是通过所谓的统一请求权理论来论证他的这一观点的。他认为经过统合后的实体法请求权可以分为两大类，即纵型统一请求权和横型统一请求权。所谓的纵型统一请求权，是指诸如在请求交付房屋诉讼中，原告最初提出的诉讼请求是基于所有权的交付房屋请求权，随着诉讼的进行，被告有可能以“双方存在房屋租赁合同”为由来提出抗辩，之后原告也有可能提出“房屋租赁关系终结”之再抗辩，那么在诉讼过程中，诉讼标的或者诉讼请求并不仅仅是原告最初提出的基于所有权的返还房屋请求权，而是包含诉讼过程中的按照“最初请求—抗辩—再抗辩”这种时间顺序出现的由各种实体法请求权复合而成的纵型统一请求权。

---

① ［日］高桥宏志：《民事诉讼法：制度与理论的深层分析》，林剑锋译，法律出版社2003年版，507页。

② 林剑锋：《民事判决既判力客观范围研究》，厦门大学出版社2006年版，第84页。

③ 林剑锋：《民事判决既判力客观范围研究》，厦门大学出版社2006年版，第87～90页。［日］高桥宏志：《民事诉讼法：制度与理论的深层分析》，林剑锋译，法律出版社2003年版，第36～38页。

④ ［日］加藤雅信：《从实体法学视角来看的诉讼标的论证》，载新堂幸司：《特别讲义民事诉讼法》，日本有斐阁1989年版，第121页以下。

而横型统一请求权是指并无时间上先后顺序的并列请求权所共同构成的统一请求权。例如，在损害赔偿诉讼中就会出现侵权行为和债务不履行两个并列的请求权复合而成统一的请求权。依据加藤教授的理论，案件的诉讼标的并非一成不变，相反其是动态而富于变化的。由于“诉讼标的 = 既判力的客观范围”，而诉讼标的可以随着请求权的扩大而扩大，因而统一请求权说达到了扩张既判力客观范围的效果。

第三，通过引入默示的中间确认之诉来扩大既判力客观范围。① 所谓的中间确认之诉，是指当在诉讼进行中构成争议的法律关系之存在与否成为最终裁判的先决条件时，原告或者被告要求确认这种法律关系而提起的诉讼。从历史沿革来看，既判力客观范围的划定与确认之诉成为独立的诉讼类型以及中间确认之诉制度的创设具有密切的关系。德国立法者认为，通过引入中间确认之诉，当事人可以通过选择适用这一制度来固定前诉审判理由的效力，从而使其可以作为后诉审理的依据并有效地避免矛盾判决的出现。从既判力的视角来看，中间确认之诉的一个重要作用就是将原本属于判决理由中的判断通过中间确认之诉在级别上提升为判决主文的判断。而默示的中间确认之诉正是着眼于这个特点，通过扩大适用中间确认之诉来使更多的判决理由中的判断获得既判力。支持这一观点的学者认为，在当事人对于很大程度上决定诉讼胜败的先决性关系已经进行了严格的争执时，除了选择性、预备性地进行争执的场合外，应当被视为当事人存在着默示的诉的意思表示，因此关于先决关系的判决理由中判断应当被赋予既判力。

一般的中间确认之诉的形成是以当事人（原告或被告）的提起为前提条件，而在这种学说下，扩大了适用中间确认之诉的范围。也就是说，即便当事人未明确地提起中间确认之诉，但如果双方当事人对于可以作为中间确认之诉诉讼标的对待的重要法律关系进行了严格的攻击防御，那么就应当将这种攻击防御的结果——有关该法律关系的判断——拟制为中间确认之诉的判决主文，进而承认其产生既判力。

第四，赋予审判理由以争点效。承认法官对于审判理由所作的判断亦生既判力，虽然能够解决前诉判决与后诉判决之间产生矛盾的问题，使纠纷能够一次性解决，但这在扩张了既判力客观范围的同时，实际上将原告与被告之间的诉讼标的也强制性地加以扩张，其超出了当事人双方的意思范围，当

---

① 林剑锋：《民事判决既判力客观范围研究》，厦门大学出版社 2006 年版，第 90 ~ 91 页。[日]坂原正夫：《默示的中间确认之诉》，载《政法研究》53 卷 12 号。

事人没有纳入诉讼标的加以裁判的事项也受到既判力的拘束。为了减少判决之间的矛盾，并使民事争议一次性得到解决，日本学者新堂幸司提出了一种新的思路。这种思路不是考虑赋予审判理由以既判力，而是所谓的争点效。① 在学理上，将在前诉中被双方当事人作为主要争点予以争执，而且法院也对该争点进行了审理并作出判断，当同一争点作为主要的先决问题出现在其他后诉请求的审理中时，前诉法院有关争点所作判决的通用力，既不允许后诉当事人提出违反该判决的主张及举证，也不允许后诉法院作出与之相矛盾判断的效力称为争点效。②

第五，以诚信原则为依据，赋予审判理由以拘束力。在昭和五十一年九月三十日，日本最高裁判所在一个案例中依据诚信原则赋予了判决理由以拘束力，这种拘束力在功能上类似于既判力，禁止当事人对于在前诉中已经由法院判决过的事实在后诉中再次进行争论。在这一案例的带动下，竹下守夫等学者比较系统地研究了以诚信原则为依据，赋予审判理由以拘束力的问题，进而实质性地扩张了既判力客观范围的理论。

上述五种扩张既判力客观范围的理论，第一、第四和第五种方式在理论界引起的反响相对较大，下面将对这三种学说进行重点介绍和评析，进而提出解决我国相关问题的思路。

第二节　赋予审判理由以既判力

一、Savigny 的理论

Savigny 是审判理由亦产生既判力理论的首倡者。他认为，不仅对于诉或者反诉所作判决具有既判力，而且对于所有的先决问题或（实体）适格问题的确定，如关于地役权中不动产所有人的所有权、在属于继承财产的物的返还请求中原告拥有继承人充分的地位、关于抚养诉讼中的亲戚关系、关于利息诉讼中的本金债务等的确定，都具有既判力。③ 但应当说明的是，并不是形成法官心证的全部理由都能取得既判力。所以他把“作为法律关系构成要素本身的客观理由”和“法官对其判决要素，要有一定的心证的主观理由”

---

① 张卫平：《民事诉讼：关键词展开》，中国政法大学出版社 2005 年版，第 315 页。

② ［日］新堂幸司：《新民事诉讼法》，林剑锋译，法律出版社 2008 年版，第 492 页。

③ ［德］汉斯·弗里德海尔姆·高尔：《既判力文集》，松本博之等译，日本信山社 2003 年版，第 48 页。

加以区别，并认为后者不产生既判力。同时，Savigny 为了防止“对于判决理由”的不必要的“上诉”，而没有承认限定判决对象的理由。[①] Savigny 提出审判理由也有既判力的观点与他的法律关系体系理论有着紧密的联系。实际上，Savigny 在其法律关系体系理论的序论中，就已经开始阐述这种观念。他认为，所谓主观意义的法，“是以其被怀疑、争辩，并在其存在及范围被判决所承认时，以格外清晰的姿态呈现出来”。但是这种判决“仅仅被偶然的必要所呼唤出来”，所以并不因此穷尽有关事项的本质。与之相比，判决其更深厚的基础是“在法律关系中找出的、各种权利只不过是表明被抽象地摄取的、这种法律关系的特别一面。其结果，就连关于各种权利的判决，也仅仅是在从全面观察整个法律关系这一出发点的限度内，才获得真实及说服力的”。因此，只有“法律关系的整体观察”才是构成法官所要求的个别判决的基础。[②]

对 Savigny 的理论，不少学者提出了批评意见：（1）Bekker 对 Savigny 理论的批评。[③] 由于 Bekker 对 Savigny 本人是充满崇敬的，对于他的理论成就也是非常钦佩的，因而对于萨氏的不同主张采取了相对柔和的方式予以批评。他主张“一事不二诉”的原则与“系属于诉讼标的物的抗辩”以及“既判事项的抗辩”具有相同的含义。基于此，“由于诉权的关系，系属于诉讼程序，最后通过判决而裁决的事件，无非是原告根据诉权对被告追求的请求权”。因此，“原告的请求权，应该与形成其基础的主张相分离”。既判力仅仅限定于基于“事件与诉讼消耗的同一性”而诉求的请求权。（2）Pfeiffe 对 Savigny 理论的批评。[④] Pfeiffe 认为，作为“法官思考顺序的构成物”和“主张的判决理由”的区别，实际上是不能实行的。另外，根据要素理论，判决具有“超越本来争论点范围以及当事人的目的和意图”的效力。但是“法官在判决理由方面，可以顺便解决多少问题，是否需要赋予既判力”这一问题不能委于“法官的恣意”。因为“确定判决是诉讼的果实”，所以其效力“仅仅可以在诉讼的目的以及其形式的限制之内产生”。（3）Wetzell 对 Savigny 理论的

① ［德］汉斯·弗里德海尔姆·高尔：《既判力文集》，松本博之等译，日本信山社 2003 年版，第 47 页。

② ［德］汉斯·弗里德海尔姆·高尔：《既判力文集》，松本博之等译，日本信山社 2003 年版，第 47 页。

③ ［德］汉斯·弗里德海尔姆·高尔：《既判力文集》，松本博之等译，日本信山社 2003 年版，第 50 页。

④ ［德］汉斯·弗里德海尔姆·高尔：《既判力文集》，松本博之等译，日本信山社 2003 年版，第 51 页。

批评。[①] Wetzell 认为，“分离消耗原则所设定的界限，真实拟制要求已经明示或默示的在前诉中判断的问题，必须在同一当事人之间，在此后出现的各种形式的事件方面绝对妥当。基于此，真实拟制与辩论主义产生了直接冲突。这是因为根据普通诉讼法，法官不是依据客观理由形成判决，而是必须依据当事人向法官提出的资料的分析、研究而形成判决”。因此“判决超出当事人的意图发生效力，产生当事人在诉讼进行中或许全然不知预见的结果，是不能允许的”。Wetzell 将其理论概括为以下命题，即“既判事项的抗辩，最初仅仅对于诉权可以奠定基础，并且对关于诉权的判决也可以奠定基础。既判力的实体概念并不能适用于各种事实或法律要素的真否”。（4）Unger 对 Savigny 理论的批评。[②] Unger 指出，“关于先决问题的裁决，不产生既判力”。这是因为“法官关于诉讼前提问题，不是因为其问题本身，而是仅仅因为关于诉权（附条件权利）可以得出所要求法官裁决这一目的而进行裁决”。Savigny 的理论是“将个别诉讼的任务和争讼的对象表示、限定于主张（Petit）中，并远远超出期待在这种诉讼中，仅仅与这种标的裁决相关的当事人的意图”。与此相对应，Unger 将自己的立场概括如下，即“判决的既判力直至溯及判决的内容。既判力的可能对象和范围取决于判决的真实的全部内容。但是判决是仅仅针对具体的诉讼请求权（Klageanspruch），包含独立的、直接的宣言，而不是针对请求原因事实及先决事项”。作为一种理论交锋的结果，Wetzel 和 Unger 对萨氏理论的批判直接导致了德国《民事诉讼法》没有采用其理论。

除了理论界的批评外，德国立法否定审判理由的既判力与中间确认制度的确立也存在紧密的联系。德国主流学说认为，诉讼的目的主要是基于法律（das objective Recht）基准而产生的权利（das subjective Recht）保护，而不是关于当事人射程距离外的无法预测法律问题的裁决。基于此，立法提出，“在诉讼进行中裁决所依存的成为争辩的法律关系中”，排除中间确认主张（Inzidentantrag）而供于裁决的场合（德国《民事诉讼法》第 256 条第 2 项），对于原告而言，“仅仅在关于根据提起诉或反诉的请求而进行裁决的限度

---

① ［德］汉斯·弗里德海尔姆·高尔：《既判力文集》，松本博之等译，日本信山社 2003 年版，第 51 页。

② 参见［德］汉斯·弗里德海尔姆·高尔：《既判力文集》，松本博之等译，日本信山社 2003 年版，第 51～52 页。

内”，判决才能产生既判力（德国《民事诉讼法》第322条第1项）。①

值得说明的是，德国立法界并非一致地否定Savigny的理论，而是具有相当数量的支持者。例如，议员Struckmann就非常赞同Savigny的理论。② 他为了使立法采纳Savigny关于判决既判力的理论，曾经在帝国议会委员会上提出了以下动议，动议主旨是：应该删除草案第243条关于中间确认之诉的条款；将草案第283条的第1项、第2项改为“判决在裁决因上诉、抗辩（Einrede）或反诉而提起请求的限度内，以及在关于附条件的法律关系的存在或不存在的场合，在裁决全部或部分请求的限度内，具有既判力”。他的动议理由是“接受Savigny的理论，会减少诉讼，也与公共利益的维护相一致”。但他的建议未能被立法采纳，被否决的理由是：在缺席判决的场合在当事人毫不知情的情况下，既判事项蔓延是件非常残酷的事情；在没有详细记录的场合，确定前诉的对象有法律上及事实上的困难；虽然对判决主文没有不服，但是对于判决理由却可以提起上诉。

二、Zeuner的理论③

在Savigny提出了审判理由也有既判力的观点后，Zeuner在将近一个世纪后也提出了大致相同的观点。他认为，审判理由没有既判力的主要理由在于“避免矛盾判决，求得法律上的安定性”与“尊重当事人的意思，不逾越个别诉讼的任务”之间存在矛盾。但这种矛盾并非完全不可调和，如在后诉的诉讼标的是前诉的先决事项时，后诉可认为是前诉的续行或补充，因此前诉判决之既判力应当扩及于后诉，当事人对于前诉判决理由中之判断不得争执，应当不出乎当事人的意料。如果将这种关系作一般性的推论将得出以下结论，即在前诉所确定的诉讼标的之法律效果，其所试图实现的法律秩序包含或排斥后诉之诉讼标的之法律效果时，则两诉的诉讼标的之间存在“法律上的意思关联”。例如，甲对乙提起请求返还10万元借款之诉，乙主张甲的债权不成立，纵使成立也已经清偿，法院采纳了清偿之抗辩而判决原告败诉，此后乙主张甲之债权不存在，提起返还前次所清偿的金钱。在这一案件中，Zeuner认为在前诉所判决的清偿与后诉的请求返还之间存在上述“法律上的意思

① ［德］汉斯·弗里德海尔姆·高尔：《既判力文集》，松本博之等译，日本信山社2003年版，第52页。

② ［德］汉斯·弗里德海尔姆·高尔：《既判力文集》，松本博之等译，日本信山社2003年版，第53页。

③ 关于Zeuner的理论参见骆永家：《既判力之研究》，三民书局1999年版，第67~71页。

关联”，请求之债权因清偿而消灭之判决理由中之判断有既判力，当事人此后不得主张请求之债权自始不成立。① 学理上，将在前诉与后诉存在一定的意思关联时，承认前诉判决理由中的判断亦有既判力的学说称为“意思关联说”（Sinnzusammenhang）。

三、上村明广的理论

Zeuner 的理论在日本得到了学者上村明广的继承和发展。他认为，既判力所及的范围，如果单以诉讼标的的统一性为标准加以决定是不充分的。换言之，诉讼标的并非决定既判力客观范围的唯一要素。前诉诉讼标的与后诉诉讼标的，尽管不具有同一性，前诉判决所确定的法律效果具体化的秩序内容，与后诉所主张的法律效果之间，若成为客观的法所明确存在的一定目的论上的意义关联时，该意义关联亦能反映到既判力客观范围的界限上。因此，若判决理由亦具体表示此种法秩序之方向或目的时，亦成为决定既判力客观范围的一个要素。② 另外，他对于 Zeuner 的“意思关联”作了具体的分析，并认为可以分为以下三种情况：一是前后诉讼标的全部相同的情形。例如，在所有权确认之诉中，X 败诉后再度提起同一所有权确认之诉，或者 Y 败诉后，针对同一物之所有权对 X 提起确认所有权不存在之诉；二是前诉诉讼标的与后诉诉讼标的存在先决关系的情形。例如，X 在前诉中提起所有权确认之诉，后诉基于所有权对同一物提起交付请求。三是后诉请求与前诉请求处于一种矛盾关系的场合。例如，X 提起所有权确认诉讼，判决确定所有权属于 X。Y 又对同一物提起所有权确认诉讼。或者，X 提起交付请求胜诉判决确定后，Y 又以自己有所有权提起交付请求。此种情形，后诉诉讼标的与前诉诉讼标的不相同，并且不存在先决关系，但依据一物一权的原理，两判决存有矛盾。如果将上诉三种情况进行一般化处理，那么可以得出以下结论，即除前后诉讼标的相同，后诉为前诉既判力所及的情形外，前诉已经确定的法律效果，将因后诉请求而失去意义时，则应扩张前诉确定判决的既判力至审判理由中的判断。亦即存在此种实体法律关系时，后诉请求为前诉判决既

---

① 骆永家：《既判力之研究》，三民书局 1999 年版，第 65 页。

② ［日］上村明广：《既判力客观的范围的一个问题》，载《冈山大学创立十周年纪念文集——法学与法史诸问题》，日本有斐阁 1959 年版，第 199 页。

判力所及，即使该请求属于前诉判决理由中的判断亦不得再进行争执。[1]

意思关联说因为存在以下缺陷而始终未能成为一种主流学说。首先，所谓“意思关联”之基准并不明确，主观色彩较浓。例如，Zeuner 认为确定利息请求权并不确定原本债权存在，排除所有物损害赔偿请求权存否之判断，并不确定所有权之存在。而这与 Savigny 的观点截然不同，萨氏认为利息请求权存在，债权确定存在，所有物返还请求之原告胜诉判决，却绝对地确定所有权之存在。[2] 其次，审判理由对当事人所生的拘束力，是否当事人有所预测也存在疑问。例如，在消极的不作为之诉中，当事人不得争执，这是否可为当事人所预测，令人深表怀疑。再次，如果承认审判理由具有既判力，那么在当事人提出了数个攻击防御手段时（如针对请求还款之诉提出的从未借款，即使借了款也已经偿还的抗辩），法院有认可抗辩自由选择权，即法院可以认可从未借款的抗辩而判决原告败诉，也可认可借了款但已经偿还的抗辩理由而判决原告败诉。既然法院可以选择某一抗辩理由来作出判决，并且这一抗辩理由具有既判力，那么就应当允许当事人就审判理由单独提起上诉，因为不赋予当事人这一权利就可能使当事人蒙受意外的不利益。例如，前案中，对于被告人来说从未向原告借款与借款已经偿还在实体权利与责任上是有重大区别的。最后，判决理由中的判断是否产生既判力在诉讼终结时是不明确的，而需待后诉提起时尚能判断，这似乎不太实用。

四、其他学者的相关理论

德国学者 Henckle 教授认为，当事人在前诉程序中就先决法律关系的确定，在多大程度上受到了辩论的机会应当作为判决理由是否产生既判力的标准。在前诉程序中，对于判决结论有重要的影响的先决法律关系，当事人必定能够认真地进行诉讼，这一部分的判决理由应当承认其具有既判力。[3] 在德国，还有一种理论认为，前诉判决的既判力原则上基于判决主文而产生，但是从实体法的秩序来看，当后诉的请求或当事人主张与前诉判决理由中的判断处于一种矛盾关系，进而使前诉判决主文中有关的判断趋于颠覆时，那

---

① ［日］上村明广：《既判力客观的范围的一个问题》，载《冈山大学创立十周年纪念文集——法学与法史诸问题》，日本有斐阁 1959 年版，第 181 页。转引自林淑菁：《民事既判力客观范围研究》，我国台湾地区台北大学法律系 2005 年硕士论文，第 144 页。

② 骆永家：《既判力之研究》，三民书局 1999 年版，第 69 页。

③ 民事诉讼法研究基金会：《民事诉讼法之研讨（二）》，三民书局股份有限公司 1990 年版，第 144 ~ 145 页。

么前诉的这种判决理由应当被赋予既判力，从而对后诉的请求及相关主张产生拘束力。[①] 依据这种理论，当前诉的诉讼标的与后诉的诉讼标的处于一种矛盾的关系时，前诉的既判力也拘束后诉的请求，即当判决理由中的判断与后诉请求或主张发生矛盾关系时，那么前诉的这种判断也将产生既判力。另外，我国台湾地区学者姚瑞光先生认为，“抵消”非诉讼标的，既可透过法律使其具有实质上确定力，同理非诉讼标的而影响判决结果的权利义务关系，当事人曾经对其是否存在进行过争执，且经过法院证据调查而为辩论之结果，与判决理由中经判断者，亦应当有实质的确定力。基于此，其主张我国台湾地区“民事诉讼法”应当增列第400条第3项，即“非诉讼标的而于诉讼中争执之权利义务，于判决理由中经裁判者，准用前项之规定”。[②]

第三节　赋予审判理由以争点效

一、争点效理论的主要内容——以新堂理论为基准[③]

（一）争点效的提出及理论依据

关于争点效的理论，最初是由新堂教授提出来的。他自己说，争点效理论是受英美法的争点效排除规则（collateral estpale）以及兼子一博士主张的“将参加性效力也在当事人之间进行扩张观点的启发而逐步形成的”。[④] 争点效理论通过《既判力与诉讼标的》和《附条件给付判决及其效果》这两篇论文开始在学界倡导。而《否定争点效的最高裁判所判决遗留的残局》、《参加性效力的扩张与辅助参加人的从属性——有关争点效主观范围之试论（一）》和《从诉讼当事人获得登记者之地位——有关争点效主观范围之试论（二）》

---

① 林剑锋：《民事判决既判力客观范围研究》，厦门大学出版社2006年版，第87页。

② 姚瑞光：《民事诉讼法论》，大中国图书1990年修订版，第502页。

③ 关于新堂幸司的争点效理论的介绍主要参见［日］新堂幸司：《新民事诉讼法》，林剑锋译，法律出版社2008年版，第492~504页。

④ ［日］新堂幸司：《新民事诉讼法》，林剑锋译，法律出版社2008年版，第492页。

这三篇文章使争点效理论获得了进一步的发展。①

新堂教授认为,② 传统理论及立法将既判力限于主文中的判断主要是基于以下两点考虑：第一，一方面使诉讼的最终目标得以明确化，并可以防止由此产生的突然袭击，进而实现充分的辩论；另一方面明确了以下这一点，即获得当事人地位之人，不论他是否现实地行使了已经获得保障的实施诉讼之机会及权能，作为旨在实现该诉讼目标的最小必要限度，其都要受到主文判断的拘束。第二，使当事人及法院就前提问题展开的诉讼活动及审理具有灵活性。就当事人而言，对于主文的判断不论是予以争议还是不予争议，作为被赋予程序保障的结果责任，其都要受到该判断的拘束。而对于前提问题，由于不用担心对其他请求的影响，因此当事人具有作出自认、不进行特别争议之自由。相反，如果将当事人未进行争议的前提问题之结果（自认的效力），也直接扩张至其他请求的审理中，那么恰恰剥夺了当事人获得保障的、其对前提问题处理的自由，进而在违反当事人意思之前提下，剥夺了就其他请求接受裁判的权利。

值得说明的是，依据新堂教授的观点，上述自由并不包括当事人对于已经在前诉程序中认真争执过，并且法院作出了判断的事实进行再度争执的自由。既然作为主要争点展开了争议，那么将该争议结果作为后续相关请求审理的事实基础是具有正当性的。换言之，如果当事人双方在一个请求（A）的审判中已经对此进行了争议，法院在此基础上作出了判断，而将该判断直接作为另一个请求（B）审判的基础，是符合公平原则的。从法院的立场来看，这种以双方当事人公平观念作为根据的争点效，不仅无损于“将既判力限定于主文判断”原则所保障的、法院对于攻击防御方法所采用的审判方法上的灵活性，而且还有助于实现对关联纠纷的统一解决。另外，关于审判理由中争点的判断，承认有与既判力相类似的效力，以遮断该争点再行争执。在前诉程序过程中，就某争点当事人已穷尽攻击防御方法，法院也就争点进行了审理判断，如果还允许再就该争点进行争执，显然不合理。

---

① 上述五篇论文分别登载在：《法学协会杂志》第 3 号，昭和三十八年，收录于新堂 · 争点效上，第 145 页；《民事诉讼杂志》第 10 号，昭和三十八年，收录于新堂 · 争点效上，第 183 页；中田 · 还历下，昭和四十五年，收录于新堂 · 争点效上，第 269 页以下；载兼子 · 还历中，昭和四十四年，收录于新堂 · 争点效上，第 227 页；载《判例时报》第 640 号、第 643 号，昭和四十六年，收录于新堂 · 争点效上，第 297 页；《判例时报》第 184 号，昭和四十一年，收录于仓田卓次著：《民事实务与证明论》，日本评论社，昭和六十二年，第 91 页。参见［日］新堂幸司：《新民事诉讼法》，林剑锋译，法律出版社 2008 年版，第 493 页。

② ［日］新堂幸司：《新民事诉讼法》，林剑锋译，法律出版社 2008 年版，第 492 页。

（二）争点效与既判力的异同

争点效与既判力是两种既有区别又有联系的效力，它们之间的异同表现在以下几个方面：第一，争点效和既判力均是前诉判决对后诉的通用力。两者的不同之处在于争点效属于判决理由中判断所产生的效力，而且是必须满足以下条件，即被作为主要争点予以争执，并且法院也对此作出实际审理及判断。对于既判力而言，不论被告是否对请求展开争执，也不论当事人是否穷尽其主张及举证活动，在有关请求妥当与否的判断中必定产生既判力。第二，争点效和既判力均是以在诚信原则和公平原则指导下的当事人责任理论为依据的。在既判力中，当事人责任的评价内容是，纠纷对象通过请求这种形式获得明确化，而为了谋求有关此纠纷之解决，形成的是“起诉、推进审理、作出判决”这种构造。因此，在该诉讼中被预设的是当事人应当对该请求的妥当与否展开争议。在这种情况下，即便当事人未实际对案件事实进行争执，也应当承担一种与进行了争执相同的法律责任。与此相对，作为争点效根据的当事人责任的评价内容是，当事人现实地行使了当事人对于事实进行争执的权能，并亲自创造了判决的基础。第三，使既判力正当化的公平理念，不仅使实现诉讼目标不可或缺的既判力获得正当化，而且还发挥着对其范围予以合理调整的作用。而争点效却以确立当事人之间公平本身作为目标，这一点也属于两者的差异。这种差异导致了既判力的存否问题属于职权调查事项，而争点效是否存在应当属于当事人主张的事项。

（三）争点效的生效条件①

依据新堂教授的观点，争点效的产生必须具备以下几个条件：第一，必须是法院针对当事人认真争执过的，作为主要争点的事项所作的判断。对于争点效以“当事人对于主要争点是否认真争执”作为判断对象，有人对此提出了质疑，如主要争点究竟为何？当事人认真争执的程度如何？这些标准在实务中很难适用，对于当事人而言，很难预测将来发生拘束力的事实范围，因而难免有突袭之嫌。② 第二，当事人在前诉中就该争点穷尽了主张及举证。所谓的“穷尽了”，意味着当事人提出了诉讼上通常可想到的主张及举证，法官对此获得了一般被认为足以形成心证的资料，而应当将有关该争点的自认或达成证据契约之情形排除在外。③ 第三，法院对于该争点业已作出实质

---

① ［日］新堂幸司：《新民事诉讼法》，林剑锋译，法律出版社 2008 年版，第 499～500 页。

② ［日］吉村德重：《判决理由中判断的拘束力》，载《政法 33 卷 3～6 合并号》，第 490 页。

③ ［日］小山升：《关于所谓的争点效》，载《Jurist》第 504 号，第 75 页。

性的判断。第四，前诉与后诉的系争利益几乎是等同的（或者前诉的系争利益大于后诉的系争利益）。如果前诉的系争利益过小，进而无法与后诉的系争利益相比较，那么即便两者是共通的且在前诉中作为主要争点进行过争议，也不能妨碍当事人在系争利益更大的后诉中再度提出争议。

（四）争点效的主观范围

依据新堂教授的观点，争点效的主观范围原则上限于双方当事人。但是，基于某些特殊原因的考虑，允许争点效的主观范围向以下两类人进行扩张：一是口头辩论终结后的承继人。例如，甲向乙主张买卖无效，并提起撤销所有权转移登记请求，在买卖被判断为无效且甲胜诉后，丙从乙处受让了标的不动产，因此甲向丙提出交付不动产之请求，在这种情形下，丙作为口头辩论终结后的承继人，其不能对甲乙间的买卖无效提出争议。因为，作为甲乙之间争执结果并在甲乙之间发生作用的争点效，如果在乙向丙转让标的物后消失，那么就如同让在甲乙之间发生作用的既判力消失一样，将有损甲丙之间的公平，可以说已经由乙代替丙对这点进行了争议，因此争点效应当及于丙。二是向实质上被视同为当事人之人进行扩张。（1）“请求标的物持有人”。例如，从当事人获得虚假受让之人，尽管该受让发生在前诉的基准时前，当事人所承受的争点效也及于该受让人。（2）关于辅助参加人，只要其诉讼活动未因参加时间以及被参加人的明示意思而受到妨碍，那么在其与对方当事人的关系中，其诉讼行为与被参加人的诉讼行为被视为一体，作为承受被参加人展开争执的不利结果，在对方当事人与辅助参加人之间，也应当受争点效的拘束。因为，只要辅助参加人的诉讼活动未因参加时间及被参加人的意思而受到妨碍，那么也被赋予等同于当事人地位的实施诉讼之机会与地位，因此让被参加人承受的争点效及于辅助参加人，符合其与对方当事人之间的公平。

二、法院对争点效理论的态度

（一）肯定争点效的判例

在日本最早采纳了争点效理论的判例是京都地判昭和四十年七月三十一日的判例。具体案情如下：甲对乙主张基于所有权而提起请求拆房屋还地之诉，经审判后甲获得胜诉判决（前诉）。后乙对甲主张（同一土地）在前诉辩论终结前因时效取得该块土地，要求法院确认所有权并转移登记（后诉）。关于取得时效，乙在前诉中并未主张，京都地方法院认为，前诉关于甲就该土地有所有权的判决应当发生争点效力，乙在后诉中不得再对甲主张所有权，故驳回乙的请求。理由主要在于：在前诉中，所有权的有无成为主要的争点，该事实已经当事人充分的攻击防御，法院也已经进行了实质性的审理。在这种情形下，即使乙重新提起后诉，就甲有所有权已经在前诉中经法院判断，即应当加以尊重。法院进一步认为，产生争点效应当同时符合以下几个要件：一是后诉主张对于前诉判决主文中的判决内容造成实质性破坏；二是在前诉中属于主要争点，当事人对于这一争点已经尽力进行了主张和举证。三是法院在前诉对于争点已经进行了实质性的审理。四是当事人请求适用争点效。[①]此后，在一些地方法院陆续地出现了承认争点效的判决，如东京地判昭和四十一年四月二十日下级民集17卷3号；广岛高判昭和四十二年三月六日高裁民集20卷2号；大阪地判昭和四十二年八月一日判时509号。[②]

在我国台湾地区，[③] 最早认可争点效理论的判例是“最高法院”七十三年度台上字第4062号判决。该判决认为“确定判决之既判力，故以诉讼标的经表现于主文判断之事项为限，判决理由并无既判力。但法院于判决理由中，就诉讼标的以外之重要争点，本于当事人辩论之结果已为判断时，除显然违背法令或当事人已提出新诉讼资料足以推翻原判断之情形外，于同一当事人就该重要争点所提出之诉讼中，法院及当事人就该已经法院判断之重要争点，皆不得为相反之判断或主张，始符‘民事诉讼法’上之诚信原则”。这一判决虽然在文字上没有使用“争点效”这一词语，但是在法律精神上实质性地承认了争点效理论，因而在我国台湾地区被认为是承认争点效理论的第一案。此后，这一案件得到了一些法院的援引，并且“争点效”这一词语也正式地出现在判决书中。例如，我国台湾地区基隆地方法院九十年度诉字第271号民事判决即有这样的描述，“按确定判决之既判力，故以诉讼标的经表现于主文判断之事项为限，判决理由并无既判力。但法院于判决理由中，就诉讼标的以外当事人主张之重要争点，本于当事人辩论之结果，以为判断时，其对此重要争点所为之判断，除有显然违背法令之情形，应解为在同一当事人就该重要争点所提起之诉讼中，法院及当事人就该已经法院判断之重要争点法律关系，皆不得任作相反之判断或主张，始符民事诉讼之诚信原则，此即

① 京都地判昭和四十年731判决民集16卷7号1280页以下。转引自林淑菁：《民事既判力客观范围研究》，我国台湾地区台北大学法律系2005年硕士论文，第155页。

② 林淑菁：《民事既判力客观范围研究》，我国台湾地区台北大学法律系2005年硕士论文，第155页。

③ 林淑菁：《民事既判力客观范围研究》，我国台湾地区台北大学法律系2005年硕士论文，第182～183页。

学说上判决之‘争点效’理论。”

（二）否定争点效的判例①

京都地判昭和四十年七月三十一日的判例在四年后被日本最高裁判所否定了。最高法院的理由是：② 前诉返还土地的判决，即使在判决理由中承认土地所有权存在，该所有权之判断也不受既判力所及。并且原判决所谓的争点效，是指在特定的情形下，使确定判决的客观范围扩张及于未体现在主文中却存在于理由中的事项，不应当赞同。

这一判决对实务和理论均产生了重大的影响：就审判实务而言，在昭和四十四年最高裁判所明确否定争点效以后，几乎没有法院再明确作出承认争点效的判决，但存在运用其他法理实质性地认可判决理由具有拘束力的判例。例如，最高裁判所昭和四十九年四月二十六日民集28卷3号第503页以及高裁判所昭和五十一年九月三十日民集30卷8号第799页等记载的判例，就通过运用诚信原则对于“诉讼标的＝判决主文中的判断＝客观范围”的传统既判力客观范围定式进行了灵活的修订，这些判决不以前诉主文中的判断作为事实判断的唯一依据，承认判决理由中的判断也应当产生拘束力。

就理论研究而言，最高裁判所否定争点效的判决并没有抑制学者对这一问题的研究热情，因为判决本身实在不合常理，使得纠纷经过多轮诉讼依然不能得到最终解决，与纠纷一次性解决的理念相差太远。不过，通过对昭和四十四年判例的讨论，争点效理论内部出现了理论分化，出现了研究侧重点明显不同的两个分支：一是强调争点效为制度性效力，并属于判决效的一种。持这一观点的学者最为突出的特点是从当事人程序保障的视角出发，不断明确争点效力的适用条件。③ 二是主张从诚信原则的角度来认识争点效。这种理论认为争点效是诚信原则的具体适用，诚信原则的性质决定争点效的具体适用条件不能也不必过于明确和具体。以诚信原则作为法理依据的争点效对于不同的当事人所生的拘束力的依据有所不同。对于胜诉当事人而言，可以通过禁止当事人矛盾行为的法理来进行遮断重复诉讼的行为；而对于败诉当

---

① 林淑菁：《民事既判力客观范围研究》，我国台湾地区台北大学法律系2005年硕士论文，第156～159页。

② 日本最高裁判所昭和四十四年六月二十四日判决，载《判例时报》，第569号，第48页。

③ ［日］吉村德重：《判决理由中判断的拘束力》载《法政研究》33卷第3～6号，第499页以下；［日］住吉博：《争点效的本质》，载《民商法杂志》第61卷第5号，第772页。

事人而言，可以运用失权效来进行运作。[①] 例如，中野贞一郎教授认为，争点效乃诚信原则的适用，其具体化的基准是对个别具体的场合再进行价值判断，而作个别化的解决。这是诚信原则的性质，因此应当扬弃谋求定式化要件。[②]

在我国台湾地区，八十七年度台上字第1029号民事裁判认为："'民事诉讼法'第400条第1项规定确定判决之既判力，唯判决主文中所判断之诉讼标的始可发生，若诉讼标的以外之事项，纵令与为诉讼标的之法律关系有影响，因而于判决理由中对之有所判断，除同条第2项所定情形外，尚不能因该判决已经确定而认此项判断有既判力。原判决以所谓争点效之理论，认两造间另案请求返还不当得利之事件，对于重要争点，即系争借款已否清偿一节，于确定判决理由中所为之判断，法院及当事人不得认作相反之判断或主张，不啻谓另件确定判决理由中就当事人间重要之争执所为之判断，对本件诉讼亦有拘束力，揆之首揭说明，于法自欠允洽。"在我国台湾地区否定争点效理论的判例还有八十六年度台上字第2589号判例、八十六年度台上字第2011号判例、八十六年度台上字第158号判例。八十五年度台上字第595号判例、八十四年度台上字2404号判例等。

三、学理对新堂教授争点效理论的态度

（一）原则上支持争点效理论，但主张应当予以适当修订的观点

日本学者吉村德重教授认为，争点效理论否定当事人有指定应审理之事项与顺序的权利，而扩大纷争解决的范围，仅有就当事人认真争执的争点承认有拘束力，因此在审理的便利性方面与纷争解决的范围方面应当谋求调和。争点效理论应当考虑当事人主体地位的保障程度，当事人对于程序的形成过程能否合理地预测将来裁判的拘束力等因素。另外，还应当注意争点效不应当妨碍诉讼的顺利进行。基于这些方面的考虑，争点效的产生应当符合以下要件：（1）争点效的发生是针对前诉主要事实的争点所作的判断；（2）属于判决主文所必不可少的前提性判断；（3）限于能合理预测该争点于将来之诉讼中成为问题之情形；（4）当事人就争点进行了必要的辩论。[③]

---

① ［日］竹下守夫：《判决理由中的判断与诚信原则》，载《山木户克己先生还历纪念——实体法与程序法的交错（下）》有斐阁昭和五十三年，第72页。

② ［日］中野贞一郎：《いわゆる争点効を認めることの可否》法学教室（二）4号，第62～65页。

③ ［日］吉村德重：《判决理由中判断的拘束力》，载《法政研究》第33卷，第486页。

我国台湾地区杨建华教授认为，争点效理论符合诉讼经济原则，这一点是值得肯定的。如果对于在诉讼程序过程中为获得足够的攻击防御机会和充分程序保障的当事人而言，承受预期效力以外的拘束力是不合理的，显然会对宪法保障人民诉讼权的原则产生消极影响。承认判决理由中的判断具有拘束力，必须在民事诉讼法中进行明确的规定，而不能以判例或者学说来作为依据。现有立法既然将审判理由中的判断作为既判力的排除事项，自然不应当以学理解释的方法，作抵触法律规定的适用。① 另外，王甲乙教授认为，关于判决理由的效力，不赞成与判决既判力有相同的遮断效，但在“民事诉讼法”第400条（指我国台湾地区“民事诉讼法”）的范围之内，可扩大遮断效的作用，防止法院裁判发生分歧，使当事人在前诉就已经争执的法律问题，在后诉亦受遮断效拘束。如属不同诉讼标的之后诉，应考虑前诉讼程序当事人就前提法律问题有无充分的攻击防御机会，也就是有无保障当事人诉讼权。在处理既判力理由中判断的拘束力时应当从保障法的安定性，维持诉讼经济和遵守诚信原则等方面进行综合考虑。因此，不能依据划一的标准来解决，而应当从具体的案例中谋求解决之道。②

（二）否定争点效理论的观点

日本学者三月章批评争点效作为拘束力，其作用范围并不明确。另外，争点效作为一种以诚信原则为基础的结果责任，有不当扩张之嫌。③ 伊东乾教授认为，在发生拘束力的范围之内，法院失去了选择诉讼资料的自由，并且必须为当事人开辟声明不服的途径。结果，审理僵直化，不仅有损扩大诉讼迅速解决纠纷，对于给付判决与确认判决之间亦失去了严格的区别。④

四、争点效与既判力的衔接——以程序事实群理论为桥梁

在民事诉讼标的理论领域，虽然存在着新诉讼标的理论和旧诉讼标的理论之争，但是大多数学者对于诉讼标的可以并且应当成为既判力客观范围的判断标准这一点是毫无疑义的。其原因在于诉讼标的这一概念，自始被置于判决主文中判断，对于诉讼上的审判对象，始终为单一意义上的指示，所以产生“诉讼标的范围 = 判决遮断效范围”的直接思考方式。⑤ 但是，如果从

---

① 杨建华：《民事诉讼法问题研析（二）》，三民书局1995年版，第192～194页。
② 民事诉讼法研究基金会：《民事诉讼法之研讨（二）》，三民书局1987年版，第148～150页。
③ ［日］三月章：《既判力的客观范围》，载《民事诉讼法研究》第7卷，第85～88页。
④ ［日］岩松三郎、兼子一：《实务民诉法讲座（2）》，日本有斐阁1996年版，第102页。
⑤ ［日］新堂幸司：《诉讼物概念的役割》，载《判例时报》第856号，第124页。

判决的实效性这一视角来考虑的话，我们就会发现，将诉讼标的作为判断既判力客观范围的唯一标准是不完善的，特别是在诉讼标的以外的事项被赋予争点效以及与之类似的遮断效或者拘束力时，对于既判力客观范围一元标准决定理论进行反思是相当必要的。另外，在程序保障被提到前所未有的高度的背景下，当事人的地位及其所受程序保障程度等是否也应当作为判决遮断效力大小的影响因素进行考虑呢？

作为对争点效理论的进一步研究，新堂幸司教授开始寻求判决效力客观范围（或遮断效范围）的新标准。经过一段时间的研究后，他提出了所谓的“程序事实群”理论。这一理论的大致思想是指，诉讼标的与既判力的客观范围之间并非一种绝对一一对应的关系，诉讼标的不是衡量既判力客观范围大小的唯一标准，案件审理过程的一些相关事实（程序事实群）也是既判力客观范围大小的影响因素。对于这一理论的核心词——“程序事实群”的含义究竟如何，新堂教授并未作清晰的界定，但从他的论述中大致可以看出，所谓的程序事实群，是指前诉程序中“争点状况”、“法院的诉讼指挥或释明”、“案件在时间方面的进展状况”、“被告方对策的有无（例如，是否可以提起反诉）”等状况。①

依据新堂教授的观点，传统的民诉理论严格恪守“诉讼标的＝既判力客观范围＝遮断效的范围”的公式，而未曾考虑将程序事实问题也作为一个决定判决遮断效范围的因素的主要原因在于未能对诉讼标的的功能进行充分的认识。一直以来，诉讼标的这一概念仅被理解为当事人的申请事项、表示于判决主文中应受判决的事项和判决遮断效范围的唯一指标。实际上对于诉讼标的的功能应当从动态的视角来进行把握，在诉讼进行的初始阶段，诉讼标的的功能在于预告诉讼终了时，法院所判决的对象为何。换言之，在诉讼的起始阶段诉讼标的具有行为规范的功能，其对于诉讼结束前哪些争点会得以解决作出预示性警告。当事人基于这种预示性警告来决定诉讼上的主张举证行为，法院依照这种警告来行使诉讼审判权。对于后诉法院而言，前诉法院的确定判决应当被赋予何等程度的效力，诉讼标的并非唯一的基准，除此以外，法院还应当对诉讼制度的目的、败诉当事人的程序保障、诉讼经济、诉讼效率等因素进行考虑。

由于程序事实群概念的引入，在既判力客观范围领域，诉讼标的与既判力遮断效范围之间的对等关系将会被切断，诉讼标的的范围不再等于遮断效

① 林剑锋：《民事判决既判力客观范围研究》，厦门大学出版社2006年版，第107页。

的范围。在“诉讼标的 = 既判力客观范围 = 遮断效的范围”的理论框架下，原本属于既判力作用范围内的纠纷可能会因为程序事实的作用而不生遮断性效力。相反，某些不属于诉讼标的的争点，可能会因诉讼经济、判决的协调解决等方面的要求而被赋予拘束力。这样就带来了一个“既判力限于判决主文中的判决”与“争点效限于判决理由中的判断”两者之间不再泾渭分明，而是可以相互转化并相互交融的新局面。

第四节　依诚信原则赋予判决理由以拘束力

一、依诚信原则直接赋予判决理由拘束力之缘由

以诚信原则为依据，赋予审判理由以拘束力，亦是实质性地扩张既判力客观范围的具体方式之一。

在日本，这一方式源于日本最高裁判所在昭和五十一年九月三十日所作的一个判决。这一判决首次以诚信原则为依据，赋予了审判理由中的判断具有拘束力。案情大致如下：[①] 国家依据《日本创设自作农特别措施法》于昭和二十三年征收并出售了一块农地，而作为被征收人的原所有人 A，要求通过出售处分而成为登记上名义所有人的 B 让出该土地。

在前诉中，A 的共同继承人之一 X1（A 之子），以自己在昭和三十二年五月与 B 签订回买该土地合同为理由，以 B 的共同继承人 C（B 之妻）、Y1、Y2（均为 B 之子）三人为被告，提起了转移所有权登记请求，并作为预备性的请求，提出若该回买合同无效则返还不当得利（价金）之请求。前诉一直到了最高裁判所，在昭和四十一年十二月，最高裁判所作出判决驳回主位请求，对于预备性请求，认定被告向原告返还 76 万多日元，判决就此确定。但在次年的昭和四十二年四月，X1（前诉原告）与 X2、X3、X4（X2、X3、X4 也属 A 的继承人，是 A 之妻及子）作为共同原告，以 B 的继承人 Y1、Y2（前诉被告 C 在前诉系属中死亡）以及从 Y1 等受让部分争讼土地的 Y3 作为被告，基于昭和二十三年的征收处分无效之理由，提起转移所有权登记请求之诉。这就是本案件的诉讼（后诉）。

在第一审中，Y1 等除了提出原告滥用诉权外，还主张 10 年的取得时效，第一审法院认可了被告后者的主张，并依此驳回 X1 等的请求。在控诉审中，

---

① ［日］新堂幸司：《新民事诉讼法》，林剑锋译，法律出版社 2008 年版，第 504 页。

X1 等以"A 与 B 在昭和二十四年约定返还所有权"为由，追加提起转移所有权登记请求以及收割农作物与让出土地之请求。控诉审撤销了第一审判决，并依据诚实信用原则驳回诉讼。上告审法院也驳回了上告。

在上告审中，法院一方面认为后诉请求的诉讼标的不同于前诉的请求，但又认为，(1)"前诉与本（后）诉的诉讼标的可以说是不同的，但后诉是 A 的继承人以 B 的继承人及从上述继承人受让土地之人为被告，以本土地的征收处分无效为前提，并旨在收回该土地而提起的诉讼。本诉在实质上应当说是对前诉的重复"；(2) 在前诉中，不存在任何提出本诉请求之障碍；(3) 从本土地的征收处分起至提起本诉时，已经经过了 20 年，若允许原告再次提起本诉，将不当地使因征收处分获得受让土地的 B 及其继承人地位长期处于不安定的状态，考虑到这些情况，"依据诚实信用原则，不允许原告提起本诉"。

通过这一判决，日本最高裁判所明确了前后诉讼标的虽然不同，但后诉的提起在实质上是针对前诉纷争的再度反复，法院仍应以诚信原则而非既判力理论为依据遮断后诉。最高裁判所的这一判决受到了大多数学者的批评。批评者的主要观点是：如果案件形态为纷争反复，则可以依据"一事不再理"原则来进行处理，无须从诚信原则来寻求依据，因为诚信原则是一项在司法实践中很难把握的标准。①

二、以诚信原则为依据赋予判决理由拘束力理论的提出

依据新堂教授的观点，他所倡导的争点效理论，其深层的理论依据在于诚信原则。争点效属于诚信原则运用于判决效果的具体情形，或者说争点效是作为一般性原则的诚信原则被提升到判决效力高度的一种效果。与新堂教授不同的观点认为，诚信原则其本身就可以直接成为前诉判决理由中的判断在后诉产生拘束力的依据。主张这一观点的学者主要是日本的竹下守夫教授。他是从德国实体法上诚信原则入手来进行研究的。

在德国，理论界普遍认为实体法上的诚信原则具有以下三个方面的作用：一是补充契约上或法律上当事人的本来义务；二是限制权利行使滥用的作用；

---

① 在昭和五十一年最高裁判所的判决作成之后，一些地方法院通过一些判例逐步明晰了诚信原则的适用条件，概括起来大致可包括以下几点：(1) 前诉之请求或主张，相对于后诉而言，实质上同一。(2) 当事人提出于后诉之请求或主张，于前诉讼程序中提出无任何障碍。(3) 他造当事人，对前诉纷争已经解决保持信赖等，基于法安定性要求。(4) 为确保前诉判决正当性，应进行充实审理。若前诉存在再诉事由可认为系审理不充实。(5) 当事人于前诉已有争执之动机等。

三是权利关系成立后，以规范上要求可能性＝期待可能性灭失为理由，发生权利义务关系变更。[①] 在这三个方面的作用中，“限制权利行使滥用的作用”对于竹下教授的理论影响最为直接。依据对诚信原则颇有研究的德国学者Siebert教授的观点，权利滥用而不合法的行为可以包括不合法的权利行使、不合法的状态利用、权利失效[②]以及当事人的不合法援用等几个方面的内容。从这些滥用权利的具体类型中，竹下教授吸收了有益的理论养分，提炼出了两条法理并将其应用于审判理由产生拘束力的理论阐释之中。这两条法理分别是矛盾行为禁止之法理与权利失效之法理。前者是指一方当事人于诉讼上或诉讼外为一定行为（先行行为），他方信赖此等行为而构筑自己的法律地位后，先行行为之人作出与前行为相矛盾的行为，对此矛盾行为若加以容许将对对方利益造成有害的结果时，后来矛盾行为的效力应基于诚信原则而被否定。后者是指义务人预期权利人将对自己行使权利，但权利人超越合理时间仍未行使该权利，义务人因此而信赖该权利一开始即不被行使，其后，权利人再要求行使权利或履行义务属于违反义务人期待的行为，而不被允许。

三、诚信原则下判决理由的判断产生拘束力的条件[③]

依据竹下教授的理论，基于矛盾行为禁止以及权利失效的法理，矛盾举动禁止原则与权利失效原则，均为诚信原则适用于判决效，作为判决理由中判断是否发生拘束力的指标。但二者的适用场合不同，矛盾举动禁止原则的适用场合，主要在于前诉胜诉当事人为维持前诉判决所获得的利益，而在后诉推翻自己在前诉所为的言论，旨在获得其他不兼容的利益或避免获得该利益所必然伴随的不利益，为了避免出现非正当的行为，应以矛盾举动禁止原则来禁止行为的发生。因此，矛盾举动禁止原则的作用对象原则上为前诉胜诉的当事人。例如，X（买受人）提出请求交付买卖标的物的请求，Y（出卖人）则提出“买卖契约无效”的抗辩，最后法院认为Y抗辩有理由驳回X

---

① ［日］竹下守夫：《判决理由中判断与诚信原则》，载《山木户克己先生还历纪念——实体法与程序法的交错（下）》，日本有斐阁1978年版，第81页。

② 所谓权利失效，是指权利人未适时行使权利或者要求对方履行义务，从而使得对方信赖该权利自始即不被履行的行为。这种行为带来的法律后果是不得要求义务人依法履行义务。

③ ［日］竹下守夫：《判决理由中判断与诚信原则》，载《山木户克己先生还历纪念——实体法与程序法的交错（下）》，日本有斐阁1978年版，第95～115页。林淑菁：《民事既判力客观范围研究》，我国台湾地区台北大学法律系2005年硕士论文，第153页以下。

的请求。X 因前诉败诉，因而提起后诉，请求返还已交付的买卖价金，Y 在后诉再度针对同一买卖契约提出抗辩，却一反于前诉所主张的抗辩，提出“买卖契约有效”的抗辩，拒绝返还已受领的价金。竹下教授从“矛盾举动禁止”的观点，认为出卖人（Y）应受前诉理由中关于“买卖契约无效”判断的拘束，在后诉中不得提出相矛盾的主张。

权利失效法理的适用情形，系前诉怠于行使权利的人（原则上系因怠于提出攻击防御方法而发生败诉结果的人），于后诉再度提出相同主张或抗辩，乃违反对方当事人的正当信赖，要求对方当事人应诉即欠缺规范要求可能性，故权利失效法理系对败诉当事人发生作用。[①] 例如，X（买受人）对 Y（出卖人）提起不动产移转登记请求的诉，双方对“不动产买卖契约的效力”发生争执，法院以“买卖契约是否因错误而无效”为唯一争点加以审理，最后认为“买卖契约因错误而无效”判决 Y 胜诉，驳回原告的请求。前诉判决确定后，买受人 X 再度提起请求交付不动产之诉，主张“买卖契约非因错误而缔结”并提出其他证据证明，或主张“买卖契约虽有错误之瑕疵，但出卖人有重大过失”等。后诉法院是否受前诉判决理由中关于“买卖契约因错误而无效”的判断拘束，而驳回 X 的请求呢？在这一案例中，竹下教授以“权利失效法理”作了说明：双方当事人于前诉以“错误有无”为唯一争点而争执，Y 因信赖关于此争点于前诉已经解决，若容许 X 再提出前述主张，对于 Y 而言将违反其正当信赖。Y 的信赖有客观上合理的理由，应认为基于法规范上要求，不应使 Y 再度因同一问题应诉。因权利人于义务人期待行使权利时期，怠于行使权利，造成义务人对于权利起初未行使的状态抱持合理信赖，已不能要求义务人履行法规范上的义务，亦即禁止权利人再度行使其权利，此即为权利失效之法理。从权利失效法理之趣旨，买受人（X）应受前诉理由中关于“买卖契约因错误而无效”判断之拘束，不容许于后诉再度提出其他证据证明“买卖契约非因错误而缔结”，或主张“买卖契约虽有错误，但出卖人有重大过失”。

基于矛盾举动禁止原则，判决理由中判断发生拘束效果的情形必须具备以下条件：第一，前诉胜诉当事人于后诉主张与前诉判决结论所不可缺的理由相矛盾的事实。第二，胜诉当事人的主张，不必成为前诉前提问题判断的事项，不需成为争点，亦不需有上诉的可能性。第三，须经当事人援用。第

---

① ［日］竹下守夫：《判决理由中判断与诚信原则》，载《山木户克己先生还历纪念——实体法与程序法的交错（下）》，日本有斐阁 1978 年版，第 87 页。

四，若承认拘束效果反而违反当事人间的平衡时，仍应否定其效果。

基于权利失效法理，判决理由中判断发生拘束效果的条件为：第一，前诉判决理由中的判断是针对主要争点作出。对该判断产生拘束力效果的争点，原则上是关于诉讼标的权利的权利根据规定、权利障碍规定、权利消灭规定的构成要件层面的争点。第二，承认拘束效果的要件，须有上诉可能性，因此承受该拘束效果者为前诉败诉的当事人。第三，拘束效果须经当事人援用。第四，前后两诉是由同一纷争事实所引发的。第五，是否产生拘束效力，须综合考虑各种因素来衡量对方当事人的信赖利益。

四、学界对于依诚信原则赋予审判理由拘束力的态度

相对于日本最高裁判所在昭和五十一年九月三十日判决所引发的批评而言，学界对于竹下守夫提出的以诚信原则为依据来赋予审判理由以拘束力的理论似乎获得了礼遇。有不少学者认可了这种理论的价值，如小山升认为，在自由主义下的民事诉讼运行过程中，既判力是纠纷终局性解决的法之技术，既判力在本性上是中性无色的。既判力制度在范围上仅限于主文中的判断，但其并不否认判决主文外依然应当遵行诚信原则之法理。法律上的权利不可滥用是一种常识，对于民事诉讼法而言亦不能例外。对于重复主张的行为虽然在现行法下无排除的依据，但在理论解释上是存在很大空间的。[①] 就连自己的观点受到了直接挑战的新堂幸司也在一定程度上肯定了竹下教授的理论。例如，新堂教授对于竹下教授以“矛盾举动禁止原则”来解释争点效理论中以禁反言排除后诉的案例予以了认可，他说，争点效的目的在于确保纷争解决的实效性，其效力根据在于当事人自己责任原则，其基准在于当事人对于主要争点显示出了争执的态度，并且对于争点进行了判断。后诉禁反言的案例，援用争点效理论排除矛盾主张，亦有相同的法理基础。假如前后诉争点相同，于前诉未提出争执或本来即不存在于前诉，在后诉中才被提出时，对先行行为而言属于矛盾的行为或态度，亦将因禁反言而遭排除。当然，新堂教授对于竹下理论将权利失效原则作为判决理由产生拘束力的理论依据之一是持反对意见的。[②] 另外，学理上对于当事人在后诉中，提出前诉未提出的攻击防御方法，发生失权的法理依据究竟为何产生了担忧。不过竹下教授对

---

① 林淑菁：《民事既判力客观范围研究》，我国台湾地区台北大学法律系 2005 年硕士论文，第 153 页。

② ［日］新堂幸司：《判决的遮断效与诚实信用原则》，载《三月章先生古稀祝贺论文集——民事程序法的革新》（中），日本有斐阁平成三年版，第 510～513 页。

此似乎抛出了可以令人接受的回答。他说，因自己主张某事实而获得胜诉之人，在后诉却以“自己无受该事实判断拘束的意思”或“该判断欠缺正当性保障”等为理由，一方面在前诉中通过法院判决来维护自身的利益，另一方面在后诉中提出在前诉中所作的主张非真实来维护后诉利益显然不合理。因此，对于判决理由中判断以“矛盾举动禁止原则”作为禁止矛盾行为的依据，并不违反民事诉讼法关于既判力限于判决主文中判断的立法精神。另外，当事人通过诉讼的方式来解决纠纷，在双方当事人对于事实及法律问题进行了认真地争执，并经法院判决后，当事人对系争事项的解决即产生了信赖，对法的和平即形成了期待，此时依据“诚信原则”给予当事人法律上的保护显然也是不违反日本民事诉讼法关于既判力立法的基本谨慎的。①

第五节 对既判力客观扩张理论的评析及我国处理相关问题的思考

一、对现有既判力客观范围扩张理论的评析

（一）对审判理由亦生既判力理论的评析

在德国普通法时期，判决的既判力并不限于诉讼标的所限定的范围，换言之，既判力的客观范围并不局限于判决主文中的判断。审判理由和主文具有相同的地位，法院在审判理由中的判断和审判主文中的判断均产生既判力。这一点在理论上和判例上均是没有疑问的。在主张审判理由中的判断也应当产生既判力的学者中，萨维尼是最为杰出的一位代表。他从判决主文和判决理由紧密相连、不可分割的特点出发，以维护判决的实效性和法律的安定性为理论支撑，提出了审判理由也应当有既判力的主张。在时间上，萨维尼的理论于1877年德国《民事诉讼法》第322条规定判决的既判力限于主文中的判断之前就已经系统地提出，并产生了相当大的影响。在立法上将既判力的客观范围定格于主文中的判断，是相当有争议的。萨维尼的理论主张仅以微弱的劣势在立法中败北，并且立法者也明确地承认并非萨维尼的理论没有一点儿道理。鉴于萨维尼的理论在1877年之前就已经形成，并产生了巨大的影响，因此，对于他的理论我们是不能用与“诉讼标的=判决主文中的判断=

---

① ［日］竹下守夫：《判决理由中判断与诚信原则》，载《山木户克己先生还历纪念——实体法与程序法的交错（下）》，日本有斐阁1978年版，第93~94页。

既判力客观范围”这一传统公式相冲突为理由来进行批判的。

萨维尼主张的审判理由有既判力是有限制的，如法官在审理过程中对理由进行过审查认定，当事人对于理由经过了必要的争执均是必须具备的条件。从这一点可以看出，萨维尼已经意识到过度扩张既判力客观范围可能会带来某些负面影响。他的这一观点，对后来的理论发展产生了一定的影响，甚至可以说新堂幸司的争点效理论也带有萨维尼理论的痕迹。

在萨维尼理论的基础上，Zeuner 提出了“意思关联理论”，他的理论的实质性贡献在于将审判理由产生既判力的条件进行了具体化，即必须满足“意思关联”的条件。具体来说，前诉法院对诉讼标的所作出的判断与当事人在后诉中期望实现的法律效果之间相冲突时，就认为前诉的诉讼标的与后诉的诉讼标的之间存在“意思关联”，此时应当认可前诉判决理由中判断事项具有既判力。在 Zeuner 之后，上村明广提出的目的论一致标准说（即前后两诉在目的论上具有一致性时，应当承认前诉判决理由的学说）、Henckle 提出的先决法律关系标准说、柏木邦良提出的矛盾关系标准说等均属审判理由产生既判力条件的理论。他们的理论贡献与萨维尼相比差别巨大，如果将后者的理论比作一栋房子的话，那么前者所做的工作顶多就是对门窗进行了或好或坏的加工而已。

(二) 对通过扩张诉讼标的和引入默示中间确认之诉来扩张既判力理论的评析

统一请求权理论是日本学者加藤教授研究诉讼标的理论的附带性成果。统一请求权理论从一种动态的视角来理解和看待请求权，主张当事人的请求权在诉讼过程中是可以发生变化的。他的这一思想使得传统的一成不变的请求权理论变得活跃起来，请求权的动态化带来的直接结果就是诉讼标的能够随着请求权的增加而扩张。这种扩张方式的优点在于不会（至少在形式上不会）与“诉讼标的 = 既判力客观范围”这一传统理论产生冲突，而又能实质性地达到扩展既判力客观范围的目的。但是，对于诉讼标的本身性质的定位所提出的挑战则是致命的，传统的理论毫不怀疑地认为诉讼标的是静态而一成不变的，而他则是从一种动态的视角来进行把握。依据传统的理论，从起诉阶段开始，原告方的诉讼请求就直接固定了整个诉讼的诉讼标的，这种诉讼标的是双方当事人攻击防御的主要目标，是法院裁判的主要对象。当事人的申请裁判事项、法院的判决事项与诉讼标的之间存在着对应关系。但加藤教授的理论对请求权从一种动态的视角来加以认识，从而使得原告的请求、当事人攻击防御的目标范围、法院裁判的范围、诉讼标的的范围、既判力客观范围之间很难维持一种静态的对应关系，因而这种理论在实质上很难与传统既判力客观理论兼容。

通过默示的中间确认之诉来扩大既判力客观范围的优点在于：对传统的既判力理论和现行的立法冲击较小，能够在现有立法和理论框架下来实质性地扩大既判力客观范围。传统的既判力理论用“诉讼标的=判决主文中的判断=既判力的客观范围”这一公式来描述诉讼标的、主文中的判断以及既判力客观范围三者之间的关系。通过引入默示的中间确认之诉这一制度，在理论上就可以将前诉审判理由中的判断通过一个过渡性程序——默示的中间确认之诉来提升其效力的位阶，即将审判理由中的判断转换成了亦可产生既判力的判断，从而达到扩大既判力客观范围的目的。这种扩张思路与现有的立法也是兼容的，在前面的论述中已经提及，各国立法除了诉讼抵消外，所有审判理由中的判断均不产生既判力，将审判理由中的法律关系当做诉讼标的作一个临时性的审理，然后实质性地赋予前诉审判理由中的判断以既判力显然是不违法的。不过，依笔者之浅见，通过默示的中间确认之诉来扩大既判力客观范围的思路，并不具有革命性的意义和价值。从历史的视角来看，德国立法部门将既判力的客观范围局限于审判主文中的判断最为主要的制度性因素就是中间确认制度的创制和运用。反过来说，中间确认之诉从一开始就已经与既判力客观范围联系在一起，通过中间确认之诉来实质性地扩大既判力的客观范围严格地讲是没有创新性的。如果实在要对坂原正夫的理论作积极评价的话，那么他的贡献也仅限于将由当事人积极启动的中间确认之诉转变成为了自动发挥作用的默示的中间确认之诉。然而，将一种依据当事人的意愿启动中间确认之诉转变成为一种无须当事人同意即自动生效的制度，在程序保障方面可能存在很大的疑问，特别是会引起一些让当事人难以接受的诉讼突袭现象出现。另外，默示的中间确认之诉的适用范围限于前诉中对于胜诉具有决定性作用并进行过实质性争执的法律关系，这样的适用范围并不一定能够满足协调后诉审理的需要。完全存在这样一种可能，即在前诉中不起决定性作用的某些判断，在后诉中可能是重要争点，由于其在前诉中不属于默示中间确认之诉的辐射范围，从而存在着产生判决前后矛盾的极大的风险。我国也有学者提出，“当某一判决理由中判断需要被赋予既判力，但又无法通过中间确认之诉升格为判决主文时，默示的中间确认之诉说就显现出了其弊端和不足”。①

---

① 林剑锋：《民事判决既判力客观范围研究》，厦门大学出版社2006年版，第91页。

（三）对争点效理论的评析

争点效理论如果从其本源——美国法上的争点排除规则算起的话，是一种历经二百余年发展的理论。如果从新堂教授正式提出争点效这一概念开始计算也有几十年的时间了。从时间的跨度来看，这一理论是获得了较长发展时间的。但争点效理论在昭和四十年前后由新堂教授提出至今，所遭受的批评始终没有间断过，尽管在司法实践中不乏肯定争点效的判例，但是这一理论始终没有成为一种在学理上占有主导地位，并获得判例和立法机构普遍认可的理论。争点效理论很好地维护了“诉讼标的 = 主文中的判断 = 既判力的客观范围”这一传统公式。并且在不影响传统理论的正常运行的前提下在以下几个方面弥补了既判力客观范围限于主文中判断所带来的缺陷：一是能够有效地避免矛盾判决。争点效本身是一种对当事人已经在前诉中争执过，法院对其进行了审查和判断后，即在后诉中禁止当事人作出相反或者相矛盾的主张，禁止法院作出矛盾认定的效力。因而争点效理论能够有效减少判决矛盾这一点是没有疑问的。二是争点效理论能够在一定程度上促进诉讼的顺利进行，提高诉讼效率。一方面，争点效对于当事人会产生一种指引作用，即告诉当事人在前诉中已经尽力和适度争执，并且有法院认定了的争点即使不属于诉讼标的的内容也是不能在后诉中进行争执的。因而，当事人在正常情况下是不会再次启动诉讼程序对于前诉理由中的争点再次进行诉讼的。从这一点来看，争点效理论无疑会促进纠纷的一次性解决。另一方面，由于争点效禁止法院作出与前诉中相矛盾的判断，实际上对于在前诉中已经判断过的争点后诉法院是不能、也不需要再次进行审查认定的。显然，争点效是能够促进诉讼的快速进行，提高诉讼效率的。然而，争点效在弥补了既判力与主文中判断之传统立法所带来的缺陷的同时也存在着诸多的根本性缺陷：首先，争点效理论不能解决当事人重复诉讼的问题。上面已经提及过，争点效的主要作用在于禁止当事人作出与前诉矛盾的主张和举证，禁止法院作出与前诉矛盾的裁判和事实认定，但是这些效力是在当事人进入后诉程序以后才会发生作用的效力。而既判力则不同，这种效力的第一种作用在于禁止当事人对于已经终局性地裁判过的事实重新提起诉讼，因而在既判力效力作用下当事人是没有第二次进入审判程序的机会的。作为对争点效理论的再研究，新堂幸司教授提出了依据“程序事实群”来调整既判力客观范围的观点，他提出这一理论的目的之一即在于弥补争点效理论的缺陷，试图通过增加划定既判力客观范围标准（由诉讼标的一元标准转变为诉讼标的 + 程序事实群）的方式来调节既判力的客观范围，从而减小由既判力客观范围限于主文中的判断所带来的压力。因而，对于这一缺陷，新堂教授自然是心知肚明的。其次，争点效一定会引发一种副作用，那就是当事人在诉讼过程中必须认真对待所有的争点，哪怕是在本案中无足轻重的争点也是如此，因为在本案中不是特别重要的争点在后诉中可能是至关重要的，从而使当事人徒增诉讼负担，并且使司法陷入一种不可预测的危险之中。另外，对于某些当事人未认真争执，未受充分程序保障的争点，后诉法院被强制性地作出一致性的认定无疑存在扩大误判的风险。最后，争点效理论与辩论主义存在一定程度的冲突。在诉讼中，当事人对于非诉讼标的争点进行了认真争执后，依据争点效理论，在后诉中是不能够再次提出不同意见的。但是，如果当事人不对这些争点作任何的争执，反倒在后诉中可以进行争执，甚至可以就这些争点单独进行诉讼。因为，依据在本诉中所作出自认在其他诉讼中属于诉讼外的自认，而诉讼外的自认是不能产生免证效力的，当事人在后诉中可以不受拘束。显然，争点效在一定程度上抑制了当事人辩论权的自由行使。争点效理论与辩论主义的基本精神在一定程度上存在冲突。

竹下守夫教授通过诚信原则赋予判决理由以拘束力的理论是在京都地判昭和四十年七月三十一日的判例被最高裁判所于昭和四十四年推翻后所出现的新理论，是争点效理论发展的方向之一。将诚信原则应用于审判效力领域最初的目的在于进一步地完善争点效理论，但随着理论的深化和发展，以诚信原则为依据赋予审判理由以一定的拘束力的理论逐步具有独立运行的功能，这一理论与争点效理论的关系由继承和发展的关系逐步向并列关系发生转变。竹下守夫依诚信原则认可审判理由所具有的拘束力，在性质上与争点效是一致的，有着与争点效相同的缺陷。与既判力相比，这种效力最为突出的特点是不能禁止当事人重复地进入诉讼程序，而只能在当事人第二次进入程序后削弱其获得胜诉的能力，剥夺其获得胜诉的机会。这一问题使得竹下理论在摆脱既判力客观范围限于主文中的判断所带来的困境方面的功能极其有限。可以说，这一点决定了竹下理论只能处于一种辅助性理论的地位。另外，通过诚信原则赋予审判理由以拘束力存在条件不明确的问题，尽管竹下教授针对胜诉当事人和败诉当事人，依据不同的法理设置了不同的适用条件，但是在司法实践中如果需要大量地通过诚信原则来约束当事人和法官的诉讼行为恐怕是一件非常困难的事情。

二、既判力客观扩张问题在我国的运行状况

在立法上，我国《民事诉讼法》及其相关的司法解释至今仍没有明确使用既判力这一法律概念，也没有与大陆法系既判力制度立法条文结构大致相同的法律条文。但经过学理的解释和推理，我们一般认为我国《民事诉讼法》第141条关于“最高人民法院的判决、裁定，以及依法不准上诉或者超过上诉期没有上诉的判决、裁定，是发生法律效力的判决、裁定”以及第158条关于“第二审人民法院的判决、裁定，是终审的判决、裁定”的规定是既判力的立法依据。另外，最高人民法院关于生效裁判确定的事实当事人无须举证被视为既判力积极性效力的补充规定（具体条文在既判力的效力扩张一章已有说明）。而真正针对既判力客观范围的专门性规定，立法上是找不到依据的。在立法并无明确规定的情况下，我国又是如何处理既判力客观范围及其扩张问题的呢？笔者认为主要是通过两种途径来实现：一是再审制度。再审制度和既判力制度是一种价值取向和功能几乎完全相反的制度。既判力制度要求经过了终局判决的案件不能再次进入审理程序，以维护司法的权威和胜诉当事人的利益。但再审制度以有错必究原则为基本的指导思想，以确保法院认定的事实准确、判决正确无疑为基本的目标。这两种制度在价值取向上的差异和目的上的冲突直接影响到了既判力客观范围的运行。再审制度适用范围的大小在相反的方向上影响着既判力客观范围的大小。换言之，我国在启动再审程序上设计了相对宽松的政策，那么既判力的客观范围就会被限定得比较小，反之亦然。二是通过“一事不再理”原则来进行调节。关于这一点，我们可以在阅读法律文书的过程中或者法庭辩论中非常明显地感受到。但是，“一事不再理”原则经历了很长的发展阶段，人们对其含义的理解出现了多元化的现象，不同的学者、不同的著作所论述的“一事不再理”在含义上可能存在重大的区别。对既判力客观范围展开过专门研究的林剑锋博士也表达了相同的看法，“一事不再理”理念内容之本身是不甚明确的。什么叫“事”？是指诉讼标的，还是指作为诉讼标的的前提事项，还是指诉讼中的证据，或者说是泛指出现在法院判决书当中的任何判断呢？各人的理解是不尽相同的。①

由于我国立法对于既判力客观范围及其扩张问题缺乏明确的规定，在司法实践中造成了多方面的问题：其一，前诉判决在后诉中拘束力范围的大小

---

① 林剑锋：《民事判决既判力客观范围研究》，厦门大学出版社2006年版，第137页。

不统一，时大时小。一些没有接受大陆法系国家既判力客观范围理论的法官通常认为，只要是前诉判决确定的事实在后诉中就均产生拘束力，当事人针对前诉判决过的事实，即便是属于审判理由部分的事实也不能再次提出重新审理的请求。而一些在思想上接受了国外既判力客观理论主流观点的法官通常会把前诉判决在后诉中的遮断效范围限定在既判力的主文部分。其二，容易造成诉讼突袭。在绝大多数情况下，对立双方当事人在诉讼过程中只会围绕诉讼标的中的事项以及与这些事项的认定有着密切关系的其他事实进行争执，而对其他不会影响本案判决结果的事实通常是不会花费太多的精力去举证辩论的。如果赋予前诉中对当事人并不重要，而未认真争执过的事实以既判力，禁止当事人在后诉中就这些问题再次进行审理，无疑会给当事人带来诉讼上的突袭。其三，判决的预示功能会受到严重的影响。在立法对于既判力客观范围作了明确规定的情况下，当事人可以根据判决所认定的既判力客观范围来预测已经终局性解决了的事项，进而对案件走向采取必要的处理措施。在既判力客观范围模糊不清的情况下，当事人是不好作出具有针对性的处理的。其四，以“一事不再理”原则作为主要的依据来处理案件，缺乏一套明确具体的操作规程，使得判决程序缺乏刚性，法官、律师只能跟着自己的感觉走。这样既加大了律师、法官的工作难度，又为某些律师和法官进行案件的暗箱操作提供了方便之门。

三、我国如何处理既判力客观扩张问题的初步设想

我国可以按照以下方案来解决既判力客观范围的扩张问题：遵循既判力客观范围限于判决主文中的判断，但适当扩张判决主文的内容，将与判决结论有直接因果关系的事实纳入其中，以实质性地扩张既判力客观范围，从而既能解决传统既判力客观范围过窄所带来的困境，又不至于破坏“既判力限于主文中的判断”的传统命题。对于审判理由（不包括与判决结果具有直接因果关系的事实）的判断在后诉中不产生拘束力。对于前诉判决理由中的事实，在后诉中属于前提性事项时，当事人通过中间确认之诉解决，即通过中间确认之诉赋予前诉审判理由以既判力（我国目前还没有规定中间确认之诉，但笔者认为我国应当确立这一制度，前文已经提及）。

坚持既判力客观范围限于主文中的判断，不承认判决理由的既判力主要在于尊重当事人的意思，并符合个别诉讼解决之任务。具体而言，当事人提起诉讼时，明确地限定了法律纷争的对象，并就系争事项请求法官裁判。如果认为审判理由也具有既判力，无疑是一种无视当事人意思的行为，并且也

超越了个别诉讼的任务。尊重当事人意思自治是民事诉讼法的一条普遍认可的原理，因而民事诉讼法不应当无视当事人的意思，而使判决过分地扩大其作用效果，从而强迫当事人接受完全没有意识到的结果。① 当事人走进法庭最为关注的一个问题是，其所提出的诉讼请求能否得到法院的认可。至于法院认可诉讼请求，并作出胜诉判决所依赖的基础事实，当事人是可以不需过分关注的，因为这些事实属于基础性前提事项。正如我国台湾地区学者所言，“民事审判之目的，乃系就当事人求以判决解决之事项，赋予解决之基准，其他事项不过为其前提，当事人就此等前提事项有所主张或争执，仅系为求得法院就诉讼标的为有利于己之判决的手段”。② 如果在立法上规定法院对审判理由的判断也有既判力的话，将会使当事人陷入一种不必要的困境。因为他们不仅要关注胜诉结果，也得关注所有的判决基础事实，即便是在本案中对判决并不重要的基础事实也不例外。从民诉法理上来说，这是一种违背辩论主义基本精神的制度设计。因为当事人的诉讼请求已经表明了他们期望法院解决问题的范围。相反，如果在立法上否定审判理由的既判力，那么对当事人和法院均会带来积极的效果。对于当事人而言，由于对诉讼请求的判断和对审判理由的判断是相互区别的，法院针对审判理由的判断并不产生既判力，因而在诉讼过程中当事人可以集中精力关注判决最终的结果，而对于审判理由审查的走向作相对灵活的处理，对于某些不影响最终判决结果的审判理由甚至可以自由地进行处分，如放弃争执。由于并非所有的争点均会影响最终的审判结果，并且也不会在后续相关程序中产生预决效力，因而当事人之间的争点范围自然而然地会相对缩小。相反，对于法院而言，由于当事人并不在乎法院对审判理由的定性和判断，因不需过分拘泥于实体法的逻辑顺序，而可以相对自由地进行案件审理，以尽快地得出案件的最终结论。

将与判决结果具有直接因果关系的事实纳入判决主文之中，从而实质性地扩张既判力的客观范围这一理论设想需要对民事判决书的写作方式作适当的调整。根据我国《民事诉讼法》第138条的规定，判决书应当包括以下几项内容：（1）案由、诉讼请求、争议的事实和理由。所谓案由，是指审理案件是什么种类的案件，案由一般是按照诉讼请求的内容划分，如继承、离婚、合同纠纷等。诉讼请求，是指原告通过人民法院向被告提出实体上的要求以

---

① 骆永家：《既判力之研究》，三民书局1999年版，第65页。

② 骆永家：《辩论主义与处分权主义》，载《台大法学论丛》第1卷2期，第467页。

及具有独立请求权的第三人对原、被告提出的实体上的要求。理由包括原告提出的理由以及被告方提出的反驳性意见及陈述。（2）判决认定的事实、理由和适用的法律依据。这一部分内容属于判决书的理由部分，是人民法院作出判决的依据。它包括人民法院根据证据所认定的事实；争议双方责任的认定；人民法院对诉讼请求的意见以及所适用的法律条款。（3）判决结果和诉讼费用的负担。判决结果是人民法院根据上述认定的事实和理由以及适用的法律条款对案件争议解决的内容，统称为判决的主文。此部分内容是法院针对原告的诉讼请求所作的回应，是案件审理的结论部分，通常是以简明扼要的文字进行表述的。在主文的结尾部分通常有关于诉讼费用如何承担的内容。（4）上诉期间和上诉的法院。如果是终审判决就没有这部分内容。除上述内容外，在判决书的开端，应当写明原告、被告、第三人及代理人的情况。判决书的主文下面，应当由审判员和书记员署名并加盖公章、签署年月日。在我国，判决的主文部分显然也是民事判决的主要部分和核心内容，这一部分确定了当事人的实体权利义务，确定了当事人的诉讼费用负担。以上是我国立法所规定的民事判决书的结构和应当记载的内容。对此，笔者建议将与判决结果有直接因果关系的事实也在主文部分进行明确。后诉法院在审理案件时也就可以非常清楚地知道前诉判决既判力的客观范围。

另外，我们应当以裁判标的作为既判力客观范围的衡量标准。所谓裁判标的，是指裁判文书在主文中所认定的事实及基于认定事实所作的判决。从“诉讼标的＝主文中的判断＝既判力客观范围”这一公式可以看出，在传统的民事诉讼理论中，诉讼标的是既判力客观范围的衡量标准。在大多数情况下，双方当事人只能围绕原告提出的请求即诉讼标的来进行攻击防御，法院只能对属于诉讼标的的事项进行审理，而不能超出当事人请求事项的范围。因而“诉讼标的＝主文中的判断＝既判力客观范围”这一公式是成立的。但是诉讼标的在整个诉讼过程中并非一成不变，当事人在提起诉讼后可以变更诉讼请求，可以部分放弃诉讼请求，另外案件审理过程中还可能追加当事人，这些因素都会导致案件诉讼标的发生变化。另外，诉讼标的的含义本身究竟如何也是充满争议的。在第二章已经提及，关于诉讼标的理论有旧实体法说、诉讼法说和新实体法说之分，因而笔者主张我国不应当将诉讼标的作为客观范围的衡量标准。实际上，对于诉讼标的作为既判力客观范围的标准的合理性已经有很多学者对其提出了质疑。例如，由日本学者水谷畅教授提出的“提出责任效理论”就完全否认诉讼标的在既判力客观范围确定中的基准作用，并主张基于程序保障的视角通过分析在前诉过程中当事人展开的诉讼行为来确定遮断事项的范围。[①] 就连“诉讼标的＝声明事项＝判决主文中的判断＝既判力客观范围”这一公式的提出者[②]新堂教授在后期的研究中也否定了诉讼标的作为既判力客观范围唯一衡量标准的地位，进而着眼于诉讼程序的具体进展状况，即以所谓的程序事实群来谋判决效客观范围标准的二元化。[③]

最后，我们还有一个需要解决的问题，那就是我国在短时间内可能很难对既判力客观范围及其扩张问题作出比较详细的规定，在这一过渡性时期，我们可以通过再审制度、“一事不再理”原则、公平原则和诚信原则等对既判力客观扩张问题进行综合调节。其中尤其要重视诚信原则在过渡时期的调节作用。正如有学者所言，“依据诚实信用原则这一一般条款来作出处理，也是应对实定法不完备状况下的最后解决之策，或者是一种过渡性的解决办法，就这一意义上，这种处理方式的积极作用是不容否定的”。[④]

本章小结

1877 年德国《民事诉讼法》首次明确规定了既判力的客观范围限于“主文中的判断”，此后大多数大陆法系国家的立法沿袭了这一做法。将既判力客观范围严格限于“主文中的判断”在司法实践中存在容易引发矛盾判决、制约诉讼解纷功能的发挥、严重影响纠纷一次性解决的实现等问题，因而学术界一直在探索如何扩张既判力客观范围的问题。目前，学理上已经形成了五种不同的理论，即“赋予审判理由以既判力的理论”、“通过扩张请求权来扩张既判力的客观范围的理论”、“通过引入默示的中间确认之诉来扩大既判力客观范围的理论”、“赋予判决理由以争点效的理论”和“以诚信原则为依据，赋予审判理由以拘束力的理论”。笔者认为这些理论均存在一定的缺陷，不宜作为我国解决相关现实问题的指导性理论。而比较合理的做法是：遵循

---

① ［日］水谷畅：《后诉中的审理拒绝》，载《民事诉讼法杂志》1981 年第 26 号，第 59 页。

② ［日］新堂幸司：《既判力与诉讼物》，法学协会杂志第 80 卷第 3 号，第 259 页，转引自骆永家：《既判力之研究》，三民书局 1981 年版，第 33 页。

③ 我国学者江伟教授和肖建国博士在《论既判力的客观范围》（载《法学研究》1996 年第 4 期）一文中提到，“日本学者新堂幸司在处理诉讼标的与既判力客观范围上，始终坚持诉讼标的范围与既判力客观范围统一的观点”，笔者认为这应当是资料考证失误。

④ ［日］高桥宏志：《民事诉讼法制度与理论的深层分析》，林剑锋译，法律出版社 2003 年版，第 584 页。

既判力客观范围限于判决主文中的判断，但适当扩大判决主文的内容，将与判决结论有直接因果关系的事实纳入其中，以实质性地扩张既判力客观范围，从而既能解决传统既判力客观范围过窄所带来的困境，又不至于破坏“既判力限于主文中的判断”的传统命题。

第五章　民事既判力效力范围的扩张

从前面的论述可知，既判力效力包括同案效力（本案效力）和扩张性效力两种。既判力同案效力是在同一案件被重复提起时发生作用，这种作用范围被严格限定在同一案件的范围之内。既判力扩张性效力，又称为既判力预决效力（简称为预决效力或预决力），其发生作用的条件是前一案件所确定的事实是后一案件审理的前提性事项，这种效力发生作用的范围超出了本案的范围。本章将围绕既判力效力范围扩张的法理依据与功能、扩张性效力大小的影响因素、扩张性效力的运用以及扩张性效力与本案效力的分离等问题进行探讨。

第一节　既判力效力范围扩张的法理依据与功能

一、既判力效力范围扩张的法理依据

既判力效力范围扩张的本质是前诉判决所认定的事实在后诉中具有预决作用。既判事实具有这种预决作用的原因或理由直接构成了整个既判力效力扩张制度的法理依据。对于既判力效力范围扩张的依据，学理上主要有拟制真实说、客观真实说和法律真实说三种观点，下面将对这些理论进行具体的介绍和分析。

（一）拟制真实说[①]

拟制真实说又称为真实拟制说，这种学说认为案件事实一经法院判决，就被拟制为真实的事实，因而就不允许后诉法院在审理相关案件时作出与既

---

① ［德］汉斯·弗里德海尔姆·高尔：《既判力文集》，松本博之等译，日本信山社2003年版，第18～22页。

判事实相反的事实认定。由于诉讼争议事项一经法院终局裁判就被视为真实，真实的事项不容再次争执，因而终局判决就必须具有拘束法院和当事人的既判力。这种理论根源于罗马法谚语——“既判力事项就是真实的”。在德国普通法时期，“真实拟制”一词就经常出现在一些法律文献之中。而最早系统地论述真实拟制理论的学者是Savigny。他的理论认为，确定判决的功能在于有效地避免将来可能出现的不服上诉或判决无法执行的情况。为了实现确定判决的这一功能，新的法官应当把前诉判决所确定的内容认定为真实，这种真实拟制保证了对于所有判决内容“将来完全没有任何异议的有效性”；并且还可以防止以后“因相反的判决而导致前判决的无法执行”。Savigny真实拟制理论是以罗马法上及普通法上普遍认可的一项原则“异于既判事项的判决无效”（sentential contra rem iudicatam）原则为基础的。普通法理论对于“异于既判事项的裁决无效”原则的含义解释如下：因为“必须以国家的名义将判决所确定的每一个事项视为是真实而正确的，以此来维护国家的威信”，所以“与前诉判决相矛盾的后诉判决，全部都是无效的”。① 以“拟制真实”的理论来解释既判力效力的学者还有法国的R. 波蒂埃，他认为关于某事物真实性的判断即为推定，而推定可以分为单纯的推定和法律上的推定。法律上的推定又包含一种不可推翻的推定，这种推定具有排斥所有相反证明的效力。而既判力即为不可推翻的法律推定，即通过判决的既判力推定出判决内容的真实和衡平，所有相反的证明都不能将该判决推翻。②

德国Savigny的真实拟制理论和R. 波蒂埃的真实拟制理论在本质上具有一致性，即都将终局判决所确定的事实推定（拟制）为真实。尽管有着相同的本质，但由于这两种理论是在不同的法律文化下提出的，使得他们所获得的学理认同度存在巨大的差别。R. 波蒂埃的真实拟制理论在法国得到了理论界的大力支持，并且对立法产生了巨大的影响。他的理论直接导致了法国立法者将既判力视为一种法律上的推定，并将其规定在民法典中。而德国学者Savigny的真实拟制理论从一提出来就受到了理论界尖锐而夸张的批评。诸如“真实与真实拟制是互不相容的对立物”、“真实拟制理论包含着自相矛盾的内容”、“在术语方面都包含着思考的缺陷”等话语被用在了批评萨氏的理论之上。Bulow更是辛辣地讽刺说：“我们应当鼓起勇气明确地告诉当事人，法

---

① So v. Bethmann－hollweg，civilprozeβ II，§ 111（630）.

② 张卫平、陈刚：《法国民事诉讼法导论》，中国政法大学出版社1997年版，第133～134页。

官的判决不是真实、正确的，是我们法律专家将其拟制为真实正确的判决。"[①] 其实，"真实拟制"这一概念，从一开始就暗示着：尽管是违反真的事实及法律状态而成立的诉讼结果，也得维持下去。对于真实拟制理论会固定不当判决的缺陷 Savigny 本人是十分清楚的，他曾经这样说过，[②] "的确，在不当判决这种不幸场合，既判力的影响是强有力的，而且是非常显著的。但是既判力制度并不是仅仅为了这种场合而导入的。这只能作为不可避免的恶而必须承受。在正当判决的场合，既判力是重要且有用的，其整个目的就是为了固定判决"，"作为判决的结局，内容的真实与否并不是最重要的，最重要的是应该避免难以忍耐的由判决的反复或矛盾而引起的法的不安定性和法的不确定性"。

尽管真实拟制理论最初并不是为了解释既判力效力范围的扩张而被学者们提出，但对 Savigny 而言，其提出真实拟制理论之初，就对既判力效力范围的扩张给予了充分的考虑。他说，把既判事项拟制为真实的命题，绝不是把当事人作为无助的受害者，当事人并不是必须把判决"认定为真实"，当事人必须承认判决只是受制于既判事项的一种结果。而真正受拘束的是法官，新的法官必须把确定判决内容视为真实，并作为自己判决的基础。[③] "法官必须把这种判决内容认定为真实，并作为自己判决的基础"这种法命题包含着"一旦形成判决的诉，不得再次起诉"这种古老的消极机能和"后诉判决不应该与宣判的前诉内容相互矛盾——后诉法官把该判决的内容……作为自己判决的基础"这种新的积极机能。[④] "真实拟制"的概念，作为既判力的根据从一开始就暗示着以下重要的含义，即既判力事实并非一定真实，存在不是真实而拟制为真实的可能。因而依据 Savigny 的理论，既判力效力范围的扩张依据并不完全在于既判事实的真实性，而是暗含着某种"既判事实真实"外的补充性因素，但这到底是什么，其并未对此作更为明确的说明。有学者对这种补充性因素作了绝对化的说明，认为"判决尽管与现实、真实不一致，但其效力是国家授予权威而取得的。法官作为有权的国家机关而宣判，并且

---

① Bulow, aaO. (Fn. 53), s. 95f.

② Savigny 曾经这样说过，"的确，在不当判决这种不幸场合，既判力的影响是强有力的，而且是非常显著的。但是既判力制度并不是仅仅为了这种场合而导入的。这只能作为不可避免的恶必须承受。但是在正当判决的场合，既判力是重要且有用的，其整个目的就是为了固定判决"。(Savigny, system VI, s. 263f)

③ Savigny, System vI, s. 271.

④ ［德］汉斯·弗里德海尔姆·高尔：《既判力文集》，松本博之译，日本信山社 2003 年版，第 28 页。

为了不可或缺的法的安定性，判决必须担负着终局解决的任务，所以判决是通用的”。①

R. 波蒂埃的真实拟制学说是建立在法律推定的基础之上的，依据他的观点，法律上的推定具有排除法律上相反证明的效力。由于这种推定效力的不可反驳性，在出现后诉判决必须要以前诉既判事项作为审判前提时，后诉法官必须尊重前诉判决，而不应该考虑以与前诉判决既判事项存在矛盾的一切证据作为后诉裁判的依据。因此，R. 波蒂埃的“真实拟制”不需要任何补充因素即可对于既判力效力范围的扩张根据进行充分的说明。但 R. 波蒂埃提出真实拟制理论时并未考虑既判力效力范围的扩张问题，其是在既判力本案范围内进行讨论的。作为其研究成果的产物，法国《民法典》第 1351 条关于既判力效力的规定也是严格限定在同案的范围之内，“确定裁判的效力只及于曾经判决的案件（前后两件诉讼，必须合于下列条件，后诉因前诉的确定裁判而不得提起）：起诉的诉讼标的必须同一；诉讼必须基于同一的原因，当事人须为同一的当事人，而且须由同一的原告向同一的被告以同一资格提起”。②

（二）客观真实说③

客观真实说认为，判决确定的事实是客观真实的，因而后诉法院在审理相关案件时必须以既判事实作为判决的基础。这一学说主要由苏联的学者所主张和倡导。“苏维埃民事诉讼法上的预决，就是确定某一法律事实或法律关系是否存在的法院刑事判决，或法院民事判决或行政机关的决定，他们对于正在审理着的与先期解决了的案件有关联的案件的法院，是具有拘束力的。”当时的学者认为，在苏维埃民事诉讼中运用既判力效力扩张理论，能够帮助法院作出合法的和合于客观真实的民事判决，加强这些判决的稳定性，消除审判结果自相矛盾的可能性。而且，还能精简审判举证的过程。因为既判事实在后案审理中具有预决效力，无须证明。不用证明就认可既判事项的法律效力，是已生法律效力的各个审判决定相互拘束的直接结果。后诉法院在审理案件时必须受先前判决拘束，是苏维埃国家管理的最重要原则之一。审判权的威信在很大程度上是建立在这个原则之上的。“凡已生法律效力的法院刑事判决和民事判决没有这种性质，就会丧失它们作为具有教育意义和

① Muganda, Materialien I, s. 533.

② 张卫平、陈刚：《法国民事诉讼法导论》，中国政法大学出版社 1997 年版，第 133 页。

③ ［苏］史图钦：《苏维埃民事诉讼上的预决（判决前提）》，张柴葛译，载《政法译丛》1957 年第 4 期。

社会政治意义的社会主义审判文件的意义，就不能促进社会主义法制和社会主义法律秩序的巩固。”

以苏维埃国家名义宣布的每一刑事判决或民事判决，都应该是具有高度正义性和道德性的文件，都应该是反映苏维埃人民意志的并充分合于客观真实的文件。确立真实是苏维埃社会主义审判的坚定不移的原则。苏维埃刑事诉讼和民事诉讼的全部制度都贯穿了真正的民主原则，足以保证法院作出合法的和客观的、真实的刑事判决和民事判决。苏维埃法院刑事判决和民事判决的客观真实性是决定判决之间相互具有拘束力的坚实基础。在苏维埃法律中，法院判决的真实性不是假定出来的，因为假定会使人们对确定判决的真实性和稳定性失去确信。苏维埃法院的本质，以及摆在它们面前的任务，都绝对要求严格遵守社会主义法制，作出彻底真实的审判决定。因此，我们不能认为法院判决的客观真实性，只是一种盖然性，哪怕是高度盖然性。

（三）法律真实说

Savigny 等提出的拟制真实理论因为不能合理解释为什么还要再审制度以及存在“判决本非客观事实的反映，而是人为地将其视为真实”之嫌而受到理论界的批评和普通民众的反对。因而它作为一种既判力效力范围扩张的根据理论已经失去了其生命力。

客观真实理论是在十月革命胜利后由苏联学者首先提出的，是在批判资本主义国家民事诉讼中形式真实学说的基础上，作为形式真实的对立物和替代物提出的。客观真实被视为民事诉讼中的一项基本原则，享有至高的地位，“客观真实原则就是要求法院采取它所能做到的一切办法来确定在客观现实上曾经发生过的案件实际情况，要求法院的判决确实是以从案件的真实情况中查明的当事人间真正的相互关系为基础的”。① 造成这一现象的原因在于苏联学者认为：（1）社会主义国家建立的新的民事诉讼制度应当从本质上区别于革命前具有资产阶级性质的沙皇俄国的诉讼制度，同时也应当区别于西方资本主义国家的民事诉讼制度，而客观真实则是最恰当的区别点。（2）西方国家民事诉讼中形式真实的理论是以唯心主义和不可知论为思想基础的，社会主义国家民事诉讼中的实质真实则是以唯物主义思想为指导，按照唯物主义的基本观点，案件的客观真实是可以通过证据来把握的。② （3）在国家干预理论指导下建立的高度职权主义民事诉讼制度主张法院和检察院干预民事

---

① ［苏］克列曼：《苏维埃民事诉讼》，法律出版社 1957 年版，第 89 页。

② 李浩：《论法律中的真实——以民事诉讼为例》，载《法制与社会发展》2004 年第 3 期。

诉讼，要求法院采取一切能够采取的办法来调查收集证据，这相对于当事人主义制度下的证据搜集模式在客观上还是更加容易查明案件真相。因而高度职权民事诉讼体制也是客观真实理论产生的原因。判决可以反映客观真实的理论在我国也长期处于主导学说的地位。我国学者认为判决可以发现客观真实的原因在于：马克思主义存在第一性、意识第二性的认识论为查明案件事实提供了科学的理论依据；案件事实发生后必然会留下这样或那样的证据材料；我国有一支忠于人民利益、忠于法律、忠于事实真相的司法队伍；民事诉讼法规定的各项制度和措施为查明案件的客观真实提供了法律上的保障。① 笔者认为客观真实只是审判工作不断追求的目标，法院判决只是客观真实在特定司法场景下的一种反映，我们不可能保证任何判决均达到与客观真实完全一致。因而根据既判事项是客观真实地反映，从而得出既判事项在他案中具有绝对预决力的理论是不可取的。

笔者认为，既判力效力范围扩张的根据既不是基于拟制的真实，也不是基于客观的真实，而是基于法律真实。所谓法律真实，是指法院判决裁判中认定的事实是法律上视为真实的事实。而这一法律上真实的事实是法官依照一定的诉讼程序，运用证据规则和较高的证明标准，主要依据当事人主张的事实、提供的证据和通过对证据的审查判断加以确认的。法律真实不同于拟制真实，拟制真实是人们将法院裁判事实视为真实的一种状态，其不一定是客观事实的反映，但法律真实是法院依照一定的程序对客观事实所作的法律意义上的认定。法律真实不可能达到与客观事实完全一致的状态，因为：(1) 在辩论主义诉讼模式下，当事人是诉讼程序的主导者，其既可决定争议事实的范围，亦可对权利进行法律范围内的处分，如自认、放弃辩论权和放弃举证权等。(2) 查明案件事实的过程是一种诉讼认识的过程。诉讼认识有其内在的运行规律，其必须在特定的场域内依照特定的规则和程序来展开，其既有时间上的限制，亦有空间上的制约。因而诉讼认识必然具有有限性。(3) 民事诉讼的价值是多元的，发现真实并非案件审理的唯一价值取向，诉讼经济、法律秩序等均是法院在办案过程中应当考虑的问题。法律真实虽然达不到客观真实的状态，但是其可以无限地接近客观真实，高概率地反映客观真实。

法院审理过程中所认定的事实能够高概率地反映客观事实的原因主要在于：第一，当事人对事实的证明必须达到民事诉讼的证明标准。我国《民事

---

① 陈一云：《证据法》，中国人民大学出版社2000年版，第16页。

诉讼法》第63条规定，对七种法定证据，“必须查证属实，才能作为认定事实的根据”；第64条第3款规定：“人民法院应当按照法定程序，全面、客观地审查核实证据”。从这两条规定可以看出，我国对于民事案件设置了较高的证明标准，当事人只有对其所主张的事实提供了比较充分的证据时，才能获得法院的认可。第二，当事人负有真实义务。[①] 真实义务是当事人的一种诉讼义务，有狭义和广义之分。狭义的真实义务包括以下几层含义：禁止当事人故意作不真实的陈述或故意对对方当事人所作的真实陈述进行争执；明知对方当事人所作的陈述不真实或者认为其不真实的事实不能主张；明知对方所作的主张真实或认为其真实不能进行争执，而其陈述与客观事实是否相符则可在所不问。广义的真实义务包括狭义的真实义务和完全义务。“完全义务乃谓各当事人就诉或抗辩之基础之事实关系所知之事实，不论其有利或不利应为完全之陈述；对于他造之事实关系之主张，亦应如此为陈述。”[②] 第三，法院拥有依职权调查证据的权力。尽管我国民事诉讼制度的模式正在由职权主义向当事人主义转变，但职权主义模式相当注重的法院证据调查权，我们并没有彻底地放弃。在当事人调取证据存在困难时，法院可以协助当事人进行取证或者直接依职权调查取证。由于法院认定的事实能够高概率地反映客观事实，因而既判事项可以在后诉审判中发挥相对的预决作用。第四，法官是一个接受过专业训练的职业群体，他们对于事实认定具有相对科学合理的方式。另外，长期积累起来的审判经验也可以帮助法官作出符合客观真实的事实认定。

二、既判力效力范围扩张的功能

既判力效力范围扩张的功能是通过既判力的扩张性效力即预决效力来实现。从宏观的视角来看，主要有以下两点：

一是维护司法公信力。司法公信力就是一定社会的司法机构通过其职权活动使国家司法在整个社会生活当中所建立起来的一种公共信用。这种公共信用一方面体现为民众对司法的充分信任与依赖、对司法权威的自觉服从，另一方面则体现为法律在整个社会权威已经树立，社会公众对法律持有十足

---

① 廖永安、胡军辉：《论民事诉讼中的拟制自认》，载《海南大学学报》2005年第4期，第372页。

② 骆永家：《民事诉讼法》，三民书局股份有限公司1999年版，第124页。

的信心。[①] 司法公信力要通过法院和法官的裁判行为来得以实现。正如美国现实主义法学家格雷所言，“即使是由立法机关颁布的制定法也不是法律，而仅仅是法的渊源，因为法律的意义及其效力，只有在法院审理案件中才能最终确定，司法判决构成了法律本身”。[②] 因而可以说，司法的核心是审判，而审判就是对各方当事人所争执的是非曲直给予一个最后的公断，目的就是通过一个能够说服诉讼当事人并能够对社会产生公信力的判决和裁定，平息社会矛盾和纠纷，稳定社会秩序，实现对社会的有效控制。司法裁判也正是通过其所具有的这种对社会有效控制的拘束力来赢得社会公众信任和信赖。而司法裁判赢得普通民众的信任的前提条件之一便是要保障裁判的协调性和一致性。因为前后矛盾的判决必然导致当事人对裁判正确性的怀疑，也使法院处于一种尴尬的境地。既判力效力范围扩张制度可以通过协调判决而促进司法公信力的维护。既判力效力范围扩张制度对判决的协调作用具体体现在以下几个方面：（1）民事判决所确定的既判事项在相关的民事审判中具有预决作用，后诉法院应以前诉判决事项为基础进行裁判，从而达到民事判决之间的协调一致。（2）民事判决所确定的既判事项在行政诉讼中具有预决作用，法院在审理行政案件时不仅要注意与已经生效的行政判决相协调，同时还应当将相关的生效民事裁判作为审判的依据和基础。（3）民事判决在刑事判决中亦具有预决作用。学理上绝大部分人认为，刑事诉讼的证明标准比民事诉讼高，论证的严密程度也更高，因而民事判决在刑事判决中没有预决作用，其实民事判决与刑事判决同样需要协调，法院在审理刑事案件时同样应当考虑相关的民事裁判，并将其作为判决的基础，只是民事判决的预决效力在审判中发挥作用的条件相对更为严格而已（具体的法理分析参见下一节的相关内容）。（4）民事判决在非诉事件的判决中亦具有预决作用，法院在审理非诉事件时应当充分考虑相关的民事判决并将其作为裁判的基础，从而达到相互协调的目的。（5）民事判决对非诉纠纷解决方式也具有预决作用。非诉纠纷解决方式相对于诉讼而言，更加尊重当事人的自主权和处分权，但在一些需要法院法官参与的非诉纠纷解决方式中，法官是应当注意非诉解决与审判之间的协调的，否则其效力和效果将会大打折扣。

二是提高诉讼效率。诉讼效率是指在诉讼过程中所投入的司法成本与产

---

① 黄娟：《在“应然”与“实然”之间——司法的公信力及司法权运行过程中的“信息失真”》，载《湘潭大学社会科学学报》2002 年第 3 期。

② ［英］科特威尔：《法律社会学导论》，潘大松等译，华夏出版社 1989 年版，第 234 页。

生的司法收益之间的比率，其是民事诉讼诸多价值中的重要一元。波斯纳说，只有在效率提高的前提下才能实现更高层次的公正，正义的第二种含义——也许是最普通的含义——效率。[①] 诉讼效率要求法院以最小的诉讼成本实现纠纷的解决，当事人付出最小的成本实现自身权利的维护。任何拖延的诉讼行为都会造成诉讼资源的浪费和诉讼成本的增加，与诉讼的效率价值背道而驰，而及时地进行诉讼是实现诉讼效率最为重要的环节。在民事诉讼过程中，围绕取证、举证、质证、认证等而展开的一系列活动占据了过半的案件审理时间。既判事项由于是法院已经审理判断过的事项，其在后诉审理中通常不需要当事人再次进行证明，法院可以直接依据前诉判决所确定的事项作为后诉判决的基础。因而在后诉审理中，由于既判事项的预决性，当事人可以省去就已决事项进行举证、质证所耗费的时间、金钱、精力等诉讼成本。与此同时，法官也可以省掉就既判事项进行审理的各种诉讼上的耗费。因此，既判力效力范围扩张制度具有提高诉讼效率的功能。

第二节 影响既判力扩张性效力的因素——我国现行立法框架下的分析

既判力效力范围扩张制度是通过既判力扩张性效力即预决效力发挥作用的。既判力扩张性效力是一种相对性效力和可变性效力，其受多种因素的影响。有些因素使得既判力扩张性效力增强，有些因素使得既判力扩张性效力减弱。下面将以“与既判力扩张性效力相关程度”为标准对相关因素进行具体的分析（由于我国学者在研究既判力效力范围扩张制度时习惯使用“预决效力”这一词，下文将沿用这一习惯做法来进行具体问题的分析）。

一、证明标准

我国传统理论一般认为证明标准是指法律规定的法官运用证据证明诉讼案件事实所要达到的证明程度。我国有关证明标准的立法主要体现在以下几个条文之中：我国《刑事诉讼法》第 162 条规定：“案件事实清楚，证据确实、充分，依据法律认定被告人有罪的，应当作出有罪判决”。《民事诉讼法》第 64 条第 3 款规定：“人民法院应当按照法定程序，全面地、客观地审

---

① ［美］理查德·A. 波斯纳：《法律的经济分析》（上册），中国大百科全书出版社 1997 版，第 31 页。

查核实证据”；第 153 条规定：“原判决认定事实错误，或者原判决认定事实不清，证据不足，裁定撤销原判决，发回原审人民法院重审，或者查清事实后改判”。《行政诉讼法》第 61 条也规定：“原判决认定事实不清，证据不足，或者由于违反法定程序可能影响案件正确判决的，裁定撤销原判，发回原审人民法院重审，也可以查清事实后改判。”据此，通常的观点认为我国现行立法对三大诉讼的证明标准未作区分，在认定案件事实时，均要达到“事实清楚，证据确实充分”的程度。

对于证明标准问题，笔者有以下几点看法：第一，尽管我国立法并未明确三大诉讼法的证明标准是否有区别，但在司法实践中，在处理性质不同的案件时，实际所采用的标准是有区别的，刑事案件的证明标准明显高于行政案件和民事案件的证明标准。第二，我国应当在立法上确立多元的证明标准，即应当为刑事诉讼、民事诉讼和行政诉讼分别设置不同的证明标准。其原因主要在于三大诉讼法的性质和目的存有不同。就性质而言，刑事诉讼解决的是被告人是否犯罪以及对其施以何种惩罚的问题；民事诉讼主要解决的是平等主体之间的民事权利义务关系问题；而行政诉讼解决的是行政主体与行政相对人之间的权责问题，它们在性质上具有明显的区别。就诉讼目的而言，刑事诉讼旨在惩罚犯罪和保障人权，无论是从惩罚犯罪的角度，还是从保障人权的角度来看，均要求刑事诉讼做到案件事实清楚，证据确凿充分，因而要求具有很高的证明标准；行政诉讼的目的包括维护和监督行政机关依法行使行政职权，保护公民、法人和其他组织的合法权益，保证人民法院正确及时地审理行政案件三个方面；民事诉讼的目的包括保护当事人合法权益，解决民事纠纷，维护法律秩序等几个方面。根据行政诉讼的目的和民事诉讼的目的可以看出，行政诉讼和民事诉讼对于证明标准的要求明显低于刑事诉讼。另外，针对不同的诉讼设置不同的证明标准是各国通行的做法。例如，在英美法系国家，刑事案件中控诉方对被告人有罪的证明需达到排除合理怀疑（beyond a reasonable doubt）的程度，而大多数民事案件中的证明只要求达到相当的证据优势（air preponderance of the evidence）的程度。第三，在同一诉讼内部证明标准也存在层次性。例如，刑事诉讼证明标准的层次性表现为：（1）不同的阶段适用不同的证明标准。立案阶段、移送审查起诉阶段、提起公诉阶段等所适用的证明标准均有所不同。（2）不同的主体适用不同的证明标准。例如，公诉机关证明犯罪嫌疑人的有罪的证明标准高，而受害人要证明受伤程度的证明标准低。（3）不同证明对象适用不同的证明标准。例如，对犯罪构成要件事实、量刑情节、程序法事实等适用的标准即有明显的不同。①

证明标准与确定判决所确定事实的真实性存在紧密的联系，证明标准越高，判决所确定的事实就越接近客观事实。相反，证明标准越低，判决所认定的事实与客观事实之间的距离可能就越远。而前诉判决所确定事实的真实程度是既判力预决效力的直接依据，因此，前诉判决所采用的证明标准与该判决所确认的事实在后诉程序中所产生的预决效力之间存在着紧密的联系。具体而言，前诉证明标准越高，既判事项在后诉的预决效力就越强，反之亦然。

二、判决的种类

依据不同的标准可以对民事判决进行不同的分类，而不同类型的终局判决所产生的预决效力亦有所区别。以民事纠纷的性质和内容为依据，可将民事判决分为给付判决、确认判决和变更判决。给付判决是依法责令败诉一方的当事人履行某项义务或为一定行为的判决。它是基于给付之诉的胜诉而作出的，通过责令被告履行义务来实现原告具有给付内容的诉讼请求。确认判决是指其内容仅为确认当事人之间一定的民事法律关系存在或不存在的判决。确认判决既适用于诉讼事件，也适用于非讼事件，前者是确认一定的民事法律关系，后者则是确认某种法律事实。变更判决是改变或者消灭当事人之间原有的某种民事法律关系的判决。变更判决要以对原有关系存在的确认为基础，否则即无从变更。在这三类判决中，确认判决和变更判决对于当事人之间的权利义务关系进行了重新的调整，这类判决在后诉案件中具有很强的预决效力，尤其是对于身份关系的变更或者确认在后诉中具有绝对的预决效力。而给付判决通常是在确认判决和变更判决的基础上所作的进一步的判决，这种判决本身并不确定事实，因而在后诉中通常是没有预决效力的。不过在司法实践中，给付判决与确认判决、给付判决与变更判决通常是同时存在的，给付通常是确认判决和变更判决的一种结果。例如，随着双方当事人婚姻关系的解除，就会发生对子女给付抚育费的问题。

按照《民事诉讼法》规定的审判程序和审级的不同，民事判决可分为一审判决、二审判决和再审判决。依据我国现行《民事诉讼法》的规定，基层人民法院、中级人民法院、高级人民法院和最高人民法院均可成为一审法院，

---

① 李学宽等：《论证明标准及其层次性》，载《中国法学》2001 年第 5 期。

最高人民法院所作的一审判决以及其他级别法院作出的一审判决经过上诉期未上诉的为具有既判力的判决。在这些判决中，作出判决的法院级别越高，其在后诉中的预决效力就越强，其原因在于法院级别越高，所作判决就越权威。当事人在一审生效的案件、二审终审的案件以及再审生效的案件中所受的程序保障逐步提高，因而在作出判决的法院级别相同的情形下，再审判决的预决效力最高，二审案件次之，而一审生效判决的预决效力最低。

按照双方当事人到庭情况的不同，民事判决分为对席判决和缺席判决。对席判决是在双方当事人都到庭的情况下人民法院所作的判决；缺席判决则是在一方当事人不到庭的情况下所作的判决。我国《民事诉讼法》129 条至 131 条对缺席判决的有关情况作了明确的规定：（1）原告经传票传唤，无正当理由拒不到庭的，或者未经法庭许可中途退庭的，可以按撤诉处理；被告反诉的，可以缺席判决。（2）被告经传票传唤，无正当理由拒不到庭的，或者未经法庭许可中途退庭的，可以缺席判决。（3）人民法院裁定不准许撤诉的，原告经传票传唤，无正当理由拒不到庭的，可以缺席判决。在对席判决情形下，双方当事人及律师对于案件事实可以进行交叉询问，对于案件证据可以相互质证，法官也可以方便地向双方当事人进行询问，这有利于案件事实的深入挖掘，有利于案件真实的发现。而缺席判决的情形下，法官通常只能依据一方当事人即原告方所提供的事实材料及证据结合法官的经验进行判决。为了获得有利的判决，当事人向法院提供的诉讼资料通常是对其有利的，而对其不利的证据、事实其一般是不会主动提供的，因而缺席判决本身是一种不太利于发现案件真实的审判方式。由于对席审判比缺席审判更加有利于发现案件真实，因而笔者认为，对席判决下形成的既判事实在后案的审理中具有较高的预决效力，相比之下缺席判决下形成的既判事实在后诉中的预决效力较弱。

三、既判事实的形成程序

狭义的民事既判力仅指普通民事诉讼判决的既判力，而广义的既判力则并不仅仅限于普通民事判决，还包括特殊民事判决、民事裁定等的既判力问题。因而既判事实的形成程序除了普通民事判决外还有其他的程序，不同程序下形成的既判事实的预决力有所区别。在我国，除了普通的民事判决外，还有以下特殊的判决：（1）选民资格案件的判决。选民资格案件在性质上与普通民事案件具有重要的区别，在国外通常不将其作为民事案件进行受理。法院对此类案件的判决过程实际上是一种资格确认过程，在是否具有预决力上非常类似于确认判决。因而，法院针对选民资格案件的判决一经作出即发生法律效力，当事人再无争执余地，并且该判决在选民资格的有无方面的确认具有绝对的预决力。(2) 宣告公民失踪、死亡案件的判决。在我国有知名学者认为，由于法院对这两类案件所作的判决不是建立在程序保障和自我责任的基础之上的，而是以推定为基础的，并且只要当事人还活着，法律就必须认可这一事实，法院判决随时有被推翻的可能。因此，就公民死亡或失踪这一事实的认定对后诉没有预决力。① 对此，笔者有不同看法，即认为宣告失踪与死亡的判决对后诉是具有预决效力的。理由在于，在大量的司法实践中，宣告失踪与死亡本身并非诉讼提起者的目的，而是一种实现其他法律目的的手段。如果不承认此类判决的预决效力，将会严重损害该制度的功能。例如，如果宣告死亡的案件没有预决力，那么在处理被宣告死亡者遗产的纠纷中就必须对“死亡之事实”进行重新审理。如果在后诉审理中依然找不到死亡的直接证据，那么案件就永远不能结案，因为我国立法暂时还没有规定中间确认之诉。(3) 认定公民无民事行为能力、限制民事行为能力案件的判决。有人认为，“这两种判决是法院通过鉴定或对鉴定结论进行审查形成的判断，判决一经作出就具有预决力”。② 对此，笔者持不同的意见。民事主体的行为能力是动态的，随着时间的推移，这种能力会自动或者经过外界因素的作用而发生变化，如一个被认定为无民事行为能力的精神病患者可能经过一段时间后自动痊愈，或者经治疗后恢复健康，从而重新具备民事行为能力。如果确认公民无民事行为能力、限制民事行为能力案件的判决具有预决效力，那么被前诉认定为无民事行为能力的精神病患者在后诉审理期间即使已经恢复了健康，后诉法院还是必须将其作为精神病患者对待。显然，这样处理无论在情理上还是在法理上均是不妥当的。基于此，笔者认为认定公民无民事行为能力、限制民事行为能力案件的判决在后诉中没有预决力。(4) 认定财产无主案件的判决。此类判决在后诉中具有预决效力。在后诉审理时，如果财产真正的所有人仍然未出现，那么后诉法院即可依据前诉判决直接进行审理。但是在前诉判决后，后诉审理前，被认定为无主的财产主人出现后，法院则应当依据申请撤销原判决后，以撤销之诉所确认的新事实进行后诉的审理。(5) 除权判决。除权判决，即宣告票据无效的判决。在申报权利的期间没有人申报的，或申报被驳回的，公示催告申请人应自申报权利期间届满的

---

① 江伟、常廷彬：《论已确认事实的预决力》，载《中国法学》2008年第3期，第108页。

② 江伟、常廷彬：《论已确认事实的预决力》，载《中国法学》2008年第3期，第108页。

次日起1个月内申请人民法院作出除权判决。逾期不申请判决的，终结公示催告程序。除权判决作出后，应进行公告，并通知支付人。自判决公告之日起，申请人有权依据判决向付款人请求付款。利害关系人未在判决前申报权利的，自知道或应知道判决公告之日起1年内，可以向作出判决的人民法院起诉，人民法院可按票据纠纷适用普通程序审理。由于除权判决不具有事实遮断效力，因而其确定的事实不具有预决效力。

根据我国《民事诉讼法》的规定，民事裁定主要包括以下几种情形：[①]（1）不予受理的裁定、对管辖权有异议的裁定、驳回起诉的裁定。依照我国《民事诉讼法》的规定，这三种裁定在性质上是对欠缺诉讼要件所作的裁定，因此，其只针对欠缺的诉讼要件具有预决力，而对其他的事项没有预决力。（2）财产保全和先予执行的裁定。这两种裁定都不是终局性地解决程序事项的裁定，而是为了确保诉讼程序的顺利进行而作的裁定，因此，其所确认的事实不具有预决力。（3）准许或不准许撤诉的裁定。撤诉获准后，虽然终结了原诉讼程序，但当事人还可以再次起诉，因此没有预决力。而不准许撤诉并不能导致诉讼程序的终结，诉讼仍属系属状态，即使原告拒不参加审理也不影响案件的审判，因此该裁定不具有预决力。（4）中止或终结诉讼或执行的裁定。中止诉讼只是诉讼程序的暂时停止，裁定中止的原因消除后恢复诉讼程序时，不必撤销原裁定，从法院通知或者准许当事人双方继续进行诉讼时起，中止诉讼的裁定即失去效力，该裁定是法院依其诉讼指挥权所作出的，其不具有预决力。终结诉讼的裁定作出后，不仅该案的诉讼程序结束，而且当事人之间的实体争议因无法解决或者没有必要解决而不再处理，因此，该裁定具有预决力。（5）补正判决书中的笔误裁定。该裁定属于法院依职权进行的事项，不管判决是否被提起上诉或已经确定，法院于任何时候均可以更正，因此，该裁定没有预决力。（6）关于支付令的裁定。支付令是人民法院制作的法律文书，具有裁定的性质。根据《民事诉讼法》第191条第2款的规定，债务人收到支付令在法定期限内不提出异议，债务人自收到支付令之日起15日内应当清偿债务。《民事诉讼法》第191条第3款规定，债务人自收到支付令之日起在15日内，既不提出异议，又不清偿债务的，债权人有权向受诉人民法院申请强制执行。支付令对债权债务关系具有确认作用，并且能够产生强制执行的后果。为了维护强制执行力的稳定性，其对债权债务关系的确认在后诉中具有预决力。

---

① 江伟、常廷彬：《论已确认事实的预决力》，载《中国法学》2008年第3期，第108页。

四、举证期限制度的运用

所谓举证期限制度，是指当事人在诉讼的过程中必须在法定的时间内提出证据，否则将承担不利法律后果的一种制度。在我国，举证期限制度是由最高人民法院颁布的《关于民事诉讼证据的若干规定》第34条正式确立的。该条规定，当事人应当在举证期限内向人民法院提交证据材料，当事人在举证期限内不提交的，视为放弃举证权利。对于当事人逾期提交的证据材料，人民法院审理时不组织质证。但对方当事人同意质证的除外。与国外立法相比，我国的举证期限制度具有一个突出的特点，那就是不按时举证的法律后果相对较为严厉，即通常只要证据未能在规定的时间内提交法庭，该证据就不能被法院采纳。这一制度是在诉讼效率价值备受重视的大背景下形成的，其是针对我国案件审理整体过于迟延，某些当事人利用随时举证规则故意拖延诉讼或者进行诉讼突袭从而获得不正当的程序利益问题而设立的。该制度在提高了诉讼效率的同时，也带来了另一个层面的问题，那就是由于某些关键证据未能在法定的时间内提出，法院判决所确定的事实可能会严重偏离客观真实，因为法官不能依据逾期提出的证据进行裁判，即使明知逾期提出的证据真实正确也是一样。由于举证时限制度的适用会导致判决的事实偏离客观真实，因而终局判决的预决效力与该判决的作出是否适用了举证期限制度存在密切关系。如果在审理过程中适用了举证期限制度，某些证据由于未按时提出而未能被法院采纳，这种情形下形成的终局判决的预决效力就应当是非常有限的，因为既判事实可能严重偏离了客观事实。相比之下，在未适用举证期限制度的情形下，终局判决的预决效力要大得多。

五、非法证据排除规则的运用

所谓非法证据排除规则，是指某些证据对案件事实虽然具有证明价值，但是基于立法者的预先设定或者司法者的据情考虑，认为该种证据的使用将违背法律原则以及法律精神所应当体现的社会价值及观念，进而对这种证据的资格作出否定性结论的规则。[①] 在立法上，两大法系国家均规定了非法证据排除规则，区别只是在于英美法系所规定的非法证据范围相对较宽，而大陆法系国家审判上的事实确定主要依靠法官的自由心证，因而非法证据排除规则的适用范围较小。

---

① 毕玉谦:《民事证据原理与实务研究》，人民法院出版社2003年版，第629页。

在我国，《民事诉讼法》仅规定“当事人必须依法行使诉讼权利”。如果当事人在诉讼过程中出现取证困难情况，则可向法院申请调查取证。这说明我国《民事诉讼法》是否认当事人及其诉讼代理人采用非法手段收集证据的。由此可以合乎逻辑地认为，我国《民事诉讼法》隐含了“非法证据排除规则”。正是基于此种立法精神，最高人民法院2002年实施的《关于民事诉讼证据的若干规定》第68条规定：“以侵害他人合法权益或者违反法律禁止性规定的方法取得的证据，不能作为认定案件事实的依据”。这就以司法解释的方式明确肯定了民事诉讼中的非法证据排除规则。据此，学者提出，以下几种情形下获得的证据不能作为定案的依据：（1）采用刑事违法行为所收集的证据，应当予以排除。例如，采取抢劫、盗窃、抢夺、侵犯他人住宅等暴力方式所获得的证据等。（2）采用侵犯他人人格权、隐私权、商业秘密权等重要民事权益的方式所收集的证据。例如，在他人住房安装窃听器、摄像机等。（3）违背法律（包括宪法、法律、行政法规、地方性法规以及司法解释等一切具有法律效力的规范性文件）禁止性规定所收集的证据。违反国家保密法、违反公序良俗、采用有伤风化的方式所收集的证据等也属这类情形。①

从本质来看，非法证据排除规则来源于证据的合法性特征，如果收集证据的方法、手段或程序不合法，则该证据即便具有真实性，也不得作为认定案件事实的根据。其是在个人利益与公共利益相互冲突、一般权利与宪法权利相互冲突、私权与公权相互冲突、结果公正与程序公正相互冲突的情形下，前者让步于后者的结果，这一规则是多种相互冲突的价值、利益相互博弈的结果，也是一种利益衡量与价值选择的结果。这一规则对案件审判带来的直接结果就是某些明知真实也有证明价值的证据因为收集程序不合法而不能被法庭采纳。其保障了诉讼程序的合法性，以及整个司法机器运行的规范性，但可能会牺牲个案的部分客观真实。由于非法证据排除规则本身就是一种牺牲个案客观真实而实现超越个案价值的一种规则，因而案件审理过程中是否适用了这一规则会直接影响法院所认定的案件事实与客观真实之间的距离。因此，案件审理过程中是否适用了非法证据排除规则是影响预决效力大小的重要因素之一。

---

① 汤维建：《民事诉讼非法证据排除规则的适用——从高秀敏案中公证证据的合法性谈起》，http://www.civillaw.com.cn/article/default.asp? id=14193，2008.11.3.

六、当事人处分权的行使

所谓当事人处分权，是指当事人依法享有的决定是否行使以及如何行使诉讼权利的具有约束力的权利和自由。处分权是当事人依据正义原则和法律规定所享有的程序性权利，这一权利的理论基础在于宪法关于自由权的规定以及民事领域的自治原则。当事人对于民事处分权的行使自由不受他人干涉，其处分行为对于处于中立地位的法官具有约束力。程序处分权包括程序发动权、选择裁判者权、争点确定权、程序变更权以及其他一些程序权。①

据此可知，当事人可以自由地确定争论点，可以自由地行使主张、举证和辩论的权利，可以对对方当事人所作的不利主张进行承认，亦可以直接承认对方所主张的权利。由于当事人能够自由地处分其实体和程序性权利，因而法院最终判决结果与当事人处分权的行使状况存在着紧密的联系。在当事人对于某些重要的实体性或者程序性权利作了消极处分的情形下（例如，一方当事人因厌诉而未认真准备证据或者直接承认了对方所作的不利于己的陈述），此时法院判决所确定的事实可能会严重偏离客观真实。由此不难看出，当事人处分权的行使情况也是既判力预决效力的影响因素。

第三节　既判力扩张性效力的运行——兼评我国的相关立法

既判力扩张性效力在诉讼过程中的运行具有多种表现方式。下面将对既判力扩张性效力运行的具体方式进行分析，同时对我国相关立法进行评析和反思。

一、民事既判事实在刑事诉讼中的预决作用

在域外，对于民事既判事实在刑事诉讼中的预决效力问题，立法规定及学理见解有较大的分歧。苏联时期的相关立法认为民事判决在刑事诉讼中具有预决效力。例如，苏联《民事诉讼纲要》第 55 条第 3 款规定，由法院在已经发生法律效力的民事判决中作出的有关法律事实和当事人之间法律关系的结论，对于解决有关同样事实的案件的法院有约束力。这种约束力又称为

---

① 何文燕、廖永安：《民事诉讼理论与改革的探索》，中国检察出版社 2002 年版，第 34 ~ 37 页。

预决效力，体现在证据法上则具有免证效果。1964 年颁布的《苏俄民事诉讼法典》第 55 条第 2 款规定："已发生法律效力的某一民事案件的判决所认定的事实，在审理由同样人参加的另一些民事案件时无须重新证明。"《苏俄刑事诉讼法典》第 12 条规定，已经发生法律效力的关于民事案件的法院判决，对于审理刑事案件的法庭具有拘束力，但其范围只限于有没有这件事或者有没有这种行为的问题，并且不能涉及被害人有没有犯罪的问题。但德国的立法以及法国的学理意见则认为民事判决在刑事诉讼中没有预决效力。例如，《德国刑事诉讼法典》第 262 条规定："行为的可罚性如果取决于对民事法律关系的评断的，刑事法庭应当根据对本案程序和刑事案件证据适用的规则，对民法法律关系作出裁判。"也就是说，在刑事诉讼中，对民事诉讼关系的评断可能成为刑事法庭作出刑事判决的先决问题，但是刑事法庭应当根据自己的自由心证对民事法律关系是否存在作出裁判，即使民事法庭对刑事法庭目前要判决的行为的民事法律关系作出了发生法律效力的判决，刑事法庭可以不受该判决的拘束。①

另外，法国有学者认为，在民刑交叉案件中，如果在公诉尚未发动之前就已经在民事法院开始进行民事审判，民事法官就民事诉讼所作的裁判对刑事法官可能在其后就公诉作出的裁判不产生任何影响。② 但也有学者认为，在民事法院于刑事诉讼开始之前即对民事诉讼作出裁判决定时，人们在这里以公共秩序的名义所要避免的刑事裁判与民事裁判间的矛盾，难道不可能发生或者不能得到容忍吗？③

在我国，对于民事判决所确认事实在刑事诉讼中的预决效力没有进行直接规定，但有多处间接的规定，如最高人民检察院《人民检察院刑事诉讼规则》第 334 条规定："在法庭审理中，下列事实不必提出证据进行证明：……（二）人民法院生效裁判所确认的并且未依审判监督程序重新审理的事实。"对于民事既判事实在刑事诉讼中的预决效力问题，笔者认为：民法调整的是平等主体之间的民事法律关系，而刑法调整的是具有严重社会危害性的行为，并且对于构成犯罪的行为可以科处严厉的惩罚，因而刑事诉讼审理程序相对民事诉讼程序要严格得多。在证明标准上，民事诉讼的证明标准也要明显地低于刑事诉讼，民事判决所确认的事实与客观真实的接近程度

---

① 李昌珂：《德国刑事诉讼法典》，中国政法大学出版社 1995 年版，第 107 页。

② 王新环：《公诉权原论》，中国人民公安大学出版社 2006 年版，第 292 页。

③ ［法］卡斯东·斯持法尼等：《法旧刑事诉讼法精义》，罗结珍译，中国政法大学出版社 1999 年版，第 885 ~ 898 页。

达不到刑事判决的标准，因而通常情况下，民事既判事实在刑事诉讼中是不应当作为定案依据的。例如，在一征地拆迁纠纷中，某村主张乡政府干部俞某截留了土地补偿金，并向所在地人民法院提起了诉讼，经法院审理后认定某村主张事实成立并判决俞某返还截留款 19 万元。后俞某被检察院提起公诉，此时法院不能依据民事判决所认定的截留土地补偿金这一事实直接认定俞某构成贪污罪，而应当对贪污事实进行重新审理。再如，民事判决认定合同有效，并要求当事人履行合同义务，但在后续刑事诉讼中法官在认定合同效力时，并不受民事判决的约束，仍需要对该合同效力进行调查，如认定诈骗罪成立，可以作出合同无效的认定。但法院对法律关系所作的确认判决以及对人事诉讼所作的判决应当在后诉刑事程序中具有预决效力。例如，在民事诉讼中，甲乙被法院判决不准离婚，那么在甲强行与乙发生性关系所引发的刑事诉讼中，法院就应当以民事判决所认可的事实——“甲乙仍是夫妻关系”为基础进行判决。又如，在民事诉讼中判决解除了 A 与 B 之间的父子关系，那么 B 主张 A 犯有遗弃罪的刑事诉讼中，法院应当以 AB 之间没有父子关系，不存在抚养义务而判决 B 无罪。在立法上承认民事确认判决在刑事诉讼中的预决效力的依据在于维护民事法律关系的稳定性，而认可人事诉讼判决在刑事诉讼中的预决作用，则是基于人事判决本身的对世性效力以及人事诉讼的公益性。为了维护公共利益而要求刑事诉讼认可民事判决的效力是具有正当性的。

二、民事既判事实在民事诉讼中的预决作用

《苏联民事诉讼法典》（1964 年）第 55 条规定：“已发生法律效力的某一民事案件的判决所认定的事实，在审理由同样的人参加的另一些民事案件时无须重新证明。”（第 2 款）依据这一立法，可以看出各民事判决之间也相互产生拘束力。学理认为，已经发生法律效力的民事判决对另一个民事案件的民事判决发生的拘束力比刑事判决与民事判决之间的相互拘束力的内容要广一些。只是适用条件受一定的限制，生效的民事判决只是针对某一具体的法律关系，而且只是当它牵涉已经参加本案诉讼或虽然还未参加但可能并有权参加这一诉讼的那些主体时，才具有预决效力。[①]

在我国，关于民事判决在民事后诉程序中的预决效力，《民事诉讼法》

---

① ［苏］史图钦：《苏维埃民事诉讼上的预决》，张柴葛译，载《苏维埃国家和法杂志》1956 年第 5 期，第 60～61 页。

没有进行规定。直到 1992 年实施的《关于适用〈中华人民共和国民事诉讼法〉若干问题的意见》（以下简称为《若干意见》）第 75 条第（4）项才规定，“已为人民法院发生法律效力的裁判所确定的事实”，当事人无须举证。当时最高人民法院出台这一规定的目的主要在于避免重复举证、重复审理以提高诉讼效率，并没有考虑这是既判力预决效力的一种客观要求。对于这一点，可以从当年的理论著作和论文中反映出来。1992 年以前我国还没有正式使用预决效力这一概念，解释《若干意见》的代表性著作如《最高人民法院适用中华人民共和国民事诉讼法若干问题的意见》以及《民诉法适用意见释疑》等均未从既判力预决效力的角度来阐释这一规定的目的或作用，而更多的是从减轻当事人举证责任的视角来探讨其制度价值的。直到 2001 年，梁书文先生著的《民事诉讼法适用意见新释》才将这一规定与预决效力联系起来。梁先生认为，已为人民法院发生法律效力的裁决所确定的事实为已决事实。这一事实在其他案件中转变为预决事实，预决的事实不需证明，原因在于该事实已为人民法院所查明，客观上无再次证明之必要，另外该事实已为人民法院裁判所认定，该裁判具有法律约束力，这种约束力也包括对该事实认定上的不可更改性。[①] 因而，《若干意见》第 75 条第 4 款对于预决效力的规定有点儿“无心插柳柳成荫”的意味。由于这一规定缺乏既判力预决效力相关理论的指导，从预决效力的视角来看，这一规定是很不科学的。它的主要问题在于将预决效力绝对化了，也就是说前诉判决对于后诉具有无可争议的先决作用，后诉法院必须将前诉判决作为基础来进行判决，即便当事人在后诉中提出了新的证据也是不能考虑的。这样的规定过分地放大了既判事实的预决效力，将民事判决的事实基础绝对化了。其根源在于立法者没有认识到或者是忽略了证明标准的多元性和层次性特点，也没有认识到民事判决所确定的事实仅仅是一种法律意义上的真实，并非客观的真实。当然，1992 年前后，尽管我国民事诉讼理论界已经开始批判高度的职权主义诉讼模式和绝对客观的证明标准，但由于几十年形成的思维定式所具有的强大惯性作用，使得职权主义模式还是主宰着审判，实现案件审判的客观真实依然是司法政策的基本要求，普通老百姓也仍然是以一种近乎崇拜的心理认可司法的绝对权威。因此，1992 年《若干问题》的规定尽管不科学，但其是特定背景下正常孕育出来的产品。

九年后的 2001 年，最高人民法院颁布了《关于民事诉讼证据的若干规

① 梁书文：《民事诉讼法适用意见新释》，法制出版社 2001 年版，第 140 页。

定》（以下简称为《若干规定》），其第9条规定："下列事实，当事人无需举证证明：……（四）已为人民法院发生法律效力的裁判所确认的事实；……当事人有相反证据足以推翻的除外。"这一规定相对于《若干意见》而言，具有明显的变化，即从绝对的预决效力立场转变为相对的预决效力立场。具体而言，《若干规定》认为终局判决所确定的事实在后诉中对法官的拘束力不再是不可争辩的，在有相反证据的情形下是存在不以既判事实作为后诉裁判基础的空间的。在短短的九年时间内，最高人民法院的观点发生了这样的转变，有其深刻的理论根源：随着司法改革的深入，民事诉讼理论界逐步对高度职权主义的诉讼模式进行了反思，并且出现了由职权主义诉讼模式向当事人主义诉讼模式转型的明显趋势。而职权主义模式下，国家是通过发现客观真实来确保法院判决正当性的，至少在理论上是这样的。而当事人主义诉讼模式将判决的正当性基础定位为法律真实与程序保障下的当事人自我责任。也就是说，某一案件的判决只要达到了法律所要求的真实程度，并且在审理的过程中给予了当事人充分的程序保障，那么即使判决事实与客观真实不相符，也是正当的判决。由于当事人主义诉讼模式下判决的正当性融入了"客观真实"外的当事人因素，当事人可基于程序主体的身份而自由行使或者处分自身的权利。例如，当事人自认、放弃辩论权等行为无疑会直接影响判决的客观真实性，但在当事人主义的诉讼理念中，法院判决所确定事实与客观真实之间的这种偏离丝毫不会影响判决的正当性。在这样一种背景下，既判事实的"客观真实"地位自然被动摇，绝对客观的假面纱被人们撕破，露出了法律意义上真实的真身。另外，在诉讼法学界，由对判决客观真实论的怀疑为导火索，而引发的客观真实证明标准与法律真实证明标准之间的巅峰对决，以法律真实理论明显占据上风的结局也直接影响着司法解释者对《若干意见》关于预决效力绝对化的反思。

依笔者之见，从《若干意见》的绝对预决效力转为《若干规定》的相对预决效力无疑是一种立法的进步，也是一种对预决效力认识的深化，但这显然没有全面反映预决效力相对性的真正内涵。预决效力的相对性不仅体现在既判事实对后诉法院法官拘束力的相对性上，同时预决效力本身也是相对的。并不是所有的既判事实均可以在后诉中产生免证的效力。如当事人为了早日终结诉讼，而放弃了对主要事实的辩论，并对一些重要的实体权利作了消极的处分，此时为了不让当事人在本诉中的消极处分行为在后诉中带来严重的后遗症，应当否认本诉判决所确认事实的预决效力。同时，也并不是所有的既判事实在后诉中只能产生免证的效力，如针对人事关系所作的判决，为了维护社会关系的稳定性，其在后诉程序中不仅具有免证的效力，而且同时具有不可反证的效力。因此，民事判决所确定的事实在后诉程序中的预决效力也应当具体情况进行具体的分析。

三、民事既判事实在行政诉讼中的预决作用

“为了防止行政诉讼对已经民事判决确定的事实进行重复证明，把原应在民事诉讼领域解决的问题引入行政领域，从而造成‘轻罪重判’的现象，应当把民事判决的既判力延伸至行政诉讼中。”① 关于民事判决在行政诉讼中具有预决效力的立法依据主要体现在2002年最高人民法院颁布的《关于行政诉讼证据若干问题的规定》第70条，该条规定生效的人民法院裁判文书确认的事实（显然包括民事判决所确认的事实）或者仲裁机构裁决文书确认的事实，可以作为定案依据。但是如果发现裁判文书或者裁决文书认定的事实有重大问题的，应当中止诉讼，通过法定程序予以纠正后再恢复诉讼。从这一规定可以看出，最高人民法院似乎赋予了民事判决所确定事实在行政诉讼中的预决效力。但仔细分析，这一规定是存在重大问题的：首先，最高人民法院对民事判决在行政诉讼中到底有没有预决效力的态度其实是不明确的，因为“可以”本身就是一个指令不明确的词语。将“人民法院裁判文书确认的事实，可以作为定案依据”这样的规定理解为不将既判事实作为定案的依据并不违法是完全可以的。其次，但书部分对既判事实在行政诉讼中的预决效力的确定程度与之前的含糊表述似乎并不相称。“如果发现裁判文书或者裁决文书认定的事实有重大问题的，应当中止诉讼，通过法定程序予以纠正后恢复诉讼”这样的规定无疑强烈地表达了既判事实应当在行政诉讼中产生绝对预决效力的意思。因为在发现既判事实存在重大问题时后诉法院不能不考虑前诉判决所确定的事实，而只能暂时中止案件，等有问题的事实通过特定程序的得以纠正后再将其作为定案的依据。如果最高人民法院“通过法定程序予以纠正”的规定，是暗指在后诉行政案件作出判决前，应当先通过再审程序等对前案既判事实作出纠正，以保证后诉行政案件与前诉案件在认定事实上的一致性的话，那么2002年的司法解释又回到了十年前的认识，即在预决效力问题上又倒退到绝对的预决效力立场。因为，绝对的预决效力允许后诉案件认定事实与前案既判事实不一致的条件是，在后诉案件作出判决前，

---

① 张敬博：《试论民事判决在行政诉讼中的预决效力》，载《中共青岛市委党校青岛行政学院学报》2006年第5期。

必须对前诉案件既判事实进行再审变更，以求得前后两案认定事实上的一致。最后，《关于行政诉讼证据若干问题的规定》与《若干规定》存在冲突。从前面的论述可知，《若干规定》第 9 条规定，已为人民法院发生法律效力的裁判所确认的事实，当事人无须举证证明，但当事人有相反证据足以推翻的除外。也就是说，《若干规定》认为当事人只要有相反证据是可以推翻民事判决所确定的事实的。而依据《关于行政诉讼证据若干问题的规定》第 68 条及第 70 条规定，当事人可以用相反证据推翻的事实仅仅包括众所周知的事实、按照法律规定推定的事实、已经依法证明的事实和根据日常生活经验法则推定的事实，并不包括判决所确定的事实。

笔者认为，在客观上我们应当承认，尽管行政诉讼脱胎于民事诉讼，但民事诉讼与行政诉讼是两种不同的诉讼形式。行政诉讼调整的是行政机关与相对人之间的关系，其是国家通过司法手段调整行政权力运行的一种手段，目的主要在于限制行政权的恣意行使。而民事诉讼调整的是平等主体之间的权利义务关系，其是公权力对私权运行行为的一种调整，目的主要在于解决当事人之间的纠纷。受诉讼本身性质的决定，整体而言，民事诉讼的证明标准也明显地低于行政诉讼的证明标准，民事诉讼中的证明达到盖然性占优即可，但行政诉讼的证明通常需要达到近似于排除合理怀疑的程度。因此，规定民事判决既判事实在行政诉讼中产生绝对的预决效力是不适当的，比较妥当的做法还是根据预决效力影响因素来作具体分析。从民事判决的角度来看：(1) 民事确认判决在行政诉讼中应当具有预决效力。例如，煤矿塌方案件中，民事判决确定公民死亡、失踪的判决在追究煤矿管理方行政责任的行政诉讼中具有预决效力，审理行政诉讼的法官不应对民事既判事实再次进行审理认定，而应当直接将其作为后诉裁判的依据。(2) 民事变更判决在行政诉讼中也具有预决效力。例如，在民事诉讼中法院判决甲乙之间解除婚姻关系，甲基于婚姻关系已经解除的事实向房产管理部门申请房产所有权变更，但遭受拒绝而引发行政诉讼，此时法院应当依据民事判决所确定的婚姻关系已经解除这一事实作出国土部门应当依据当事人的申请变更产权证的判决。(3) 给付判决。给付判决是按照比较低的证明标准确定当事人之间的权利义务，并结合民事诉讼中其他的一些特有原则（如处分原则）责令一方当事人向对方当事人支付一定金钱、财物或者履行一定其他义务的判决。这类判决因证明标准低，并且掺入了当事人处分等一些个人因素，通常在行政诉讼中不生预决效力。例如，在行政诉讼中，法院不能直接依据肇事司机在民事诉讼中被判决向交通事故中受伤者支付医药费的事实，而判定交管部门吊销司机驾照并行政拘留 15 天的行为合法。从行政诉讼的视角来看，限制人身自由的行政判决具有较高的证明标准，此时民事判决所确认的事实通常不生预决效力，当然确认判决和变更判决除外。而一般的行政案件，其与民事判决的证明标准区别不大，我们应当尽量地认可民事既判事实在行政判决中的预决效力，以最大限度地协调民事判决与行政判决的关系，促进司法的统一和谐。

四、刑事既判事实在民事诉讼中的预决作用

在法国，法院判例法自 19 世纪初以来一直承认这样一个原则，即刑事司法裁判在民事方面对所有人都具有既决事由的权威效力。不过，对于这一原则不能理解为法国人认为刑事判决在民事诉讼中具有绝对的预决效力。相关的判例对这一问题作了更为具体的诠释，即认为刑事判决生效后，“不再允许民事法官无视刑事法官就构成民事诉讼和刑事诉讼之共同基础的犯罪事实的存在、其罪名以及对受到归咎的人是否有罪所作出的必要而肯定的决定”。[①] 例如，刑事判决确认被告人以合同为名进行诈骗，后面的民事诉讼中法院不能作出该合同有效的认定。又如被告在前诉中被判重婚罪，在其配偶起诉的离婚诉讼中，法院不能认定重婚事实不成立，并认为夫妻关系良好，判决不予离婚。之所以承认这种拘束力，是因为刑事法庭拥有民事法庭所不能拥有的侦查与证据手段，刑事法庭作出的判决比民事法庭的判决更能接近于事实真相。[②] 而法国不承认刑事判决在民事诉讼中绝对预决效力的原因在于：尽管刑事诉讼程序具有特别的保证，但刑事裁判决定却远非始终都与事实真相完全一致，有意、无意的错误在所难免。

英国 1968 年《民事诉讼法》第 11 条规定，只有已经存在的有罪判决才应在民事诉讼中作为证据，而无罪判决不能作为证据。在任何民事诉讼中，某人已被联合王国的任何法庭或各地的军事法庭证明判决犯有某罪，那么他应被推定为已经实施了该罪，除非相反的情形得到证明。为了证实该判决所依据的基础事实，在不妨害采纳任何其他可采纳的证据的前提下，任何可以采纳作为有罪判决证据的文件内容，犯罪嫌疑人被判决有罪的公诉书、起诉书、控告书、犯罪事实记录的内容都被采纳为证据。[③]

《苏俄刑事诉讼法典》第 13 条规定，已生法律效力的关于刑事案件的法

---

① 王新环：《公诉权原论》，中国人民公安大学出版社 2006 年版，第 292 页。

② ［法］卡斯东·斯特法尼等：《法国刑事诉讼法精义》（下册），罗结珍译，中国政法大学出版社 1999 年版，第 886 页。

③ 齐树洁：《英国证据法》，厦门大学出版社 2002 年版，第 63 页。

院刑事判决，对于正在审理犯罪所造成的民事后果的法庭所能发生的拘束力只限于，犯罪行为是否已经实施以及这种行为是不是被告人实施的。《苏联民事诉讼法典》（1964 年）第 55 条规定：“已发生法律效力的某一刑事案件判决，对于审理刑事判决人的行为的民事法律后果的案件的法院来说，只在是否有过这种行为和此种行为是否为该人所实施的问题具有约束力。”（第 3 款）

据此我们可以看出，上述域外立法对于刑事既判事实在后诉民事程序中的预决效力有比较一致的看法，即均认为刑事判决在民事诉讼中应当具有一定的预决效力，尤其是在罪与非罪上，以及作出有罪判决所依赖的基础事实的认定上存在绝对的预决效力。但是在刑事诉讼中所作的无罪判决并不能作为后诉民事程序审判的依据。

对于我国刑事判决在后诉民事程序中的预决效力问题，笔者谈以下两点看法：

第一，在前面已经论及，《若干意见》对于既判事实的预决效力规定得过于绝对，而《若干规定》则对其作了“相对化”的技术处理，即增加了“当事人有相反证据足以推翻的除外”之规定。这种处理对于软化民事既判事实在后诉民事程序中的绝对预决效力可能会带来一定的效果，因为前后两诉性质相同，证明标准相同。但要通过这种方式达到软化刑事既判事实在民事诉讼中的预决效力可能会相当困难，甚至不可能。例如，在一起故意伤害案件的刑事诉讼程序中，法院以案件事实不清、证据不足为由作出无罪判决。如果受害人在提起损害赔偿的民事诉讼中，必须提出足够的证据推翻刑事诉讼中的无罪认定，方可获得民事胜诉判决，那将是一件相当困难，并且明显没有必要的事情。因此，《证据规定》第 9 条关于预决效力的规定，是完全不能指导刑事既判事实在民事诉讼中如何发挥预决作用的。

第二，关于刑事既判事实在民事程序中的预决效力应当借鉴国外的做法，区分有罪与无罪，然后作不同的处理：（1）有罪判决在后诉民事诉讼中的预决效力。有罪判决是依据最高的证明标准、严格的诉讼程序作出的事实认定，其是在犯罪事实清楚、证据确凿充分的条件下得出的结论，在理论上最接近客观真实，因而在后诉程序中除被审判监督程序撤销外，在后诉民事程序中具有绝对的预决效力，法官必须依据刑事有罪判决为事实基础来处理民事案件。例如，在刑事诉讼中，判决甲对乙实施了伤害行为，并构成故意伤害罪，那么在后续的民事程序中，法院对于乙基于甲实施的伤害行为而要求支付其医疗费、误工费的民事请求就应作出肯定性的事实认定，而不能以其他理由作出不同的认定。对于这一点，我国理论界也是比较认可的，如我国知名学者江伟等认为，“如果法院在刑事诉讼中作出的是有罪判决，受害人若单独对刑事被告人提起民事诉讼，受理民事诉讼的法院要受到前面刑事判决的约束，要以刑事判决所认定的有罪事实为依据作出认定，不得作出与之相反的事实认定”。[①]（2）确定的无罪刑事判决在后诉民事程序中的预决效力。确定的无罪判决是法官在查明案件事实的基础上确定无疑地认定被告人无罪的判决。这种判决与有罪判决一样，对后行民事诉讼应具有绝对预决效力。在民事侵权诉讼中，被告人可以刑事无罪判决否认实施了侵权行为，法院可以据此认定被告人未实施侵权行为。（3）存疑无罪判决在后续民事案件中的预决效力。在刑事诉讼中，疑罪从无是一条基本原则，因而大量的无罪判决并非客观上真正的无罪，而只是因未达到刑事诉讼所要求的证明程度所作的无罪判决。这种无罪判决所认定的事实在后续民事诉讼中不能产生预决效力，后续民事法官可以不考虑刑事无罪判决的认定而作出要求行为人承担民事责任的判决。美国著名的“辛普森案件”就是依据这一法理作出的判决。在辛普森一案中，尽管刑事判决认定辛普森故意杀人罪名不成立，但随后的民事审判仍然认为辛普森对其妻死亡负有责任，并判决其承担巨额赔偿责任。这样判决的道理很简单，刑事诉讼的证明标准高，民事诉讼的证明标准低，根据刑事诉讼证明标准不能认定被告人有罪的案件，并不意味着在民事侵权诉讼中，受害人提供的证据也无法达到民事诉讼的证明标准，只要在民事程序中的证据达到了盖然性占优的程度其即可获得胜诉判决。

五、行政既判事实在民事诉讼中的预决作用

行政诉讼是指法院根据行政相对方的申请，运用国家审判权并依照司法程序审查行政行为合法性从而解决行政争议的一种制度。行政判决是一种公权力对另一种公权力进行评判的过程，即是司法权对行政权运行合理性进行审查评判的过程，这一过程是以国家名义作出的，蕴涵着一种国家公权力权威的因素，因而行政判决具有强于民事判决的社会公信力和公定力。为了维护这种审判的权威，行政判决所确定的事实应当具有相当的稳定性，不应被轻易地改变。因而行政判决不仅具有一种禁止本案重复诉讼的效力，同时还应当具有一种拘束后诉法院作出相反事实认定的效力，也就是说行政判决应当在后诉案件中具有一定的预决效力。对此，如前所述，我国《证据规定》

---

① 江伟、常廷彬：《论已确认事实的预决效力》，载《中国法学》2008 年第 3 期，第 108 页。

以及《关于行政诉讼证据若干问题的规定》均有明确规定。

具体到民事诉讼，究竟应该如何处理行政判决所确定事实的预决效力呢？为了维护审判权的一致性、法的安定性，在原则上是应当承认行政判决所确认的事实在民事诉讼中具有预决效力的。例如，维持人民政府所作的土地确权决定的行政判决，对今后发生的有关该土地的侵权诉讼具有预决效力。但并不是所有行政判决所确认的事实均在民事诉讼中发挥预决作用。从行政诉讼和民事诉讼相互关联的视角来看，行政既判事实在民事诉讼中发挥预决作用必须符合以下条件：[①] 第一，后行民事诉讼的当事人参加过行政诉讼，其在行政诉讼中或是原告或是第三人。例如，后行民事诉讼的当事人没有参加过先行行政诉讼，那么就不能要求未参加行政诉讼的当事人接受其不利的结果，行政诉讼所认定的事实对后行民事诉讼应没有预决效力。第二，符合程序保障原则的要求。例如，民事诉讼的当事人虽参加了行政诉讼，但其未对预决事实进行举证、质证，那么该事实对后行民事诉讼不具有预决效力。第三，行政判决所确认的事实必须与当事人在民事诉讼中主张的事实具有一定的关联性。这种关联性产生的原因主要有：（1）行政争议与民事争议之间具有联系。其主要表现为：其一，具体行政行为的合法性是处理民事争议的前提条件，具体行政行为合法性问题得不到解决，相关民事争议就得不到解决。其二，行政争议因民事争议而生，即行政机关为解决已经存在的民事争议而作出行政裁决，而民事争议当事人对该行政裁决不服而产生行政争议。（2）两种性质的诉讼请求之间的关联性。[②]

从行政判决自身的角度来看，并非所有类型的行政判决均具有预决效力，而是需要结合具体诉讼类型的运行规律进行具体分析。我国现行《行政诉讼法》并没有明确规定行政诉讼的类型，但根据《行政诉讼法》第54条、第67条以及最高人民法院《关于执行〈中华人民共和国行政诉讼法〉若干问题的解释》第50条、第57条等的规定可以大致地推导出，我国行政诉讼类型有撤销诉讼、变更诉讼、履行诉讼与行政赔偿诉讼。[③]（1）撤销诉讼。撤销诉讼，是指相对人认为行政机关的具体行政行为违法，请求法院予以撤销而引起的诉讼。目前，这类诉讼较为广泛，无论是对行政机关行使公权力的行为不服，还是对行政机关裁决民事纠纷的行为（行政裁决）不服，都可提起

---

① 江伟、常廷彬：《论已确认事实的预决效力》，载《中国法学》2008年第3期，第109页。

② 马怀德、张红：《行政争议与民事争议的交织和处理》，载《法商研究》2003年第4期。

③ 关于行政诉讼的类型问题参考了薛刚凌：《行政诉权研究》，华文出版社1999年版，第171～173页。

撤销诉讼。在撤销诉讼中，原告是其权利受行政机关具体行政行为侵害者，被告是实施了有争议的行为的行政机关。对于撤销诉讼，无论法院作出肯定行政行为合法还是否定行政行为合法的判决在后续民事诉讼中均有预决效力。前者如，法院在行政诉讼中判决拆迁办的强制拆迁行为合法，那么在房屋被拆迁的居民向法院提起房屋损害赔偿的民事诉讼中，法院就应当依据行政诉讼中确定的拆迁办的拆迁行为属于合法的执法行为这一既判事实，判处其败诉。后者如，在行政诉讼中法院判定城管部门的行政执法行为属于违法行为，那么在行政相对人要求城管部门赔偿其在执法过程中所损害的财物的民事诉讼中，法院应当以行政判决所认定的事实——城管执法系非法执法而判定行政相对人胜诉。(2) 变更诉讼。变更诉讼，是指相对人认为行政机关的具体行政行为显失公正，请求法院予以变更而引起的诉讼。相对来说，这类诉讼范围较窄，只限于行政处罚行为。变更诉讼与撤销诉讼有许多相似之处，如原被告的资格基本相同，诉讼中同样适用不停止执行原则，同样不得进行调解，两者的审理程序也完全相同。但人民法院在审理变更诉讼案件时，不仅可以实行法律审，还可以进行事实审；此外，人民法院有权直接变更行政处罚，从而直接决定相对人在行政法上的权利义务。在撤销诉讼中，法院只能就行政机关行为的合法性作出判断，违法的予以撤销，不能直接决定相对人在行政法上的权利义务。由于民事责任和行政责任是两种相互关联的责任，行政责任的有无直接决定民事责任的有无，但变更诉讼判决并不改变行政机关行政行为是否属于非法行为的定性问题，因而在相关联的后续民事诉讼中并不产生预决效力。例如，在一起交通事故中，甲因违法驾驶导致行人乙受伤并逃逸，公安机关交通管理部门给予甲吊销机动车驾驶证，且终生不得重新取得机动车驾驶证的处罚。后甲认为处罚过重而提起行政诉讼，法院作出吊销机动车驾驶证，五年内不得驾驶营运机动车的判决。此行政变更诉讼判决对于因损害赔偿问题引发的后续民事诉讼并无影响。(3) 履行诉讼。履行诉讼，是指相对人请求法院责令行政机关履行法定职责而引起的诉讼。我国《行政诉讼法》第54条第（三）项明确规定被告不履行或者拖延履行法定职责的，判决其在一定期限内履行。由于履行判决并不确定法律事实，因而在后续的民事诉讼中没有预决效力。(4) 行政赔偿诉讼。行政赔偿诉讼，是指相对人认为行政机关的行为侵犯其合法权益并造成实际损害，请求法院判令行政机关赔偿而引起的诉讼。在行政赔偿诉讼中，法院并不确定事实，并且在审判方式上可以适用调解，法官的自由裁量权较大，不受法律的限制，可以直接判决侵权的行政机关对受害相对人予以赔偿。因而，此类判决在后续民事诉讼中没有预决效力。

六、仲裁裁决事实在民事诉讼中的预决作用

关于仲裁裁决的预决效力，我国现行《民事诉讼法》未作任何规定，最高人民法院《关于适用〈中华人民共和国民事诉讼法〉若干问题的意见》第75条将自认的事实、众所周知的事实和自然规律及定理、民事裁判所确定的事实、推定的事实、有效公证文书所证明的事实规定为当事人可以免于举证的事实，但没有规定仲裁裁决的事实是否属于免证的事实。直到2001年，最高人民法院《关于民事诉讼证据的若干规定》第9条将已为仲裁机构的生效裁决所确认的事实规定为当事人无须举证证明的事实。此后，最高人民法院《关于行政诉讼证据若干问题的规定》第70条亦规定，仲裁机构裁决文书所确认的事实，可以作为定案依据。从立法的情况可以看出，我国对于仲裁裁决预决效力是近几年才获得立法承认的。立法上将仲裁裁决的事实与判决确定的事实并列地作为后诉免证事实得益于学理上对于仲裁裁决预决效力的普遍认可。例如，谭兵教授主编的《中国仲裁制度研究》一书认为，“已为生效仲裁裁决确认的事实在后发的纠纷解决程序中属于不需要证明的事实，可直接作为裁决的根据；对生效仲裁裁决确认的法律关系，其后的裁决不得与之冲突”。[①] 学者肖建国、肖建华合著的《民事诉讼证据操作指南》一书认为，“仲裁裁决书虽非法院作出的裁判，但与确定的判决有同一效力，也具有既判力，当事人不得就仲裁裁决的内容另行起诉，若在其他诉讼或仲裁中用作攻击或防御方法，不得为相异的主张，法院或者仲裁机构也不得作出与生效仲裁裁决书所确认的事实相反的判断”。[②]

尽管学理上普遍地认可仲裁裁决的事实具有与诉讼判决确认的事实同等的免证效力，立法（司法解释）对此也进行了明确的规定，但将仲裁裁决的预决效力与民事判决、行政判决等所确定的事实的预决效力等量齐观是颇有疑问的。原因在于：（1）仲裁是纠纷当事人在自愿基础上达成协议，将纠纷提交给非司法机构进行审理、评判，然后由仲裁机构作出对当事人具有约束力裁决的非诉方式。仲裁裁决的案件主要是民商事案件，仲裁所解决的纠纷主要是民商事纠纷，这一特点决定了仲裁程序所要实现的第一价值是程序效率而非程序公正。为了实现这一特定的价值目标，仲裁程序非常尊重当事人

---

① 谭兵：《中国仲裁制度研究》，法律出版社1995年版，第249页。

② 肖建国、肖建华：《民事诉讼证据操作指南》，中国民主法制出版社2002年版，第111页。

的程序选择权，鼓励当事人行使处分权，强调当事人之间的和解，并尽量地使用简单的程序，实行一裁终裁。这一系列的程序特性决定了仲裁程序裁决的事实可能远离客观真实。（2）仲裁机构的裁判权来自于当事人的让渡。当事人双方通过签署仲裁契约，将争议的解决权同时让与给相同的第三人，然后由该第三方对他们之间的纠纷进行裁决，当事人必须受仲裁裁决的拘束是基于当事人之间的"合同效力"。这种效力尽管带有一定的公益成分，但更多的是一种当事人意思的体现。因而仲裁裁决不像法院判决那样需要遵循一种司法权威或国家权威，其只要尽量尊重当事人的意思，及时合理地作出裁决即可。（3）仲裁裁决的使命在于及时、公正地终结本案，而不生出要求后续程序不可辩驳地服从的法律事实。如果过分强调仲裁裁决的预决作用，将会使当事人因担心本案中无足轻重的小争点可能在后续程序中带来致命的后遗症而无休止地陷入鸡毛蒜皮的争论之中，并牵引着整个仲裁程序朝着远离经济、快速的轨道南辕北辙式地前行。显然，这样的结果是我们所不能接受的。（4）虽然在形式上规定了仲裁裁决的事实在诉讼程序中具有预决效力，但实际上司法是没有容忍仲裁完全独立，并服从仲裁裁决的度量的。司法机关对仲裁裁决的审查权，以及仲裁裁决在调查取证、保全、执行方面对司法机关的依赖事实上形成了法院在仲裁机关面前的绝对强势，仲裁机关与司法机关缺乏平等对话的基本平台，仲裁裁决所确定的事实要真正地在诉讼程序中发挥预决作用，在很大程度上取决于法官的主观意愿，在法官不愿意将仲裁事实作为后续程序的基础事实时，他们可以轻易地作出摆得上桌面的"技术处理"。

在结论上，笔者认为，为了协调诉讼程序与非诉程序之间的关系，在民事诉讼程序中尽量地尊重仲裁裁决所确定的事实是非常必要的。由于仲裁程序注重效率价值，实行简化程序，突出调解与和解，鼓励当事人权利处分，适用较低的证明标准，这些特性共同决定仲裁裁决所确定的事实远非客观真实的事实，因而在诉讼程序中法官没有认可仲裁裁决事实的预决效力时，我们是应当宽容的。

第四节　既判力扩张性效力与终结诉讼效力的分离

一、既判力扩张性效力与终结诉讼效力分离的含义及意义

综合前面的论述可以看出，现代意义上既判力效力包括以下三项内容：

禁止当事人重复诉讼，提出与确定判决相矛盾的主张，提出与确定判决相矛盾的证据材料的效力；禁止法院重复受理和审判案件的效力；前诉判决与后诉案件的审理具有先决关系时，后诉法院必须以前诉判决既判事项为前提来审理后诉。前两层效力统称为既判力的终结诉讼效力（本案效力），后一层效力叫做预决效力（扩张性效力）。对于终结诉讼效力和预决效力，在绝大多数情况下，它们是相互依存，互不分离的一对效力。但在某些特殊情形下，这两种效力可能发生分离，即只有终结诉讼的效力或者只有预决效力。笔者将这种现象称为既判力效力的分离，而将探讨这一问题的相关理论称为既判力效力分离理论。既判力效力的分离有两种具体情形：（1）只有终结诉讼的效力而没有预决效力。这种情形是相当多的，如刑事无罪判决具有终结诉讼的效力，但是在民事诉讼中没有预决效力；确认当事人为无民事行为能力人的案件具有终结诉讼的效力，但无预决效力。（2）只有预决效力而没有终结诉讼的效力。所有中间性判决，对于主诉而言均是没有终结诉讼效力而有预决效力的典型。应当说明的是，在本源上，终结诉讼效力和预决效力均来自于终局判决，但这两种效力一旦发生分离，其即不再专属于终局判决，可以用来解释非诉法律文书的效力，亦可说明中间性判决的功能。

既判力效力的分离是以人们对于预决效力有所认识为前提的。在对预决效力形成认识之前，人们对既判力效力进行研究是围绕如何使已经裁判的诉讼不至于被重复提起和重复审判，使终结诉讼的效力能够得以实现而进行的。整个既判力制度的功能被定格在及时地终结一个案件的审理，以保证诉讼机器的运行具有一定的效率，并避免一个案件具有多个有效判决的情况发生。尽管终结诉讼效力本身还包括两层效力，即禁止当事人重复诉讼的效力与禁止法院重复受理的效力，但这两层效力在目的上一致，在功能上相同，因而不存在效力分离的基础。但自从人们认识了既判力的预决效力后，情况就有了很大的不同，因为既判力预决效力的主要作用在于如何使既判事实在后诉中能够直接地得到运用，并实现提高诉讼效率，减少矛盾判决，协调诉与诉之间的关系，其与既判力本案效力所具有的功能存在很大的区别。因此，在理论上，既判力预决效力的发现为既判力效力的分离提供了契机。但遗憾的是，在诉讼法理论上，似乎还没有人比较系统地分析这一问题，或者压根就还没有人意识到这一问题。

笔者认为，既判力效力分离理论具有重要的理论意义和现实价值。终结诉讼的效力使得诉讼不能被重复起诉和重复审理；预决效力能有效地避免前后两诉之间产生矛盾；而终结诉讼效力与预决效力的分离为中间诉讼的存在提供了理论依据，也为诉讼机制与非诉讼机制的相互整合提供了桥梁。如果说终结诉讼效力具有协调案件内部矛盾的功能，而预决效力具有协调不同案件之间关系功能的话，那么预决效力与终结诉讼效力之间的分离不仅具有协调诉讼机制内部关系的作用，同时也有整合诉讼机制与非诉机制关系的功效。

二、既判力扩张性效力与终结诉讼效力分离的情形之一：以法院调解为例

有终结诉讼的效力而无预决效力（既判力扩张性效力）是既判力内部效力分离的表现形式之一，这种现象不仅发生在特殊诉讼情形下，在一些非诉程序上也有非常明显的体现，如法院调解。

为什么说法院调解仅有终结诉讼的效力而无预决效力呢？解答此问题应当从法院调解的既判力问题谈起。在学理上，对于法院调解（诉讼上的和解）是否具有既判力，理论界有以下几种观点：（1）既判力肯定说。该说认为，“和解为判决之代用，法律上赋予形式上属于自治的解决纠纷之和解以形式上为国家裁判权行使之判决相同之效果，故和解应有既判力，所成立之和解不问依实体法或诉讼上之理由而认其无效，除依再审程序可以对之进行攻击外，不得再主张续行前诉讼”。[①] 支持肯定说的学者从不同的角度论述他们的理由，如日本的藤原弘道从实务的角度论证了肯定说的合理性，他说，“如果允许当事人对生效的和解笔录进行争执，很少会起到纠正错误无效笔录的作用，反而会成为抱有反复对纠纷进行争执之恶意当事人一种很好的利用手段”。[②] 小三升则从当事人诉讼责任的视角来说明赋予诉讼和解既判力的价值，他指出，“和解无效大多是以要素错误来进行主张，但是既然诉讼和解是在具有审判权威的审判机关前进行的，当事人就应当特别慎重，因此，一旦达成和解协议，就不应当再允许当事人以错误为理由主张和解无效”。[③] 我国有人承认诉讼和解的既判力。例如，程宗璋博士认为，诉讼上的和解成立后，就具有与确定判决相同的效力。[④] （2）既判力否定说。该说认为，和解为当事人自主解决纠纷的方式，因而以当事人的合意为其核心，法院只不

---

① 陈计男：《民事诉讼法论（下卷）》，三民书局1994年版，第110页。

② ［日］后藤勇、藤田根三：《诉讼上和解的理论与实务》，西神田编辑室昭和六十二年，第488页。

③ ［日］小山升：《民事调解与民事和解的研究》，日本信山社平成三年，第253页。

④ 程宗璋：《也论诉讼上和解的要件与效力》，《山西省政法管理干部学院学报》2000年第3期。

过加以斡旋，且就和解的内容作形式上的审查而已，并未令当事人就和解是否存在瑕疵提出充分的攻击防御方法后而作出诉讼上的判断，因此，不能承认诉讼上的和解有既判力。[①] 持该说者还有人主张，假设承认和解具有既判力，也会存在既判力客观范围不明确的问题。依通说，既判力的客观范围限于主文，判决理由中的判断没有既判力，而和解笔录并没有主文，若承认全部笔录有既判力，则与承认判决理由中的判断有既判力无多大差异，故若如此则和解与判决将丧失对应关系。[②] 在立法上，日本的旧《民事诉讼法》曾经采纳了该学说。在我国，很少有学者明确提出诉讼和解没有既判力，但有学者作了间接的否定。例如，何文燕教授主编的教材《民事诉讼法学》在论述法院调解（诉讼和解）的效力时，没有谈及其具有终结诉讼的效力或预决效力，从而间接地否定了诉讼和解的既判力。[③] （3）既判力限制说。该说主张原则上承认诉讼上的和解具有既判力，但和解的既判力是受限制的，当出现如下情形时无既判力：内容违法；违反公序良俗；当事人意思表示不真实；有通谋虚伪的意思表示；无代理权；有要素错误等。[④] （4）部分既判力说。该学说认为法院调解具有终结诉讼的效力，但是否具有预决效力并没有谈及。当前，我国大部分新编的权威教材均采这一说法。例如，江伟教授主编的《民事诉讼法》认为“法院调解是人民法院审结案件的方式之一。法院调解生效后，诉讼程序即告终结，人民法院不得对同一案件进行审理或另行作出裁判，当事人也不得提出上诉”。[⑤] 章武生教授主编的《民事诉讼法新论》认为“法院调解生效后，即标明当事人之间实体权利义务的争议已经得到了解决和确认，双方当事人不得就同一诉讼标的和同一诉讼理由再向人民法院提起诉讼，也不允许当事人对调解提起上诉”。[⑥] （5）既判力限缩说。[⑦] 该学说认为应当承认法院调解的既判力，但对既判力的范围作限缩解释。在主体上，只对前诉当事人或相当于当事人地位的人产生既判力。在客观范围上，限于和解协议确定事项。在作用方面，只承认和解协议的消极作用而不承认其积极作用，即禁止当事人对协议确定事项重新进行起诉，不允许协议确定事项

---

① 骆永家：《既判力之研究》，三民书局 1999 年版，第 171 页。

② 骆永家：《既判力之研究》，三民书局 1999 年版，第 171 页。

③ 何文燕：《民事诉讼法学》，湖南人民出版社、湖南大学出版社 2001 年版，第 218 页。

④ ［日］兼子一：《民事诉讼法体系》，日本酒井书店 1964 年版，第 309 页。

⑤ 江伟：《民事诉讼法》，中国人民大学出版社 2007 年版，第 269 页。

⑥ 章武生：《民事诉讼法新论》，法律出版社 2005 年版，第 265 页。

⑦ 刘青峰：《司法判决效力研究》，法律出版社 2006 年版，第 196 页。

作为后诉判决基础。持该观点的主要理由在于：诉讼和解同时具有私法行为和诉讼行为的性质，是法院审判权和当事人处分权相互作用的结果。如果完全否定其既判力，允许当事人任意地另行起诉或继续原来的诉讼程序，则既不符合诉讼经济的目的，也容易损害司法权威，使诉讼和解制度失去意义。但由于诉讼和解主要是当事人行使处分权的结果，诉讼和解确定的事项未经过严格审查，完全肯定其既判力对当事人而言过于严苛。

上述关于法院调解既判力的五种学说中，肯定说承认诉讼和解具备了既判力的所有效力。否定说不承认既判力的任何一种效力。对限制说而言，由于既判力本身是一个绝对性的概念，不能附带任何条件，而其允许当事人以诉讼法或者实体法上的某些理由重新进行诉讼，进而否定法院调解的效力，因而在实质上属于否定说。部分既判说和限缩说具有一个共同特点，即都认为法院调解具有终结诉讼的效力。但后者明确指出法院调解没有预决效力，并对既判力的主观范围作了更为严格的限制。

笔者认为，对于法院调解的既判力，应当从法院调解的性质和既判力的根据两个方面来进行分析。关于法院调解（诉讼上的和解）的性质，学界主要有诉讼行为说、私法行为说、两行为并存说和两性说四种观点。[①] 诉讼行为说认为诉讼上的和解是与私法上的和解完全不同的一种诉讼行为，私法上和解的内容仅仅是诉讼上和解的缘由，私法上的瑕疵并不导致诉讼法上的当然无效。私法行为说又称为纯私法行为说或纯法律行为说。该说认为诉讼上的和解行为是对诉讼标的所为的司法上的和解契约（民法上的和解契约），其之所以发生终结诉讼的法律效果，原因在于对诉讼标的的争执已经终止，缺乏诉讼之目的，故赋予与确定判决相同的法律效果。两行为并存说认为，尽管诉讼上的和解在现象上是一个行为，但在法律上，却存在着作为私法行为的和解与作为诉讼行为的合意两个行为，而且这两个行为是并存的。两性说又称为两面说，该学说认为诉讼上的和解在法律上也是一个行为，但这一行为却具有两面性质——诉讼法上的性质与私法上的性质。在这四种学说中，诉讼行为说意识到了诉讼和解和当事人自行和解之间的区别，彰显了诉讼和解的诉讼功能，也能够比较合理地解释诉讼和解能够产生类似审判的效力。但诉讼行为说忽视了当事人在诉讼和解过程中所起的积极作用，不能清楚地

---

① 骆永家：《既判力之研究》，三民书局 1999 年版，第 155 ~ 165 页。[日] 高桥宏志：《民事诉讼法制度与理论的深层分析》，林剑锋译，法律出版社 2003 年版，第 630 ~ 633 页。陈计男：《程序法之研究（一）》，三民书局 1986 年版，第 17 ~ 19 页。

解释诉讼和解与判决的本质区别。这种学说是超职权主义诉讼模式下的产物，与当前强调当事人程序主体地位的基本理念存在冲突。私法行为说在理论上注重诉讼上的和解和民法上和解连续性的特征，对法院判决和诉讼和解作了很好的界分，并指出了法院以和解方式解决纠纷和以判决方式解决纠纷的本质区别。这种学说对突出当事人在诉讼和解过程中的程序主体地位、淡化法院调解过于浓厚的职权色彩有重要的作用。但是该学说不能很好地说明当事人之间的自行和解与诉讼和解的区别，同时也存在不能充分说明具有私法性质的和解行为为什么能够产生终结诉讼之诉讼法上的效果。两行为并存说将当事人私法上的处分权和法院公法上的审判权相互交错，共同发生作用的一个过程分解成两个独立的行为有违常理。两性说认为法院调解在法律上也是一个行为，但这一行为却具有两面性质——诉讼法上的性质与私法上的性质，其顺应了超职权的诉讼模式向当事人主义诉讼模式转型的历史潮流，能够清楚地区分诉讼和解与法院判决以及诉讼和解与当事人之间自行和解，并能够合理地解释私法上的处分行为为什么能够带来公法的诉讼效力，因而是一种相对合理的学说。法院调解的私法性质，一方面，决定了当事人必须对自身的处分行为承担一定的法律责任，这种法律责任在既判力效力上体现为不得就和解确定的法律关系另行起诉，不得在其他的诉讼中就同一法律关系提出与和解协议相冲突的主张；另一方面，私法性质也决定了法院调解所确定的事项不以客观真实为基础。因此，在既判力效力上，诉讼和解所确定的事项，在成为后诉的前提性问题时，后诉法院不能将其直接作为判决依据。法院调解的诉讼法性质要求诉讼和解产生与判决相同的效力。由于法院调解同时具有私法性质和诉讼法性质，故诉讼和解应当具有除预决效力以外的其他既判力效力。

既判力根据，是既判力理论产生和存在的物质基础和前提，是既判力是否具有合理性和正当性的参数。关于既判力的根据，学界主要有程序保障说、诉权说、裁判权消耗学说、真实拟制学说、国家审判权说、制度性效力说、程序保障和制度效力二元说等几种观点。如前所述，笔者支持程序保障和制度效力二元说。与判决相比，由于诉讼和解也有法官的参与，因而它们在制度性效力的要求上是基本一致的。但在对当事人的程序保障方面，审判过程明显优于和解过程，在诉讼和解的过程中，当事人的程序权利并没有得到像在审判程序中那样充分的保护，有学者甚至说，“调解的本质特征在于当事人部分的放弃自己的合法权利（合法权利自然也包括合法的程序权利，笔者注）”。[1] 因此，从既判力根据论的角度，我们可以得出一个大致的结论，诉讼和解应当具有某种程度或者某些方面的既判力效力，但绝不至于具有与判决完全同等的效力。综上，笔者认为部分既判力说是一种相对合理的观点。法院调解应具有终结诉讼程序的效力，但不能产生预决效力。

依据法院调解具有终结诉讼的效力而无预决效力的结论，我们可以比较容易地协调诉讼与非诉机制之间的关系，并相对合理地解决现实生活中的一些疑难案件。对此，不妨举一现实案例予以说明。案情大致如下：

湖南某市经济技术开发区 A 村和 B 村交界处有一占地 10 亩的水库和一座占地 21 亩的茶树山。2001 年 6 月，在市经济技术开发区拆迁办的协调下以每年 10 万元的租金出租给金龙公司。2001 年 7 月，A 村和 B 村因水库和茶树山的所有权及 10 万元租金的分配问题发生纠纷，并由 A 村起诉到市经济技术开发区人民法院。经过法院的调解，A 村和 B 村达成如下协议：A 村和 B 村共同拥有两村交界处的水库和茶树山，收益平分。由于开发建厂的需要，2007 年 6 月市经济技术开发区对水库和茶树山进行征收，征收款额为 110 万元。在征收过程中，经济技术开发区的工作人员在市档案局核实其他土地归属问题时，无意中发现有档案材料明确记载前述水库和茶树山归 B 村所有，B 村得知此消息后，遂向市经济技术开发区人民法院提起诉讼，并提出两项请求：一是要求 A 村返还从 2001 年 6 月到 2007 年 6 月六年所分得的租金共计 30 万元；二是要求法院判决水库和茶树山的征收款全部归 B 村。在审理的过程中，A 村提出主张：2001 年 7 月关于水库和茶树山的归属以及所得利益分配办法的法院调解协议合法有效，据此从 2001 年 6 月到 2007 年 6 月六年所分得租金共计 30 万元为合法收益，不应当返还给 B 村，并且水库和茶树山的征收款 110 万元应当分给 A 村一半，即 55 万元。此案该如何判决？

依据法院调解具有终结诉讼程序的效力，但不能产生预决效力的结论，这一案件应当作如下判决：第一，由于法院在 2001 年 7 月就 A 村和 B 村因水库和茶树山的所有权及 10 万元租金的分配问题发生纠纷所作的调解具有终结诉讼的效力，故驳回 B 村“要求 A 村返还从 2001 年 6 月到 2007 年 6 月六年所分得的租金共计 30 万元”的诉讼请求。第二，由于前述的法院调解不具有预决效力，故法院应当依据新的证据判决水库和茶树山的征收款全部归 B 村所有。

---

① 徐国栋：《民法基本原则解释》，中国政法大学出版社 1992 年版，第 123 页。

三、既判力扩张性效力与终结诉讼效力分离的情形之二：以中间性判决为例

在效力上，中间性判决与法院调解截然相反，其只有预决效力（既判力扩张性效力）而无终结诉讼的效力。所谓中间性判决，是指在终局判决作出之前就某些具有相对独立性、对终局判决的审理具有前提性的法律事项暂时性地作出的判决。这种判决具有两个突出的特点：（1）程序的中间性。在诉讼系属之前作出的判决属于先前判决，在诉讼终结时作出的判决叫终局判决。只有在诉讼系属之后，终局判决作出之前所进行的判决才是中间性判决。（2）判决确定事项的前提性。中间性判决所要确定的事项均是终局判决的前提性事项，如果不是前提性事项就不需要在终局判决作出之前通过中间性判决提前来确认。中间性判决具体包括两种判决，即中间判决和中间确认判决。

中间判决。“所谓中间判决，系指对诉讼进行中产生的诉讼法上或者实体法上的争点，在审理过程中，为整顿审理、准备终局判决而作的判决。是否为中间判决，由法院裁量认定。”① 在大陆法系国家及地区中，大多有关于中间判决的规定。例如，德国《民事诉讼法》第303条规定：“中间争点达到可以裁判的时候，可以以中间判决作出裁判。”日本《民事诉讼法》第245条规定：“对于独立的攻击或防御方法或者其他中间的争执，如作出裁判已成熟时，法院可以作出中间判决。如果对请求的原因和数额都有争执，对其原因亦同。”我国台湾地区“民事诉讼法”第383条规定：“有下列情形之一者，法院得为中间判决；其一，各种独立之攻击或者防御方法达于可为裁判之程度者；其二，中间之争点达于可为裁判之程度者；其三，请求之原因及数额具有争执时，法院以其原因为正当者。”“中间判决的作用，仅在于解决诉讼进行中所发生程序上或者实体上之争点，以为终局判决做准备，并不是以终结诉讼程序为目的。”② 对于中间判决的这种准备性特征学理上是普遍认可的。例如，我国台湾地区学者杨建华认为，“中间判决者，就有关本案各种独立攻击防御方法，或诉讼程序之某争点，于未为终局判决前提为判决，以为终局判决之准备也”。③ 我国大陆地区学者王锡三教授认为，“中间判决，就是在诉讼进行中，就某个实体上或程序上的争议点所作的判决。这种判决

---

① ［日］三月章：《日本民事诉讼法》，汪一凡译，五南图书出版公司1997年版，第336页。
② 赵沛沛：《论民事中间判决》，载《怀化学院学报》2006年4期。
③ 杨建华：《民事诉讼法事务问题研究》，三民书局股份有限公司1985年版，第285页。

具有确定判决的性质，不以终结诉讼的全部或一部为目的，而是为终局判决作准备”。[①] 由于中间判决本身即是为终局判决所作的准备性判决，其所确定的事实属于终局判决的前提性事项，因而中间判决所确定的事实在终局判决中具有预决作用是制度的本有含义，是不言而喻的。从主诉的角度来看，中间性的争议事项尽管具有相对的独立性，可以在主体内容未作出判决之前提前进行确定，但其是在制度目的上服务于主诉，因而中间判决不具有终结诉讼的效力。在程序上，由于中间判决没有终结诉讼的效力，因而通常情况下不能针对中间判决独立地提起上诉，而只能等在该审级对本案作出终局判决后提出控告或上诉时，同时使中间判决接受上级审的判断。[②]

中间确认判决。[③] 所谓中间确认判决，是指在给付之诉或变更之诉的诉讼过程中，法院就当事人之间对给付请求或变更请求所依赖的法律关系或权利存在与否的争执和事实，先于给付请求或变更请求所作出的确认判决。这一制度有助于保障当事人实现变更诉讼请求权和反诉权，有助于提高民事诉讼效率，并且能为人民法院主动宣告民事行为无效等职权行为提供程序法律根据，因而很多大陆法系国家的立法均确立了这一制度。这一制度的适用范围大致包括以下几项内容：（1）双方当事人在诉讼中对给付之诉或变更之诉所依赖的法律关系或权利是否存在、是否有效发生争执；（2）双方当事人在诉讼中对给付之诉或变更之诉所依赖的法律关系或权利的法律性质发生争执；（3）法院在审理中发现给付请求或变更请求所依赖的法律关系属于法律规定绝对无效的范畴；（4）法院在审理中发现给付请求或变更请求所依赖的法律关系的性质并非原告起诉时所主张的性质。中间确认判决的“中间性”是相对于作为主诉的给付之诉或变更之诉的诉讼而言的，并以给付之诉或变更之诉的存在为前提。在时间上，中间确认判决和中间判决是一样的，其必须在诉讼系属后、终局判决前作出。之所以必须于诉讼中途作出，是基于中间确认判决所确认的事项对作为主诉的给付之诉或变更之诉具有“先决性”，即“若不明确该原因法律关系则不能对此作出裁决”。[④] 这种判决对本案的继续审理和终局判决具有预决效力。中间确认判决作出后，法院对本案的终局判

① 王锡三：《民事诉讼法研究》，重庆大学出版社 1996 年版，第 270 页。

② 沈达明：《比较民事诉讼法出论》（上册），中信出版社 1991 年版，第 147 页。

③ 张晋红：《关于中间确认判决制度的立法思考》，载《中国法学》2002 年第 5 期，第 109 ~ 117页。

④ ［德］狄特·克罗林庚：《德国民事诉讼法律与实务》，刘汉富译，法律出版社 2000 年版，第 134 页。

决须受中间确认判决的约束，不能与中间确认判决的结果相矛盾。由于中间确认判决并非原告提起诉讼的终极目的，因而这种判决不具有终结整个诉讼的效力。为了实现诉讼经济的目的，当事人对中间确认判决也不能立即上诉，必须随主诉的终局判决一并上诉，否则设置中间确认判决制度的目的必然落空，所谓的中间确认判决也就不具有了“中间”性质。

本章小结

既判力效力范围扩张的本质是前诉判决所认定的事实在后诉中具有预决作用。既判力之所以具有超越本案范围并对后诉的审理发生拘束作用的效力依据主要在于前诉判决的事实达到了“法律上的真实”。既判力扩张性效力（预决效力）是一种相对效力，而非绝对效力。既判力扩张性效力的强弱受多种因素的影响，有些因素使得既判力扩张性效力的预决作用增强，有些因素则可使既判力扩张性效力的预决作用减弱。既判力扩张性效力在司法实践中存在多种具体的运行方式，我国诸多司法解释条文与既判力扩张性效力的运行有关，但相关的司法解释前后矛盾，存有诸多不合理之处，有待修订。既判力扩张性效力和既判力本案效力可以发生分离，这两种效力一旦发生分离，即不再专属于终局判决，其在理论上可以解释非诉法律文书的效力。亦可说明中间性判决的功能。在司法实践中具有协调诉讼机制内部关系的作用，亦有整合诉讼机制与非诉机制关系的功效。

结　　语

构建社会主义和谐社会是党和国家当前的一项重要任务。在构建社会主义和谐社会的进程中，司法审判工作在化解社会矛盾、维护社会稳定、保障经济发展、促进社会和谐、实现公平正义等方面起着重要作用。可以说，努力为构建社会主义和谐社会作出积极贡献，是时代赋予人民法院的历史使命和重大政治责任。然而，在司法审判实践中出现了诸多与和谐司法理念不相称的问题，其中判决相互矛盾、案件久拖不决是一个相对突出的问题。在这样一种背景下，专门研究一种能从审判效力的层面协调案件内部关系、不同案件之间关系以及诉讼机制与非诉机制之间关系的重要制度——既判力扩张制度就显得尤为重要。

本书对于既判力扩张问题的研究是从三个角度展开的，即既判力主观范围的扩张、既判力客观范围的扩张和既判力效力范围的扩张。在既判力主观范围的扩张部分，主要就既判力主观范围扩张的必要性与可行性、主观范围扩张的类型、主观范围扩张与反射效的关系及界限、主观范围扩张在我国的运行状况、主观范围扩张的法律救济等问题进行了探讨；在既判力客观范围的扩张部分，重点论述了既判力客观范围扩张的各种理论路径，并对它们的利弊作了一定深度的评析，然后提出了我国如何解决既判力扩张问题的思路；在既判力效力范围的扩张部分，首先对既判力扩张性效力（又称为预决效力）的法理依据、功能及影响因素进行了分析，然后结合国内外立法对民事既判事实在后诉程序中的预决效力和民事既判事实在民事程序中的预决效力进行了探讨，最后提出了既判力效力分离理论。

本书在充分吸收现有研究成果的基础上，重点解决了以下四个问题：一是明确了我国既判力主观范围扩张的界限，区分了既判力主观范围扩张制度与反射效制度的作用范围，为受既判力主观范围扩张影响的第三人设置了一套救济机制；二是提出了我国如何解决既判力客观范围扩张问题的方案；三是总结出了影响既判力扩张性效力强弱的因素，提出了既判力扩张性效力的运行原理和改进我国相关立法及司法实践中所存问题的具体方案；四是提出了衔接诉讼机制与非诉纠纷解决机制之间关系的一种新的思路。尽管本书在现有研究的基础上作了一些有益的新探索，但是整体来说，对于既判力扩张问题的探讨只是初步的和非结论性的，诸多问题有待以后继续研究。

主要参考文献

著作

1. 白绿铉译:《美国民事诉讼法》,经济日报出版社 1998 年版。

2. 白绿铉译:《日本新民事诉讼法》,中国法制出版社 2005 年版。

3. 毕玉谦:《民事证据原理与实务研究》,人民法院出版社 2003 年版。

4. 毕玉谦:《最高人民法院关于民事诉讼证据的若干规定的解释与适用》,中国民主法制出版社 2002 年版。

5. 卞建林译:《美国联邦刑事诉讼规则和证据规则》,中国政法大学出版社 1996 年版。

6. 蔡颜敏、洪浩:《正当程序法律分析》,中国政法大学出版社 2000 年版。

7. 蔡志芳:《新诉愿法与诉愿程序解说》,"国立"成功大学法律学研究所法学丛书编辑委员会,1997 年。

8. 柴发邦:《民事诉讼法学(修订本)》,北京大学出版社 1992 年版。

9. 柴发邦:《中国民事诉讼法学》,法律出版社 2000 年版。

10. 常怡:《比较民事诉讼法》,中国政法大学出版社 2002 年版。

11. 常怡:《民事诉讼法学》,中国政法大学出版社 2002 年版。

12. 陈刚:《比较民事诉讼法(第一卷)》,西南政法大学比较民事诉讼法研究所,1999 年。

13. 陈桂明:《程序理念与程序规则》,中国法制出版社 1997 年版。

14. 陈浩然:《证据学原理》,华东理工大学出版社 2002 年版。

15. 陈计男:《民事诉讼法论(下卷)》,三民书局 1994 年版。

16. 陈界融:《证据法:证明负担原理与法则研究》,中国人民大学出版社 2004 年版。

17. 陈荣宗:《民事程序法与诉讼标的理论》,台大法律学系法学丛书编辑委员会,1983 年。

18. 陈荣宗:《诉讼当事人与民事程序法》,三民书局 1987 年版。

19. 陈荣宗：《举证责任分配与民事程序法》，三民书局 1995 年版。
20. 陈荣宗、林庆苗：《民事诉讼法》，三民书局 1996 年版。
21. 陈瑞华：《刑事诉讼的前沿问题》，中国人民大学出版社 2000 年版。
22. 陈兴良：《刑法的价值构造》，中国人民大学出版社 1998 年版。
23. 陈一云：《证据法》，中国人民大学出版社 2000 年版。
24. 程燎原、王人博：《权利及其救济》，山东人民出版社 2004 年版。
25. 程味秋等译：《英国刑事诉讼法（选编）》，中国政法大学出版社 2001 年版。
26. 褚楚红：《审判监督制度实证研究》，人民法院出版社 2004 年版。
27. 邓辉辉：《既判力理论研究》，中国政法大学出版社 2005 年版。
28. 杜闻：《民事再审程序研究》，中国法制出版社 2006 年版。
29. 何勤华、殷啸虎：《中国民事诉讼法论（下册）》，中国方正出版社 2004 年版。
30. 何文燕、廖永安：《民事诉讼理论与改革的探索》，中国检察出版社 2002 年版。
31. 何文燕：《民事诉讼法学》，湖南人民出版社、湖南大学出版社 2001 年版。
32. 黄道秀译：《俄罗斯联邦刑事诉讼法典》，中国政法大学出版社 1999 年版。
33. 黄风译：《意大利刑事诉讼法典》，中国政法大学出版社 1994 年版。
34. 黄国昌：《民事诉讼理论之新展开》，元照出版社 2005 年版。
35. 季卫东：《法治秩序的构建》，中国政法大学出版社 1999 年版。
36. 冀宗儒：《民事诉讼法案例评析》，对外经济贸易大学出版社 2004 年版。
37. 江平：《民法学》，中国政法大学出版社 2000 年版。
38. 江伟：《中国民事诉讼法专论》，中国政法大学出版社 1998 年版。
39. 江伟：《民事诉讼法学原理》，中国人民大学出版社 1999 年版。
40. 江伟、邵明、陈刚：《民事诉权研究》，法律出版社 2002 年版。
41. 江伟：《民事诉权研究》，法律出版社 2002 年版。
42. 江伟：《民事诉讼法》，中国人民大学出版社 2007 年版。
43. 江伟：《民事诉讼法专论》，中国人民大学出版社 2005 年版。
44. 李昌珂译：《德国刑事诉讼法典》，中国政法大学出版社 1995 年版。
45. 李国光：《最高人民法院〈关于民事诉讼证据的若干规定〉的理解与

适用》，中国法制出版社 2002 年版。

46. 李龙：《民事诉讼标的理论研究》，法律出版社 2003 年版。

47. 李学军：《美国刑事诉讼规则》，中国检察出版社 2003 年版。

48. 李祖军：《民事诉讼目的论》，法律出版社 2001 年版。

49. 梁启明、邓曙光：《苏俄民事诉讼法典》，法律出版社 1982 年版。

50. 梁书文：《民事诉讼法适用意见新释》，法制出版社 2001 年版。

51. 廖中洪：《民事诉讼改革热点问题研究综述》，中国检察出版社 2006 年版。

52. 林剑锋：《民事判决既判力客观范围研究》，厦门大学出版社 2006 年版。

53. 林山田：《刑罚学》，商务印书馆 1985 年版。

54. 刘家兴：《民事诉讼法学教程》，北京大学出版社 1994 年版。

55. 刘青峰：《司法判决效力研究》，法律出版社 2006 年版。

56. 刘荣军：《程序保障的理论视角》，法律出版社 1999 年版。

57. 吕太郎：《民事诉讼之基本理论（一）》，中国政法大学出版社 2003 年版。

58. 骆永家：《既判力之研究》，三民书局 1981 年版。

59. 民事诉讼法研究会：《民事诉讼法之研讨（二）》，三民书局 1990 年版。

60. 彭勃：《日本刑事诉讼法通论》，中国政法大学出版社 2002 年版。

61. 齐树洁：《美国司法制度》，厦门大学出版社 2006 年版。

62. 齐树洁：《民事司法改革研究》，厦门大学出版社 2006 年版。

63. 齐树洁：《英国证据法》，厦门大学出版社 2002 年版。

64. 乔欣、郭纪元：《外国民事诉讼法》，人民法院出版社、中国社会科学出版社 2002 年版。

65. 全国人大常委会法制工作委员会民法室：《中华人民共和国民事诉讼法条文说明、立法理由及相关规定》，北京大学出版社 2007 年版。

66. 沈达明、冀宗儒：《1999 年英国〈民事诉讼规则〉诠释》，中国法制出版社 2005 年版。

67. 沈达明：《比较民事诉讼法初论》，中国法制出版社 2002 年版。

68. 沈达明：《英美证据法》，中信出版社 1996 年版。

69. 史尚宽：《民法总则释义》，台北正大印书馆 1973 年版。

70. 宋冰：《程序、正义与现代化——外国法学家在华讲演录》，中国政法大学出版社 1998 年版。

71. 宋英辉、孙长永、刘新魁：《外国刑事诉讼法》，法律出版社 2006 年版。

72. 宋英辉译：《日本刑事诉讼法》，中国政法大学出版社 2000 年版。

73. 谭兵：《民事诉讼法学》，法律出版社 2004 年版。

74. 谭兵：《中国仲裁制度研究》，法律出版社 1995 年版。

75. 汤维建：《美国民事诉讼规则》，中国检察出版社 2003 年版。

76. 汤维建：《外国民事诉讼法学研究》，中国人民大学出版社 2007 年版。

77. 王福华：《民事诉讼基本结构》，中国检察出版社 2002 年版。

78. 王甲乙、杨建华、郑健才：《民事诉讼法新论》，三民书局 2002 年版。

79. 王甲乙：《民事诉讼法新论》，台湾广益印书局 1983 年版。

80. 王锡三：《民事诉讼法研究》，重庆大学出版社 1996 年版。

81. 王新环：《公诉权原论》，中国人民公安大学出版社 2006 年版。

82. 王亚新：《对抗与判定——日本民事诉讼的基本结构》，清华大学出版社 2002 年版。

83. 王泽鉴：《民法学说与判例研究（1）》，中国政法大学出版社 1998 年版。

84. 王泽鉴：《民法总则》，中国政法大学出版社 2002 年版。

85. 吴明童：《中国民事诉讼法学新论》，中国政法大学出版社 1992 年版。

86. 吴明轩：《中国民事诉讼法》，三民书局 2006 年版。

87. 肖建国、肖建华：《民事诉讼证据操作指南》，中国民主法制出版社 2002 年版。

88. 肖建国：《民事诉讼程序价值论》，中国人民大学出版社 2000 年版。

89. 肖建华：《民事诉讼当事人研究》，中国政法大学出版社 2002 年版。

90. 谢怀栻：《德意志联邦民事诉讼法》，中国法制出版社 2001 年版。

91. 徐国栋：《民法基本原则解释》，中国政法大学出版社 1992 年版。

92. 徐昕译：《英国民事诉讼规则》，中国法制出版社 2001 年版。

93. 薛刚凌：《行政诉权研究》，华文出版社 1999 年版。

94. 杨建华、郑健才：《民事诉讼法要论》，三民书局 2001 年版。

95. 杨建华：《大陆民事诉讼法比较与评析》，三民书局 1994 年版。

96. 杨建华：《民事诉讼法事务问题研究》，三民书局1985年版。

97. 杨建华：《民事诉讼法问题研析（二）》，三民书局1998年版。

98. 杨荣馨：《民事诉讼法原理》，法律出版社2003年版。

99. 杨与龄：《民法概要债编及亲属编再修正》，中国政法大学出版社2002年版。

100. 姚瑞光：《民事诉讼法论》，大中国图书1990年版。

101. 叶自强：《民事诉讼制度的变革》，法律出版社2001年版。

102. 叶自强：《中国民事诉讼法》，法律出版社2004年版。

103. 余叔通、谢朝华译：《法国刑事诉讼法典》，中国政法大学出版社1997年版。

104. 张建成：《民法总则概论》，东大图书股份有限公司1991年版。

105. 张晋红：《民事之诉研究》，法律出版社1996年版。

106. 张俊浩：《民法学原理》，中国政法大学出版社2000年版。

107. 张明楷：《外国刑法纲要》，清华大学出版社1999年版。

108. 张卫平、陈刚：《法国民事诉讼法导论》，中国政法大学出版社1997年版。

109. 张卫平：《程序公正实现中的冲突与衡平》，成都出版社1993年版。

110. 张卫平：《民事诉讼：关键词展开》，中国人民大学出版社2005年版。

111. 张卫平：《民事诉讼法必读资料》，法律出版社2004年版。

112. 张卫平：《民事诉讼法教程》，法律出版社1998年版。

113. 张卫平：《诉讼构架与程式——民事诉讼的法理分析》，清华大学出版社2000年版。

114. 张卫平：《探索与构想——民事司法改革引论》，人民法院出版社2003年版。

115. 章武生：《民事诉讼法新论》，法律出版社2005年版。

116. 章武生：《司法现代化与民事诉讼制度的建构》，法律出版社2003年版。

117. 赵秉志：《澳门民事诉讼法典》，中国人民大学出版社1999年版。

118. 周枏：《罗马法原论》，商务印书馆1994年版。

119. 朱塞佩·格罗索著：《罗马法史》，中国政法大学出版社1994年版。

120. 庄柏林：《民事诉讼法概要》，三民书局1986年版。

121. 最高人民法院民事诉讼法调研小组：《民事诉讼程序改革报告》，法律出版社 2003 年版。

122. ［德］拉德布鲁赫：《法学导论》，米健、朱林译，中国大百科全书出版社 1997 年版。

123. ［德］Claus Roxin：《德国刑事诉讼法》，吴丽琪译，三民书局 1998 年版。

124. ［德］狄特·克罗林庚：《德国民事诉讼法律与实务》，刘汉富译，法律出版社 2000 年版。

125. ［德］K. 茨威格特、H. 克茨：《比较法总论》，潘汉典等译，法律出版社 2003 年版。

126. ［德］奥特马、尧厄尼希：《民事诉讼法》，周翠译，法律出版社 2003 年版。

127. ［德］弗里德赫尔·胡芬：《行政诉讼法》，莫光华译，法律出版社 2003 年版。

128. ［德］汉斯·弗里德海尔姆·高尔：《既判力文集》，松本博之译，信山社 2003 年版。

129. ［德］汉斯－约阿希姆·穆泽拉克：《德国民事诉讼法基础教程》，周翠译，中国政法大学出版社 2005 年版。

130. ［德］鲁道夫·冯·耶林：《为权利而斗争》，胡宝海译，中国法制出版社 2004 年版。

131. ［德］罗森贝克：《德国民事诉讼法》，李大雪译，中国法制出版社 2007 年版。

132. ［德］托马斯·魏根特：《德国刑事诉讼程序》，岳礼玲、温小洁译，中国政法大学出版社 2004 年版。

133. ［法］卡斯东·斯特法尼等：《法国刑事诉讼法精义》，罗结珍译，中国政法大学出版社 1999 年版。

134. ［法］勒内·达维德：《当代主要法律体系》，漆竹生译，上海译文出版社 1984 年版。

135. ［法］让·文森等：《法国民事诉讼法要义》，罗结珍译，中国法制出版社 2001 年版。

136. ［古罗马］盖尤斯：《法学阶梯》，黄风译，中国政法大学出版社 1996 年版。

137. ［捷］维克托·纳普主编：《国际比较法百科全书》，高绍先等译，法律出版社 2002 年版。

138. ［美］E. 博登海默：《法理学——法律哲学与法律方法》，邓正来译，中国政法大学出版社 1999 年版。

139. ［美］William Burnham：《英美法导论》，林利芝译，中国政法大学出版社 2003 年版。

140. ［美］伯纳德·施瓦茨：《美国法律史》，王军等译，中国政法大学出版社 1990 年版。

141. ［美］哈罗德·J. 伯尔曼著：《法律与革命》，贺卫方等译，中国大百科全书出版社 1993 年版。

142. ［美］杰弗里·C. 哈泽德、米歇尔·塔鲁依著：《美国民事诉讼法导论》，张茂译，中国政法大学出版社 1998 年版。

143. ［美］理查德·A. 波斯纳：《联邦法院挑战与改革》，邓海平译，中国政法大学出版社 2002 年版。

144. ［美］罗尔斯：《正义论》，中国社会科学出版社 1988 年版。

145. ［美］罗科斯·庞德：《普通法的精神》，唐前宏等译，法律出版社 2001 年版。

146. ［美］迈克尔·D. 贝勒斯：《法律的原则》，中国大百科全书出版社 1996 年版。

147. ［美］史蒂文·苏本、玛格瑞特·伍：《美国民事诉讼的真谛：从历史、文化、实务的视角》，蔡彦敏、徐卉译，法律出版社 2002 年版。

148. ［美］约翰·亨利·梅利曼：《大陆法系》，顾培东、禄正平译，法律出版社 2004 年版。

149. ［日］池田辰夫：《债权人代位诉讼之构造》，日本信山社平成七年。

150. ［日］高桥宏志：《民事诉讼法》，林剑锋译，法律出版社 2003 年版。

151. ［日］高桥宏志：《民事诉讼法制度与理论的深层分析》，林剑锋译，法律出版社 2003 年版。

152. ［日］高桥宏志：《重点讲义民事诉讼法》，张卫平、许可译，法律出版社 2007 年版。

153. ［日］谷口安平：《程序的正义与诉讼（增补本）》，王亚新、刘荣军译，中国政法大学出版社 2002 年版。

154. ［日］后藤勇、藤田根三：《诉讼上和解的理论与实务》，日本西神田编辑室昭和六十二年。

155. ［日］吉野正三郎：《集中讲义民事诉讼法》，日本成文堂 1990 年版。

156. ［日］兼子一：《民事诉讼法体系》，日本酒井书店1964年版。

157. ［日］兼子一、松蒲馨、新堂新司、竹下守夫：《条解民事诉讼法》，日本弘文堂昭和六十一年。

158. ［日］兼子一、竹下守夫：《民事诉讼法》，白绿铉译，法律出版社1995年版。

159. ［日］兼子一：《民事诉讼法》，日本酒井书店1954年版。

160. ［日］兼子一：《判例民事诉讼法》，日本弘文堂昭和二十五年。

161. ［日］兼子一：《实体法与诉讼法——民事诉讼的基础理论》，日本有斐阁1957年版。

162. ［日］三月章：《日本民事诉讼法》，汪一凡译，五南图书出版公司1997年版。

163. ［日］上田徹一郎：《判决效的范围》，日本有斐阁昭和六十年。

164. ［日］松本博之：《既判力理论之再检讨》，日本信山社2006年版。

165. ［日］田口守一：《刑事诉讼法》，刘迪等译，法律出版社2000年版。

166. ［日］田口守一：《刑事诉讼法》，刘迪、张凌、穆津译，法律出版社2000年版。

167. ［日］田中二郎：《简明行政法（新版）》，日本有斐阁1983年版。

168. ［日］土本武司：《日本刑事诉讼法要义》，董璠舆、宋英辉译，五南图书出版公司1997年版。

169. ［日］小岛武司、大村雅彦：《民事诉讼法》，中央大学通信教育部1999年版。

170. ［日］小山升：《民事调解与民事和解的研究》，日本信山社平成三年。

171. ［日］小山升：《民事诉讼法（第五版）》，日本青林书社平成元年。

172. ［日］新堂幸司：《新民事诉讼法》，林剑锋译，法律出版社2008年版。

173. ［日］伊藤真：《民事诉讼法》，日本有斐阁1998年版。

174. ［日］斋藤秀夫：《注解民事诉讼法》，日本弘文堂昭和五十五年。

175. ［日］中村英郎：《民事诉讼法》，日本弘文堂1987年版。

176. ［日］中村英郎：《新民事诉讼法讲义》，陈刚、林剑锋、郭美松译，法律出版社2001年版。

177. ［日］中野贞一郎、松浦馨、铃木正裕：《新民事诉讼法讲义》，日本有斐阁1998年版。

178. ［苏］克列曼：《苏维埃民事诉讼》，法律出版社 1957 年版。

179. ［意］贝卡利亚：《论犯罪与刑罚》，中国大百科全书出版社 1993 年版。

180. ［意］贝卡利亚：《论犯罪和刑罚》，黄风译，中国大百科全书出版社 1993 年版。

181. ［意］彼德罗·彭梵得：《罗马法教科书》，中国政法大学出版社 1992 年版。

182. ［意］朱塞佩·格罗素：《罗马法史》，黄风译，中国政法大学出版社 1994 年版。

183. ［英］戴维·M. 沃克：《牛津法律大词典》，光明日报出版社 1988 年版。

184. ［英］丹宁：《法律的正当程序》，法律出版社 1999 年版。

185. ［英］科特威尔：《法律社会学导论》，潘大松等译，华夏出版社 1989 年版。

186. ［英］密尔松：《普通法的历史基础》，李显冬等译，中国大百科全书出版社 1999 年版。

论文

1. 常怡、肖瑶：《民事判决的既判力客观范围》，载《甘肃政法学院学报》2006 年第 5 期。

2. 陈桂明、李仕春：《论诉讼上的抵消》，载《法学研究》2005 年第 5 期。

3. 陈瑞华：《程序正义论》，载《中外法学》1997 年第 2 期。

4. 陈兴良：《刑法机能二元论》，载《法制与社会发展》1997 年第 4 期。

5. 程宗璋：《也论诉讼上和解的要件与效力》，载《山西省政法管理干部学院学报》2000 年第 3 期。

6. 邓辉辉：《关于既判力本质说的介评》，载《政法论丛》2005 年第 4 期。

7. 邓辉辉：《论判决理由的既判力》，载《理论探索》2006 年第 6 期。

8. 邓辉辉：《行政判决与民事判决既判力根据之比较》，载《河北法学》2007 年第 9 期。

9. 董伟威：《既判力视野下的再审标准》，载《人民司法》2006 年第 8 期。

10. 段厚省:《既判力与民事抗诉机制的冲突及协调》,载《人民检察》2006 年第 7 期。

11. 冯举:《民事起诉制度的反思与重构》,载《研究生法学》2006 年第 2 期。

12. 傅郁林:《审级制度的建构原理——从民事程序视角分析》,载《中国社会科学》2002 年第 4 期。

13. 高桥宏志:《各种诉讼参加类型的关系》,张卫平译,载《外国法学研究》1995 年第 1 期。

14. 耿宝建:《既判力理论的发展及在审判中的运用》,载《法律适用》2004 年第 2 期。

15. 顾培东:《中国司法改革的宏观思考》,载《法学研究》2000 年第 3 期。

16. 贺桂华:《代位权诉讼既判力述论》,载《广西民族大学学报(哲学社会科学版)》2007 年第 4 期。

17. 胡军辉:《德国投资人示范诉讼介评》,载宋世杰等主编:《诉讼法制度改革新探索》,人民法院出版社 2007 年版,第 233 ~239 页。

18. 黄国昌:《第三人撤销诉讼之原告适格——评最近出现之两个裁判实例》,载《月旦法学杂志》2006 年第 12 期。

19. 黄娟:《在"应然"与"实然"之间——司法的公信力及司法权运行过程中的信息失真》,载《湘潭大学社会科学学报》2002 年第 3 期。

20. 江苏省高级人民法院审监庭:《现行民事再审事由实证研究》,载《法律适用》2003 年第 11 期。

21. 江伟、肖建国:《论既判力的客观范围》,载《法学研究》1996 年第 4 期。

22. 江伟、常廷彬:《论已确认事实的预决力》,载《中国法学》2008 年第 3 期。

23. 江伟、肖建国:《论判决的效力》,载《政治论坛》1996 年第 5 期。

24. 姜世明:《概介法国第三人撤销诉讼》,载《台湾本土法学》2005 年第 11 期。

25. 蒋集跃、杨永华:《论我国民事再审制度的完善——兼谈申诉问题理性解决》,载《政法论坛》2003 年第 2 期。

26. 柯葛壮:《浅析新刑法第 12 条第 2 款中的"继续有效"》,载《法学》1998 年第 9 期。

27. 柯阳友：《既判力理论与再审制度的冲突与平衡》，载《法律适用》2006 年第 7 期。

28. 李浩：《法官素质与民事诉讼模式的选择》，载《法学研究》1998 年第 3 期。

29. 李浩：《论法律中的真实——以民事诉讼为例》，载《法制与社会发展》2004 年第 3 期。

30. 李浩：《民事诉讼检察监督若干问题研究》，载《中国法学》1999 年第 3 期。

31. 李浩：《民事再审程序改造论》，载《法学研究》2000 年第 5 期。

32. 李龙：《论民事判决的既判力》，载《法律科学》1999 年第 4 期。

33. 李学宽等：《论证明标准及其层次性》，载《中国法学》2001 年第 5 期。

34. 廖永安、胡军辉：《论民事诉讼中的拟制自认》，载《海南大学学报》2005 年第 4 期。

35. 林维、王明达：《论从旧兼从轻原则的适用》，载《法商研究》2001 年第 1 期。

36. 刘学在：《既判力论在中国的困境探析——以民事诉讼为视角》，载《北京科技大学学报（社会科学版）》2003 年第 3 期。

37. 吕太郎：《第三人撤销之诉——所谓由法律上利害关系人之第三人》，载《月旦法学杂志》2003 年第 8 期。

38. 吕太郎：《民事确定判决之反射效力》，载《法学丛刊》1988 年第 4 期。

39. 骆永家：《辩论主义与处分权主义》，载《台大法学论丛》第 1 卷 2 期。

40. 骆永家：《既判力之作用》，载《台湾大学法学论丛》1975 年第 2 期。

41. 马怀德、张红：《行政争议与民事争议的交织和处理》，载《法商研究》2003 年第 4 期。

42. 茆荣华：《请求权竞合下的既判力探析》，载《人民司法》2007 年第 19 期。

43. 蒙晓毅：《既判力的作用及其正当化根据》，载《广西民族学院学报（哲学社会科学版）》2006 年第 3 期。

44. 蒙晓毅：《试论既判力的客观范围问题》，载《广西民族学院学报

（哲学社会科学版）》2005 年第 6 期。

45. 牛振宇：《论刑事既判力原则的例外》，载《河北大学学报（哲学社会科学版）》2004 年第 1 期。

46. 潘盛礼：《在审程序中应建立第三人异议制度》，载《法律适用》2003 年第 6 期。

47. 蒲菊花：《部分请求理论的理性分析》，载《现代法学》2005 年第 1 期。

48. 齐树洁：《再审程序的完善与既判力之维护》，载《法学家》2007 年第 6 期。

49. 邱星美、唐玉富：《民事上诉审程序中的利益变动》，载《法学研究》2006 年第 6 期。

50. 邵明：《诉讼标的论》，载《法学家》2001 年第 5 期。

51. 沈德咏：《审判监督工作改革若干问题》，载《人民司法》2001 年第 8 期。

52. 谭永红：《关于重构民事再审程序的几点思考》，载《法学论坛》2003 年第 2 期。

53. 谭振波：《既判力理论与我国民事诉讼法中审判监督程序的冲突解决途径》，载《河北法学》2003 年第 1 期。

54. 汤维建：《我国民事再审制度的模式变迁》，载《法商研究》2006 年第 4 期。

55. 王福华：《民事判决既判力——由传统到现代的嬗变》，载《法学论坛》2001 年第 6 期。

56. 王海鸿等：《我国民事再审制度的反思》，载《甘肃政法学院学报》2000 年第 1 期。

57. 王洪亮：《物上请求权的诉权与物权基础》，载《比较法研究》2006 年第 5 期。

58. 王甲乙等：《当事人适格之扩张与界限》，载台湾民事诉讼法学研究基金会：《民事诉讼法之研讨（六）》，三民书局 1997 年版。

59. 王伟东：《浅析既判力理论在法院民事判决、裁定中的适用问题》，载《环球法律评论》2007 年第 4 期。

60. 王锡三：《试论本案判决对第三人的效力》，载《现代法学》1993 年第 4 期。

61. 王亚新：《民事审判监督制度整体的程序设计——以〈民事诉讼法修

正案〉为出发点》，载《中国法学》2007年第5期。

62. 王耀忠：《刑事既判力在我国刑法中的重构》，载《法律科学》2002年第6期。

63. 翁晓斌：《论既判力及执行力向第三人的扩张》，载《浙江社会科学》2003年第3期。

64. 翁晓斌：《论已决事实的预决效力》，载《中国法学》2006年第4期。

65. 翁晓斌：《我国民事判决既判力的范围研究》，载《现代法学》2004年第6期。

66. 吴军辉：《知识产权民事诉讼中的既判力问题》，载《社会科学》2006年第11期。

67. 吴明童：《既判力的界限研究》，载《中国法学》2001年第6期。

68. 吴英姿：《判决效力相对性及其对外效力》，载《学海》2000年第4期。

69. 肖建华、杨琦萍：《非正当当事人与判决效力的主观范围》，载《湖南省政法管理干部学院学报》2000年第4期。

70. 肖建华、杨兵：《论第三人撤销之诉——兼论民事诉讼再审制度的改造》，载《云南大学学报（法学版）》2006年第4期。

71. 肖建华：《论判决效力主观范围的扩张》，载《比较法研究》2002年第1期。

72. 谢阿桑：《既判力理论的比较研究——兼论我国民事诉讼既判力制度的完善》，载《西南民族大学学报（人文社科版）》2005年第12期。

73. 许少波：《论民事裁定的既判力》，载《法律科学》2006年第6期。

74. 许士宦：《重复起诉禁止原则与既判力之客观范围》，载《台大法学论丛》第31卷第6期。

75. 阎朝秀：《司法认知——既判力事实的另一视角》，载《贵州社会科学》2007年第5期。

76. 杨建顺：《论行政诉讼判决的既判力》，载《中国人民大学学报》2005年第5期。

77. 杨建顺：《行政裁量的运作及其监督》，载《法学研究》2004年第1期。

78. 杨秀清：《论判决的效力——从一起离婚案件看既判力的时间界限》，载《河北法学》2004年第8期。

79. 叶自强：《论既判力的本质》，载《法学研究》1995年第5期。

80. 叶自强：《论判决的既判力》，载《法学研究》1997 年第 2 期。

81. 叶自强：《司法认知论》，载《法学研究》1996 年第 4 期。

82. 尹伊君：《法律移植与司法制度改革》，载《读书》1997 年第 12 期。

83. 张彩娟：《既判力的客观范围论略》，载《西南民族大学学报（人文社科版）》2005 年第 3 期。

84. 张晋红：《关于中间确认判决制度的立法思考》，载《中国法学》2002 年第 5 期。

85. 张敬博：《试论民事判决在行政诉讼中的预决效力》，载《中共青岛行政学院学报》2006 年第 5 期。

86. 张力、崔峰：《再审发动程序之重构》，载《法律适用》2003 年第 6 期。

87. 张卫平：《案外人异议之诉》，载《法学研究》2009 年第 1 期。

88. 张卫平：《论民事诉讼中失权的正义性》，载《法学研究》1999 年第 6 期。

89. 张卫平：《民事诉讼处分原则重述》，载《现代法学》2001 年第 6 期。

90. 张卫平：《民事再审：基础置换与制度重建》，载《中国法学》2003 年第 1 期。

91. 张晓薇：《刑事既判力与刑法溯及力的价值冲突与协调》，载《江西社会科学》2007 年第 8 期。

92. 张英霞：《司法既判力论要兼及司法既判力与司法公信力的关系》，载《法律适用》2005 年第 1 期。

93. 张泽涛：《禁止重复追诉研究——以大陆法系既判力理论为切入点》，载《法律科学》2007 年第 4 期。

94. 张志铭：《张扬职业理性，正确看待二审或再审改判》，载《清华大学法学对策研究通讯》2004 年第 7 期。

95. 赵沛沛：《论民事中间判决》，载《怀化学院学报》2006 年第 4 期。

96. 赵信会：《既判力客观范围的历史考察与现实定位》，载《理论探索》2006 年第 2 期。

97. 朱檬：《从既判力原则出发完善我国民事再审的发动机制》，载《内蒙古社会科学（汉文版）》2003 年第 6 期。

98. ［日］高桥宏志：《论既判力（2）》，载《法学教室》1992 年第 6 期。

99. ［日］伊东乾：《判决之争点效》，载《实务民诉法讲座（2）》

1996 年。

100. ［日］伊藤真：《任意的诉讼担当及其界限》，载《民事诉讼法之争点》，日本有斐阁 1988 年版。

101. GeorgeA. Martine, The Res Judicata Effect of Bankruptcy Court Judgements: The Procedural And Constitional Concerns, 62 Mo. L. Rev. 9, note 102 (1997).

102. Michael A. Ritischer etc. The Status of Dual path Litigation in the ITC and the Courts: Issues of Jurisdiction, Res Judicta and Appellate Review, 18AIPLAQ. J. 155(1990).

103. Mitchell Keiter, The Mauled Verdict: The Knoller Case Shows Why Res Judicata Should Protect Partial Convictions As Well As Acquittals, 33McGeorge L. Rev. 493(2002).

104. Jack H. Friedenthal, Mary Kay Kane and Arthur R. Miller, Civil Procedure(Third Edition), West Group(1999).

105. American Law institute. Restatement of the Law - Second: Judgement [M]. Philadephia: American Law Institute Publisher(1982).

116. Robert C. Casad, Kevin M, Clermont: Res Judicata: A Handbook on Its Theory, Doctrine, and Practice [M]. Durham: Carolina Academic Press(2001).

107. R. Jason Richards, Richaeds v. Jefferson County: The Superme Court Stems The Crimson Tide of Res Judicata, 38 Santa Clara L. Rev. 691(1998).

学位论文

1. 顾登来：《论预决事实在后案审理中的作用》，载西南政法大学 2005 年硕士论文。

2. 纪钧涵：《当事人适格与判决效力主观范围扩张之研究》，我国台湾地区台湾大学法律学研究院 2005 年硕士论文。

3. 林瑞成：《民事判决既判力与程序保障原则的理论与实证研究》，中国政法大学研究生院 2000 年博士论文。

4. 林淑菁：《民事既判力客观范围研究》，我国台湾地区台北大学法律系 2005 年硕士论文。

5. 王碧霞：《债权人代位诉讼既判力之主观范围》，我国台湾地区私立辅仁大学法律学研究所 1994 硕士学位论文。

致 谢

2002年6月，并无任何法学背景的我出于对法学知识的渴求和法律学术职业的憧憬，辞掉了一份在地方政府机关做公务员的工作，重返校园。半年后，我顺利地考入了湘潭大学法学院。历经湘大六年的磨砺与锤炼，我从一个与法学完全不沾边的圈外人，成为了一个马上就要进行博士论文答辩的法律人了。“饮其流者怀其源，学有成时念吾师。”在论文即将付梓之际，感恩之心油然而生。

首先，感谢有生以来对我事业帮助最大的人——我尊敬的导师廖永安教授以及师母文艺副教授。2004年5月，恩师不嫌弟子根基浅薄、性格急躁而将我纳为门下，并以其卓识远见，宽博胸怀，细心教诲，悉心栽培。恩师为学大器，为人谦和。恩师在我意气风发时，总是及时敲响警钟，让我铭记学海无涯；在我意志消沉时，总是及时为我鼓劲加油，让我坚信有志者事竟成；在我情绪波动时，总是及时和我促膝谈心，让我明白人生道路不会一帆风顺。恩师对我的培养是不求回报的。为了我，他投入了大量的时间和精力，花费了不少的金钱，并提供了许多宝贵的锻炼和学习机会。感恩之心，难以言表。

其次，感谢何文燕教授、李交发教授、谢勇教授、江必新教授、胡肖华教授、胡旭晟教授、陈刚教授、黄明儒教授、李蓉教授在博士论文开题和预答辩期间的指导。特别感谢何文燕教授对我慈母般的宽容，李蓉教授对我学术研究的长期指导和帮助，黄明儒教授对我博士论文细致入微的批评指正。在恩师廖永安教授的引荐下，有幸于山东德州民诉法修改研讨会期间和兰州民诉法学年会期间就博士论文的写作问题两度获得民诉法学大师江伟教授的指导，在此深表谢意。法学院陈乃新教授、夏新华教授、彭熙海教授、洪永红教授、申君贵教授、刘梅香教授、张立平教授、郭树理教授、赖早兴副教授、吴勇副教授、倪洪涛副教授、蒋新副教授、王太平副教授、姜霞老师、陈叶老师、兴湘学院赵晓薇老师等在我求学期间给予了特别的帮助和关注，在此深表谢意。百年名校娄底市春元中学丁敁文先生——曾与我朝夕相处多年的体训教练，是他打造了我优于常人的身体和意志，使我顺利地完成了为期六年的高强度学术训练。借此机会，深表谢意。

再次，感谢法学院肖冬梅教授、校图书馆蔡可平老师，法学院图书资料室王晖老师，国家社科院博士后肖世杰副教授，中国人民大学法学院博士研究生常廷彬副教授，首都师范大学大英部刘琼老师，外国语学院阳际元老师，中南大学法学院黄俊峰博士，硕士同学任学良先生，法学院研究生李晓辉、贺岚、田友等为我提供的资料收集、整理和翻译方面的帮助。感谢师弟邓和军、师妹雷勇和熊英灼等为我做了认真细致的文字校对工作。感谢《诉讼法学研究》卞建林主编，《政治与法律》闻海编辑，《太平洋学报》杜刚建主编，《社会科学家》周玉林编辑，《烟台大学学报》赵守江编辑，《湘江法律评论》胡平仁主编，《中南大学学报》苏慧编辑等为我刊发了与博士论文直接相关的前期成果。感谢博士同学郭正怀、刘清生、刘泽友、唐东楚、魏建文、沙咏梅、匡青松、温建辉、陈文曲、刘友华、郑牧民、刘润发、杜芳、吴琦东等对我的帮助与关爱。特别感谢温建辉兄与我共同走过了六年的艰苦求学历程。

最后，感谢父母含辛茹苦、无怨无悔地把我抚养栽培到现在；感谢岳父岳母对我学习、生活的长期关心；感谢妻子刘璐老师承担了抚育幼女的主责，感谢幼女奕然为我带来的无限快乐。

上述“致谢”于博士论文定稿时写就，为记录当时的真实心境，在正式出版时未作任何修改。本书是司法部项目《民事既判力扩张问题研究》(09SFB5018)、湖南省社科基金项目《民事既判力扩张问题研究》(09YBB367）和湖南省教育厅项目《民事既判力扩张问题研究》（09C978）的最终成果，同时也是廖永安教授主持的研究生精品课程《民事诉讼法学》的阶段性建设成果。本书的研究得到了湖南省诉讼法重点学科的资助，同时还获得了湖南省第15届优秀社科学术著作立项，得到了中国政法大学樊崇义教授的帮助，在此一并致以谢意。

胡军辉

2010年3月1日

诉讼法学文库书目

Ⅰ 刑事证据法原理与适用
Ⅱ 刑事诉讼法实施问题与对策研究
Ⅲ 刑事程序的法哲学原理
Ⅳ 视听资料研究综述与评价
Ⅴ 刑事司法体制原理
Ⅵ 刑事证人证言论
Ⅶ 刑事一审程序理论与实务
Ⅷ 非法证据排除规则研究
Ⅸ 美国的外国法院判决承认与执行制度研究
Ⅹ 我国未成年人刑事案件诉讼程序研究
Ⅺ 侦查程序原理论
Ⅻ 侦查讯问程序正当性研究
XIII 死刑案件程序问题研究
XIV 刑事上诉程序研究
XV 程序正义与刑事证据法
XVI 司法改革原理研究
XVII 刑事诉讼行为基础理论研究
XVIII 无罪辩护
XIX 刑事诉讼中的禁止双重危险规则论
XX 刑事证据可采性研究
XXI 刑事诉讼模式的演进
XXII 正当程序文献资料选编
XXIII 刑事程序法功能研究
XXIV 论行政诉讼审查标准
XXV 清末刑事司法改革研究
XXVI 民事诉讼标的论
XXVII 现代公诉制度研究
XXVIII 民事司法现代化的探索
XXIX CEPA 框架下的经贸争端解决机制与程序
XXX 证据能力论
XXXI 刑事诉讼主体论
XXXII 刑事程序性裁判研究
XXXIII 案件事实认定论
XXXIV 正当法律程序研究
XXXV 强制执行立法的探索与构建
XXXVI 行政行为的可诉性研究
XXXVII 清末民初刑诉法典化研究
XXXVIII 底限正义论
XXXIX 行政诉讼类型研究
XXXX 公诉权原论

诉讼法学文库 2006

1 刑事正当程序原理
2 自白制度研究
3 警察作证制度研究
4 司法公正的理念与制度研究
5 人本精神与刑事程序
6 刑事诉讼平衡论
7 刑事诉讼关系的社会学分析
8 刑事证明责任分配研究
9 刑事司法权力的配置与运行研究
10 行政诉讼原告论

诉讼法学文库 2007

1 刑事诉讼交叉询问之研究
2 检警关系论
3 鉴定结论论
4 检察职能研究
5 美国死刑程序研究
6 行政诉讼问题研究与制度改革
7 刑事司法民主论
8 被追诉人的宪法权利
9 刑事裁判权研究

诉讼法学文库 2008

1 论证据与事实
2 法院调解制度研究
3 弱势群体的法律救助
4 刑事赔偿制度研究
5 秘密侦查比较研究
6 非法证据排除规则：话语解魅与制度构筑
7 民事当事人证明权保障
8 现代社会中的诉讼功能
9 诉讼认识、证明与真实
10 中国刑事审前程序制度构建

诉讼法学文库 2009

1 检察官证明责任研究
2 刑事诉讼生态化研究
3 对质权制度研究
4 无效刑事诉讼行为研究
5 刑事诉讼中的财产权保障
6 论对抗式刑事审判
7 案件事实认定方法
8 中国区际刑事司法协助研究

诉讼法学文库 2010

1 侦查程序诉讼化研究
2 媒体与司法关系研究
3 刑事诉讼中的公正审判权
4 证明标准研究
5 刑事诉讼客体论
6 审查判断证据
7 民事判决既判力主观范围研究
8 刑事诉讼程序的人性分析
9 检察监督与公诉职能关系论
10 中国检察制度改革与探索
11 证明力判定论
12 侦查学基础理论研究

诉讼法学文库 2011

1 减刑假释程序研究
2 论刑事证据排除
3 刑事被害人作证制度研究
4 渎职罪定罪事实暨证据研究
5 民事既判力扩张问题研究
6 刑事人身检查制度研究
7 刑事法官的证据调查权研究
8 刑事诉权研究
9 民事诉讼证据收集与制度构建